William F. Nerin · Versöhnung mit den Eltern

WILLIAM F. NERIN

Versöhnung mit den Eltern

Frei werden für das eigene Leben

Kösel

Übersetzung aus dem Amerikanischen von Hanna van Laak, München.
Die Originalausgabe erschien unter dem Titel »You Can't Grow Up Till
You Go Back Home. A Safe Journey to See Your Parents as Human«
bei The Crossroad Publishing Company, New York.

ISBN 3-466-30374-5
Copyright © 1993 by William Nerin
© 1994 by Kösel-Verlag GmbH & Co., München
Printed in Germany. Alle Rechte vorbehalten
Druck und Bindung: Kösel, Kempten
Umschlag: Kaselow Design, München
Umschlagphoto: ZEFA/Ted Grant

2 3 4 5 6 · 99 98

*Gedruckt auf umweltfreundlich hergestelltem Werkdruckpapier
(säurefrei und chlorfrei gebleicht)*

Inhalt

Schlaglicht 7

Dank 8

Eine persönliche Vorbemerkung 11

1 Worum es in diesem Buch geht 17

2 Wie man einen neuen Bezug zu den eigenen Wurzeln herstellt 22

3 Der Schlüssel zum Aufbau einer neuen Beziehung 25

4 »Sagen Sie mir nicht, ich soll wieder nach Hause gehen!« . 29

5 Weitere Gründe, nie zurückzukehren 38

6 Unsere Kultur sagt: »Mach das nicht!« 46

7 Zwei notwendige Elemente der Selbstachtung 51

8 Jim Ryans Gefühl der Unzufriedenheit 57

9 Jim beginnt seinen Weg zurück nach Hause 64

10 Jims Reise – ein großer Erfolg 68

11 Jims Reise verändert ihn 74

12 Jims drei Rätsel werden gelöst 78

13 Die Nachwirkungen 83

14 Die entscheidende Veränderung spielt sich im Inneren ab . 85

15 Die grundlegenden Motive in Jim Ryans Familie 88

16 Wie Sie die zentralen Motive auf Ihre eigene Familie
   übertragen können 93

17 Über die Verwendung von Genogrammen, Chroniken
   und Geburtsphantasien 118

18 Der erstaunliche Prozeß der Familienrekonstruktion . . . 143

19 Warum die Familienrekonstruktion funktioniert 168

20 Familienrekonstruktion bei Adoptivkindern 187

21 Wie man sein eigenes Kind auf ein gleichberechtigtes
   Miteinander vorbereitet – der Rückzug von der
   Elternschaft 193

22 Das Thema der eigenen Wurzeln in der Literatur 204

23 In Frieden dem Tod entgegensehen 217

24 Eine persönliche Schlußbemerkung 228

Anhang 233

Schlaglicht

Es ist Viertel nach neun Uhr abends in Crested Butte, Colorado. Ich liege im Bett und lese. Zwei Stimmen vor dem Fenster lenken mich von meiner Lektüre ab. Eine junge Frau und ein junger Mann, zwei Fremde, lernen sich kennen, gehen eine zwischenmenschliche Verbindung ein. Nach einigen Bemerkungen über ihre Fahrräder stellen sie einander die Frage, die bei derartigen Gesprächen am häufigsten fällt und – ohne daß sich die Gesprächspartner dessen bewußt sind – die aufschlußreichste ist: »Woher kommst du?«
»Woher kommst du?« kommt noch vor: »Wie heißt du?«
Die Reihenfolge dieser zwei Fragen ist nicht so sehr wegen des unmittelbaren Informationsgehalts interessant für die Frau – »Ich komme aus Tallahassee«, »Joe Schneider« –, sondern weil sich darin eine tiefe Lebensweisheit widerspiegelt: *Wenn ich herausfinde, woher du kommst, was der Ursprung, die Wurzeln deines Lebens sind, dann weiß ich, wer du bist.*
In diesen zwei Fragen, bei diesem kurzen Zusammentreffen, kommt exemplarisch ein zentrales Streben, ein unvergängliches Forschen des Lebens selbst zum Vorschein: Ich möchte wissen, wer ich bin, mich selbst entdecken. Wenn ich meine Wurzeln entdecke, meinen Ursprung, dem ich entstamme, werde ich wissen, wer ich bin.

Dank

Manchmal widmet ein Autor sein Buch einer Person oder Sache. Es scheint mir, als ob schon das bloße Verfassen dieses Buches und seine Veröffentlichung nach einer Widmung verlangten. Die Widmung, von der hier die Rede ist, liegt in der Hingabe, mit der ich mich dem Thema dieses Buches verschrieben habe. Ich habe mir vorgenommen, dieses Buch in viele Hände zu legen, in der Hoffnung, daß damit anderen geholfen werden kann.
Wenn ich an meine Arbeit an diesem Buch zurückdenke, verspüre ich ein tiefes Gefühl der Achtung. Ich achte und ehre meine Wurzeln. Ich ehre Edward Rodier und Cordelia LaGarde aus Quebec, Kanada, die nach ihrer Heirat in Kansas sieben Kinder in die Welt setzten. Ihr zweites Kind war Corinne, die meine Mutter wurde. Ich möchte Corinne und ihren Brüdern und Schwestern meine Ehrerbietung bezeugen, besonders Jo, die vor ihrem Tod im Jahre 1947 meine Lieblingstante und auch ein erwachsener Freund war.
Ich ehre John Nearin, der 1855 in County Sligo in Irland geboren wurde, und Mary Ellen O'Keefe, die 1860 in County Kilkenny, ebenfalls in Irland, geboren wurde. Sie heirateten und bekamen vier Kinder in Cincinnati, Ohio, von denen eines im Kindbett starb. Das zweitälteste, Bill, wurde mein Vater. Ich ehre Bill und seine Geschwister. Leider habe ich nur Mary, Ellen, Bill und Nell mit eigenen Augen gesehen. Die anderen waren bereits tot, als ich zur Welt kam. Ich ehre das frankokanadische Blut in meinen Adern und die damit tradierte Kultur sowie die irischen Wurzeln meiner Herkunft. Ich ehre den Katholizismus meiner irischen Vorfahren, weil er mir bestimmte Werte überliefert hat.
Ich ehre Celeste und Norvell, die Kinder aus der ersten Ehe meiner Mutter. Sie waren zwar nur Stiefschwester und Stiefbruder für mich, doch sie standen mir so nahe, daß ich sie nie mit anderen Augen als

meinen Bruder und meine Schwester sah. Als ich heranwuchs, wurden sie Freunde, die ich schätzte, denn unsere Herzen blieben offen füreinander.

Beim Niederschreiben dieser Zeilen erfüllt mich auch Traurigkeit. All diese Menschen haben diese Daseinsebene bereits verlassen. Ich vermisse sie einerseits, und doch fühle ich auch in diesem Augenblick ihre Gegenwart in mir. Wenn ich auf mein Leben mit ihnen zurückblicke, sehe ich, daß ich nichts daran ändern möchte. Selbst der Schmerz und die Verletzungen, die ich in meiner Kindheit erfuhr, waren mir eine Herausforderung, zu sein, wer und was ich bin. Ich danke ihnen für alles, was sie mir mitgegeben haben.

Ich möchte auch all den Freunden danken, die sich bereit erklärt hatten, Teile dieses Buches zu lesen und zu kritisieren, mir hilfreiche Anregungen zu geben und vor allem mich bei diesem Unterfangen »zu begleiten«.

Euch allen danke ich.

Doch der Freund, ohne dessen dauerhafte Unterstützung dieses Buch wohl kaum vollendet worden wäre, ist meine Frau Anne. Sie hat durch alle Höhen und Tiefen zu mir gestanden, mich ermutigt, mir Geduld entgegengebracht und an mich geglaubt. Sie hat in ihrer Funktion als Amateurlektorin und professionelle Therapeutin jedes Wort gelesen, im Fortgang der Kapitel literarische und professionelle Anregungen gegeben. Ihre Ansichten bestärkten mich in meinem Vorhaben.

Eine persönliche Vorbemerkung

Wenn ich auf mein bisheriges Leben zurückblicke, bin ich oft erstaunt, wie oft ich auf der Grundlage von Faktoren, die mir damals jeweils nur teilweise bewußt waren, wichtige Lebensentscheidungen getroffen oder neue Wege mit weitreichenden Konsequenzen beschritten habe. Jahre später entdeckte ich häufig andere Gründe, die vielleicht weit wichtiger waren als die, die mich ursprünglich dazu veranlaßt hatten.

Heute bin ich davon überzeugt, daß bestimmte Kräfte in mir, die mir damals nicht bewußt waren, mich zur Familientherapie und zu einer der führenden Familientherapeutinnen der Welt, Virginia Satir, sowie zu jenem von ihr kreierten Verfahren hinzogen, das man als Familienrekonstruktion bezeichnet. Einer dieser unbewußten Gründe war das Bedürfnis, mich mit einigen persönlichen Familienfragen auseinanderzusetzen, die ich noch für bedeutungslos hielt, als ich mich mit diesem Themenkomplex zu beschäftigen begann.

Ich wuchs in der Depressionszeit der dreißiger Jahre auf. Eine Weile war ich von meinen Eltern getrennt und lebte bei meinen Großeltern mütterlicherseits. So lernte ich Unabhängigkeit, Selbständigkeit und erwarb die Fähigkeit, für mich selbst zu sorgen. Ich war sehr tugendsam und galt in den Augen anderer, und später in meinen eigenen, als sehr braver Junge. In diesen frühen Jahren fraß ich viele Sorgen in mich hinein, an die ich kaum einen Gedanken verschwendete. Sie gehörten einfach zum normalen Leben dazu. Unsere Familie und die Familien meiner Eltern waren grandiose Überlebenskünstler. Sie steckten die Schläge des Schicksals ein und machten weiter. Für beide Familien war das Leben ein großes Abenteuer, das seine Gefahren wert war und sich lohnte, auch wenn es manchmal mit großem Leid verbunden war. Was zählte im Leben, waren die Mitmenschen, die Familie und die Beziehungen zu anderen, nicht Karriere oder das Anhäufen von Geld und Macht.

Der Schmerz, mit dem ich umgehen mußte, war Folge der Depression – die Trennung meiner Eltern, der Alkoholismus meines Vaters, die Streitereien zwischen meinen Eltern und die geringe Selbstachtung meines Vaters, weil er seine Krankheit nicht überwinden konnte. Doch ich war mit meinem Leid eingebettet in den Kontext einer Großfamilie, die zur Stelle war, um die Familienmitglieder zu beschützen. Ich wuchs auf mit der Erfahrung, daß in der Großfamilie für jeden gesorgt wurde. Eine der schönsten Geschichten, die die Runde machten, war, daß die Rodier-Kinder (die aus sieben Kindern bestehende Familie meiner Mutter) immer untereinander stritten, aber wehe dem, der einen Rodier angriff. Die Rodiers hielten zusammen, um sich gegenseitig zu beschützen.

So hatte ich allem Schmerz zum Trotz – der sich zeitweise körperlich niederschlug: einmal konnte ich mich nicht mehr bewegen, nur weil ich Allergien hatte! – das Gefühl, daß sich *immer jemand um mich kümmern würde*.

Während ich in der Schule und als junger Erwachsener meinen Weg machte, warf ich den Schmerz über Bord, oder zumindest dachte ich das. Mir war nicht bewußt, wieviel Verlegenheit und Scham über meinen Vater und die chaotische Beziehung zwischen ihm und meiner Mutter in mir steckte. Ich war mir nicht bewußt, wie die Angst vor seinem unbeherrschten Trinken sich auf die Beziehung zwischen ihm und mir auswirkte. Ich wurde damit fertig, indem ich zu meinem Vater auf Distanz ging, und ich schützte mich vor zukünftigem Leid, indem ich keine tieferen Bindungen zu anderen einging. Das heißt, solange ich einen gewissen Abstand hielt, konnte nichts mich ernstlich verletzen, auch wenn ein Mensch mich verließ oder eine Beziehung in die Brüche ging. Ich konnte Menschen gegenüber, denen ich in der Therapie half, ungeheuer viel Mitgefühl und Nähe entwickeln, weil ich wußte, daß kein dauerhaftes emotionales Engagement gefordert war. Dank meines Schmerzes hatte ich die Fähigkeit entwickelt, mit anderen mitzufühlen und mich in sie hineinzuversetzen – ein positiver Effekt, der mich jedoch auch davor bewahrte, mich in eine Alles-oder-nichts-Beziehung zu stürzen.

Alleingelassen mit einem sehr kompetenten und starken Elternteil, meiner Mutter, ohne die ausgleichende Wirkung eines gleichermaßen funktionstüchtigen Vaters, bewahrte ich auch ihr gegenüber viele Jahre lang eine gefühlsmäßige Distanz. Ich hatte Angst davor, von ihr erdrückt zu werden.

So hielt ich in einem sehr realen Sinn eine gesunde Distanz zwischen mir und meinen Eltern aufrecht, um mich selbst zu schützen. Ich war immer bereitwillig da für sie, wenn sie mich brauchten oder wenn irgendwelche besonderen Familienzusammenkünfte anstanden. Ich war freundlich und rücksichtsvoll. Aber ich blieb emotional auf Distanz.

Was ich tat, war gleichermaßen positiv wie negativ. Positiv war, daß ich durch meine Distanz mich selbst vor Fremdbeherrschung und vor möglichen seelischen Schmerzen bewahrte. Die negative Folge war, daß ich von meinen Wurzeln abgeschnitten war. Tatsächlich war ich wenig verwurzelt oder in mich gefestigt.

Je mehr ich mich mit dem Studium der menschlichen Natur, mit Motivation, Psychologie und Familiendynamik beschäftigte, desto besser begann ich mich selbst und auch meine Eltern zu verstehen. Dann lernte ich das Verfahren der Familienrekonstruktion von Virginia Satir kennen, das ich in den Kapiteln 18, 19 und 20 erörtern werde. Durch meine Auseinandersetzung mit Psychologie, Familientherapie und Familienrekonstruktion wurde es mir langsam möglich, die Distanz zwischen mir und meinen Eltern zu überwinden. In Gesprächen zwischen meiner Mutter und mir in den sechziger und siebziger Jahren schwand der größte Teil dieser Distanz zwischen uns dahin.

Mein Vater war 1960 gestorben. Doch erst als ich 1975 begonnen hatte, Familienrekonstruktionen zu leiten und bald darauf auch meine eigene machte, begannen die Wunden zwischen mir und meinem Vater zu heilen. Ich will dazu einige Beispiele nennen. Als ich das Genogramm* oder den Stammbaum der Familie meines

---

* Unter einem Genogramm versteht man eine graphische Darstellungsform des Familienstammbaums, die dem Betrachter erlaubt, mögliche Beziehungen und dynamische Kräfte innerhalb der Familie besser zu verstehen. Beispiele dafür finden sich auf den Seiten 122 und 123.

Vaters erstellte, schrieb ich zum erstenmal auf einem Stück Papier nieder, daß mein Vater drei Todesfälle in seiner Familie erlebt hatte. Als er zwei Jahre alt war, war ein Brüderchen während der Geburt gestorben; als er zehn war, kam seine ältere Schwester Mayme, die damals zwölf war, bei einem Autounfall ums Leben; und als er 16 war, starb mit 45 Jahren sein Vater. Der Anblick dieser drei auf dem Papier vor mir aufgezeichneten Todesfälle rief in erster Linie ein Gefühl der Überraschung in mir hervor.

Zur allgemeinen Wahrnehmung, die ich von meinem Vater hatte, gehörte unter anderem das Bild eines Menschen, der nach dem Motto »Leben und leben lassen« in den Tag hinein lebte und wenig Ernsthaftigkeit oder Verantwortungsbewußtsein zeigte. Ich erinnerte mich an frühere Auseinandersetzungen zwischen meiner Mutter und meinem Vater, in denen meine Mutter ihm Vorwürfe machte, weil er kein Geld für später sparte.

Beim Erstellen seines Genogramms veränderte sich meine Wahrnehmung nicht. Erst als ich Jahre später meine eigene Familienrekonstruktion machte, begann sich dies zu ändern: Im Verlauf dieser Rekonstruktion wurde jeder dieser Todesfälle im Rollenspiel nachgespielt. Nach dem Tod meines Großvaters, als mein Vater 16 war, wandte sich der Leiter der Rekonstruktion an das Gruppenmitglied, das die Rolle meines Vaters spielte, und fragte: »Was geht in Ihnen vor?«

Der Angesprochene sagte mit langsamer, trauriger Stimme: »Ich habe einen Entschluß gefaßt: Ich will jeden Tag voll auskosten. Man weiß nie, wann man sterben muß.«

Im weiteren Verlauf der einzelnen Szenen sah ich, wie mein Vater von der Schule abging und eine Vollzeitstelle annahm, um die Familie zu ernähren; er war das älteste Kind und hatte eine jüngere Schwester, Nell, die damals neun Jahre alt war.

Einige Tage nach dieser Familienrekonstruktion setzte sich in mir zum erstenmal langsam die Erkenntnis durch, daß mein Vater auch eine ernsthafte und verantwortungsbewußte Seite hatte, daß er seine Ausbildung abgebrochen und die Verantwortung für den Unterhalt der Familie übernommen hatte. War das einer der Gründe, warum er erst so spät, mit 38 Jahren, heiratete?

Ich verstand nun auch den Grund der Auseinandersetzungen über Geld. Wenn man die grundsätzliche Entscheidung für sein Leben trifft, jeden Tag so zu leben, als könnte er der letzte sein, dann erklärt sich daraus das fehlende Interesse, für schlechtere Zeiten zu sparen (die in der großen Depression bald kommen sollten). Ich vermutete, daß meine Mutter den Ursprung dieser Lebensanschauung meines Vaters nie verstanden hatte.

Langsam wurde mir klar, wie empfindsam und einfühlsam mein Vater unter seiner zur Schau getragenen Lockerheit war. Im Laufe der folgenden Tage und Monate dämmerte mir, daß diese Empfindsamkeit ihm schreckliches Leid bescheren mußte, sobald er sich zurückgestoßen oder als Versager fühlte. Diese Empfindsamkeit mußte ihm sein mangelndes Selbstwertgefühl in aller Schärfe vor Augen führen. Ich konnte nachvollziehen, daß Zerstreuung ein einfacher Mechanismus war, um mit dem Leid umzugehen. Er konnte seinen umwerfenden Sinn für Humor und seine Begeisterung für Spiel und Spaß als Mittel benutzen, um vor dem Leid zu fliehen. Er konnte trinken, um die Schmerzen zu betäuben.

So veränderte sich aufgrund meiner Rekonstruktion das Bild meines Vaters von dem eines unbekümmerten, ziemlich verantwortungslosen und später kranken Menschen zu dem eines Menschen, der tatsächlich zu einem hohen Maß von Verantwortung fähig war, der als Kind und Jugendlicher großes Leid erfahren hatte, wodurch sich seine Empfindungsfähigkeit und sein Einfühlungsvermögen vertieft hatten, der beschlossen hatte, jeden Tag zu leben, als wäre es der letzte, und der in seinem Erwachsenenleben in einer Weise gelitten hatte, von der ich keine Ahnung hatte.

Dann das große Erwachen! Er ist wie ich, ich bin wie er! Allmählich wurde ich innerlich von seinem kleinen Jungen zu einem ebenbürtigen Partner. Ich fühlte mich so groß wie er, wurde innerlich erwachsen. 20 Jahre nach seinem Tod, in den achtziger Jahren, begann ich langsam eine richtige Beziehung zu ihm herzustellen. Ich konnte die Distanz, die ich zu ihm aufgebaut hatte, aufgeben. Ich konnte anfangen, ihn als Teil meiner selbst, meiner Wurzeln, zu akzeptieren und dazu zu stehen. Ich machte ungeheure Fortschritte in meinem eigenen persönlichen und geistigen Wachstum und Erwachsenwerden.

1982 wagte ich es, nach einem ganzen Leben als Single, eine ernsthafte, lebenslange, tiefe gefühlsmäßige Bindung einzugehen. Ich heiratete Anne. Die Reise hin zu tieferer Nähe ist noch nicht zu Ende. Sie ist nie zu Ende.

Und nun möchte ich Sie einladen, die folgenden Seiten zu lesen, zu überlegen, inwiefern sie auf Sie zutreffen, und meine Ausführungen auf sich wirken zu lassen. Dieses Buch ist eine Sammlung von Geschichten, Ideen und Anregungen aus meinen Erfahrungen und Erkenntnissen, die ich bei Familientherapien und insbesondere bei Familienrekonstruktionen von anderen gewinnen konnte.

Die in diesem Buch geschilderten Personen sind real insofern, als sie für viele Menschen stehen, denen ich in meinem Berufsleben begegnet bin, insbesondere für alle die, die ein anderes Verhältnis zu ihren familiären Wurzeln gewonnen haben. Sie sind fiktiv insofern, als ich bestimmte Einzelheiten verändert habe, um ihre wahre Identität nicht preiszugeben.

Ich vertrete in diesem Buch bestimmte Überzeugungen, die hauptsächlich in meiner eigenen Erfahrung wurzeln. Ich habe keine Forschungsergebnisse vorzuweisen, die meine Thesen und meine Ansichten belegen. Weder meine Überzeugungen noch der Mangel an wissenschaftlichen Fakten sind dabei von großer Bedeutung. Wichtig ist einzig und allein, daß Sie, liebe Leserin, lieber Leser, ihrem eigenen Gefühl vertrauen und sich ein eigenes Urteil über die Gültigkeit der hier vertretenen Ansichten bilden. Wenn Sie glauben, daß meine Anregungen Ihnen von Nutzen sein können, dann fühlen Sie sich vielleicht ermutigt, sich auf das große Abenteuer der Rückbesinnung auf die eigenen Wurzeln einzulassen oder darin fortzufahren.

1 Worum es in diesem Buch geht

Ein 35jähriger Mann schrieb seinem Vater den folgenden Brief. Ich habe ihn etwas gekürzt, das Wesentliche jedoch belassen.

Lieber Vater,
ob Du es glaubst oder nicht, diesen Brief will ich schon seit mehr als zehn Jahren schreiben, aber nie war es mir wichtiger als jetzt. Ich habe so viel Leid in mir angesammelt, von dem ich Dir nie etwas gesagt habe. Jetzt muß ich es herauslassen. Ich muß Dir endlich zeigen, wer ich bin.
Erst vor kurzem ist mir klargeworden, daß ich mein Leben wie nach einem Drehbuch gelebt habe und nur ganz wenige Gefühle je herausgelassen habe. Ich habe mich nie wohl genug gefühlt, um mein wahres Selbst zum Ausdruck zu bringen: meine Gedanken, Gefühle, Sehnsüchte und auch meine negativen Aspekte. Lange Zeit habe ich hinter einer Fassade gelebt. Schon in jungen Jahren habe ich gelernt, meine Gefühle entweder zu verbergen oder sie mit Drogen und Alkohol zu betäuben. Ich hatte Angst davor, ich selbst zu sein. Ich mochte mich nicht. Irgendwie fühlte ich mich dafür verantwortlich, daß Du und Mama Euch habt scheiden lassen.
Ich habe mir so sehr gewünscht, mein Leid mit jemandem zu teilen, aber ich fürchtete mich vor den Folgen. Es kam mir so vor, als hätte ich niemanden, an den ich mich hätte wenden können. Die meisten meiner Gefühle richtete ich nach innen und gegen mich selbst. Mein ganzes Leben lang habe ich nach außen eine wunderbare Fassade der Einheit präsentiert. In Wahrheit jedoch habe ich mich nie wohl in meiner Haut gefühlt. Ich glaube, daß ich dieses Bild meiner selbst nur verändern kann, indem ich mich den beiden wichtigsten Menschen in meinem Leben, meinen Eltern, anvertraue. [Er schrieb auch einen separaten Brief an seine Mutter.]
Wie ich bereits erwähnte, nahm ich zu Drogen und Alkohol Zuflucht, um mein wahres Selbst dahinter zu verbergen. Zwar nehme ich heute keine Drogen und keinen Alkohol mehr, doch die Mauern, die ich zu meinem Schutz errichtet habe, sind noch immer da.
Außerdem ist mir klargeworden, daß wir einander nicht richtig kennen. Unsere Beziehung hat sich in einer emotionalen Distanz abgespielt. So

merkwürdig es ist, ich habe nur sehr wenige Kindheitserinnerungen, in denen wir etwas miteinander zu tun haben.
Ich habe oft darüber nachgedacht, wie schwierig es für Euch gewesen sein muß, uns Kinder großzuziehen. Auf Euch lastete eine ungeheure Verantwortung, besonders weil wir noch so formbar waren. Ich danke Euch, daß Ihr Euer Bestes versucht habt. Ich weiß, daß Ihr mich nie verletzen wolltet. *Leider habe ich so viele Jahre lang ein negatives Bild von Euch gehabt. Doch nun ändert sich meine negative Meinung, und an ihre Stelle treten Liebe und Verständnis.*
Ich wünschte, Ihr könntet sehen, was für ein Mensch ich werde. Ich entwickle mich zu einem liebevollen, teilnahmsvollen, engagierten menschlichen Wesen. Ich mache nur langsame Fortschritte in diesem Prozeß, aber ich komme voran. Langsam beginne ich mich selbst »gut genug« zu finden, und mir wird klar, daß meine Anwesenheit auf der Welt etwas Positives ist. Auch ich bin ein fühlender Mensch voller Emotionen und ausgestattet mit der Fähigkeit zu mitmenschlicher Zuwendung. Ich lerne, all das zum Ausdruck zu bringen und so zu sein, wie ich wirklich bin.
Vater, ich werde erwachsen. Ich liebe mich selbst. Danke, daß Du mich in diese Welt gesetzt hast. Ich liebe Dich. Ich weiß, daß auch Du mich liebst. Es ist uns schwergefallen, einander diese Liebe zu zeigen.

In Liebe,
Jason

Dieser Brief, den ich hier auszugsweise veröffentlicht habe, ist kraftvoll und kommt aus dem Herzen. Jason mußte seinen ganzen Mut zusammennehmen, um ihn zu schreiben. Was gab ihm den Mut, ihn zu schreiben und das Risiko einer Zurückweisung auf sich zu nehmen? Warum tat er das schließlich?
Ich glaube, drei Gründe liefern die Antwort darauf. Zunächst verspürt dieser 35 Jahre alte Mann, der mit seinen Eltern im Streit liegt und zu ihnen auf Distanz gegangen ist, das Bedürfnis, diese Trennung zu überwinden. Er fühlt sich unvollständig in seiner Getrenntheit. Er ist nicht ganz, weil er von seinen Wurzeln abgeschnitten ist. Der Mensch wird von einem immens starken Bedürfnis nach Ganzheit geleitet. Wenn diese Ganzheit fehlt, fühlt sich das Individuum auf einer bestimmten Ebene leer. Dieser Mann war dazu fähig, dieses Gefühl der Leere uneingeschränkt in sich zuzulassen. Er war fähig, diese Leere in all ihrer angsterregenden Dimension zu fühlen.

Deshalb erfaßte ihn das überwältigende Bedürfnis, etwas dagegen zu unternehmen.

Der zweite Grund liegt darin, daß Jason in gewisser Hinsicht verstanden hat, daß die zwei Personen, an die er sich wendet, zuallererst menschliche Wesen und erst in zweiter Linie Eltern sind. Infolgedessen konnte er sich gefühls- und verstandesmäßig auf sie als Menschen beziehen, und nicht als Mutter und Vater, nicht auf der Basis der Rollen, die sie in seinem Leben gespielt hatten. Er begann, in ihnen Menschen wie sich selbst zu sehen. So konnte er sie als verletzlich wahrnehmen, als ängstlich, von Zweifeln geplagt, verwirrt, ohnmächtig und ohne Selbstvertrauen. Seine Wahrnehmung von ihnen als Eltern, die in dieser Funktion stärker, klüger, selbstsicherer und fähiger waren als er, veränderte sich. Das kommt in dem Satz zum Ausdruck: »Ich habe oft darüber nachgedacht, wie schwierig es für Euch gewesen sein muß, uns Kinder großzuziehen. Auf Euch lastete eine ungeheure Verantwortung, besonders weil wir noch so formbar waren.«

Indem er sie als Menschen wie du und ich wahrnahm, erlebte er sie mehr als gleichberechtigt, und weniger in einer hierarchischen Struktur, die auf der Eltern-Kind-Beziehung basierte. Deshalb schüchterte ihn ihre Stellung und elterliche Gewalt weniger ein. Indem er sie als menschliche Wesen sah, schöpfte er auch Vertrauen, daß er eines Tages auf der Grundlage ihrer *gemeinsamen Menschlichkeit* in Kontakt zu ihnen treten könnte. Dieses aufkeimende Gefühl von Gleichheit und Vertrauen ist das zweite Element, das ihn zur Abfassung dieses Briefes ermutigte.

Der dritte Grund ergibt sich aus dem zweiten. Weil er sich selbst als erwachsen erlebte, weil er sich wie ein Erwachsener *fühlte*, konnte er mit der Möglichkeit einer Zurückweisung weit besser umgehen, als er das als Kind gekonnt hatte. Für ein Kind ist Zurückweisung vernichtend, denn ein Kind *braucht* die Eltern zum Überleben. Für den Erwachsenen ist sie weniger vernichtend, denn er kann auch ohne Eltern überleben. So erkannte Jason auf einer gewissen Ebene, daß er nicht vernichtet würde, wenn sein Brief auf Ablehnung stieß, auch wenn ihn das verletzen könnte. Er konnte nun mit dem Schmerz umgehen und sein Leben weiterleben, selbst wenn er noch immer die

Leere spüren würde, weil er in der Alltagsbeziehung zu seinen Eltern von seinen Wurzeln abgeschnitten war. (Ich muß hinzufügen, daß die meisten Männer und Frauen in diesem Alter verstandesmäßig wissen, daß sie erwachsen sind. Verblüffenderweise fühlen sie sich jedoch in Gegenwart ihrer Eltern keinesfalls erwachsen. Gefühlsmäßig erleben sie ihre Eltern anders als andere Erwachsene gleichen Alters.)

Das Wunderbare an dieser Geschichte ist, daß Jasons Eltern mit Verständnis, Liebe und Zuneigung auf seinen Brief reagierten. Tatsächlich sah Jason seinen Vater zum erstenmal im Leben weinen! Das verstärkte nur noch seine emotionale Überzeugung, daß sein Vater tatsächlich ein Mensch wie du und ich war. Für Jason eröffnete sich dadurch die Möglichkeit, seinen Vater und seine Mutter als Menschen, als Teil seiner Wurzeln, als Teil seiner selbst zu akzeptieren. Die Leere wurde gefüllt, die Getrenntheit geheilt. Der 35jährige fühlte sich ganz und selbstsicher und in seinem Selbstvertrauen gestärkt.

Jason schrieb mir folgenden Brief: »Unsere Beziehung hat sich immens verbessert, seitdem ich meinem Vater diesen Brief geschickt habe. Wir vertrauen uns viel mehr an als früher. Ich freue mich richtig auf das Zusammensein mit ihm. Das ist erst der Anfang!«

Nicht jedem, der soviel riskiert wie Jason, wird das gleiche Ergebnis zuteil. Manchen wird von ihren Eltern eine Abfuhr erteilt. Doch selbst wenn die alltägliche Beziehung nicht geheilt wird, gibt es einen Weg, wie ein Mensch seine Wurzeln zumindest in der Intimität seines Herzens akzeptieren kann.

Wenn die Menschen es wirklich wollen, dann können sie auf eine *neuartige*, sichere, entspannte, freudige und produktive Art die Verbindung zu ihren familiären Wurzeln wiederherstellen. Das schenkt ihnen Unbeschwertheit, ein klareres Wissen um die eigene Identität und ein Selbstwertgefühl, das ihnen ermöglicht, das Leben mit Stärke und Zuversicht zu meistern.

In diesem Buch geht es um die Reise, auf der wir lernen, die eigenen Wurzeln, besonders die eigenen Eltern zu akzeptieren oder diese Akzeptanz zu vertiefen. Dieses Buch will den wesentlichen Schlüssel zur Erreichung dieses Ziels darlegen. Weil dieser Schlüssel oft übersehen wird und verlorengegangen ist, scheitern so viele daran, ihre Wurzeln als Teil ihrer selbst anzunehmen, und bleiben damit unvollständig. Außerdem will dieses Buch erklären, warum manchen eine solche Reise widerstrebt. Diejenigen, die willens sind, sich auf die Reise zu begeben, werden hier verschiedene Wege ihrer Realisierung sowie spezielle Pläne und Aufgaben finden.

Dieses Buch wird alle die ansprechen, die sich irgendwie von ihren Eltern und ihren Wurzeln abgeschnitten fühlen. Es wendet sich an diejenigen, die in ihrem menschlichen und spirituellen Leben voranschreiten wollen, indem sie sich tiefer auf ihre Wurzeln besinnen, den Kreis vollenden. Es wird nicht zuletzt ältere Erwachsene ansprechen, die in sich einen gewissen Drang zu entdecken beginnen, nach Hause zurückzukehren, um die Verbindung zu ihren Ursprüngen zu vertiefen. Tatsächlich bildet diese Rückkehr zu den Wurzeln, diese Vollendung des Kreises möglicherweise die letzte Phase in der Entwicklung der Persönlichkeit, die ebenso wichtig ist wie die Pubertät. Ich bin davon überzeugt, daß die sichere Verwurzelung in den eigenen Ursprüngen auch ein wichtiger Schritt ist, um dem Tod in Frieden ins Auge sehen zu können.

2 Wie man einen neuen Bezug zu den eigenen Wurzeln herstellt

Eines Tages fragte mich ein Freund, womit ich mich gerade beschäftigte. Ich sagte ihm, ich würde an einem neuen Buch schreiben. »Worum geht es denn darin?« fragte er mich. Ich sagte ihm, es ginge um die Notwendigkeit, daß Menschen eine neue Art von Beziehung zu ihren Eltern aufbauen müßten, die sich von ihrer alten Eltern-Kind-Beziehung unterscheidet.
»Was meinst du damit?« fragte er.
»Nun, Fred, wir haben die prägendsten Jahre unseres Lebens – zwischen Geburt und 18 – damit verbracht, unsere Eltern als Eltern wahrzunehmen. Mit dem Erwachsenwerden wird es wichtig, sie mit anderen Augen zu sehen, das heißt als Menschen wie du und ich. Wir müssen das Gefühl bekommen, daß wir so erwachsen sind wie sie, daß wir als Gleiche miteinander verkehren. Wir sollten eher respektierte Freunde in ihnen sehen als Beschützer und Versorgungsinstanzen.«
Er hielt einen Augenblick inne, lachte, es kam mir beinahe wie ein Kichern vor, und sagte dann: »Ich weiß nicht, was daran neu sein soll. Wir sind doch alle erwachsen. Wie sollten wir uns sonst auf unsere Eltern beziehen, wenn nicht als Erwachsene? Ich weiß, daß sie auch Menschen sind. Was denn sonst?«
Ich wußte nicht, was ich darauf erwidern sollte. Hatte Fred wirklich verstanden, was ich gemeint hatte? Ja, wir sind erwachsen, aber bedeutet das auch, daß wir eine gleichberechtigte Beziehung zu unseren Eltern haben? Bei so vielen ist das nicht der Fall. Oder hatte Fred wirklich schon das erreicht, was ich meinte? Hatte sich seine Wahrnehmung von seinen Eltern so verändert, daß er sie nun als Mitmenschen sah? Fühlte er sich wirklich gleichberechtigt ihnen

gegenüber? Fühlte er sich so groß wie sie? Und wenn dem so war, konnte er sie dann so akzeptieren, wie sie waren, mit all ihren liebenswerten und unangenehmen Seiten? Akzeptierte er sie, ohne das Bedürfnis zu verspüren, sie seinetwegen oder zur Hebung seines Selbstwertgefühls zu ändern? Befreite ihn diese Akzeptanz von jeglichem Bedürfnis, einen Teil seiner Wurzeln zu verleugnen oder nicht zur Kenntnis zu nehmen? Nahm Fred wirklich seine Eltern und Verwandten als Teil seiner selbst an? War er psychisch eins mit seinen Ursprüngen? Fühlte er sich ganz und vollständig? Verlieh diese Ganzheit Fred die Freiheit und die Kraft, sich vor seinen Eltern zu schützen, wenn sie ihn manchmal noch verletzten?

Vielleicht gehört Fred zu all denen, deren Wahrnehmung von ihren Eltern sich im Laufe ihres Heranwachsens verändert. Sie nehmen menschlichere Züge an und ähneln weniger göttlichen Wesen. Die Beziehungen zwischen Kindern und Eltern werden friedlicher und unkomplizierter. Die Eltern werden zu Freunden und Vertrauten. Sie können Geschichten aus ihrem Leben, Träume, Enttäuschungen, Erfolge und Niederlagen austauschen. Sie können einander ohne Drohungen mitteilen, welche Verletzungen, welchen Ärger und welchen Kummer sie sich in der Vergangenheit zugefügt haben. Sie können gemeinsam über ihre Fehler trauern, ohne den Drang zu verspüren, dem anderen Vorhaltungen zu machen. Sie können ehrlich miteinander umgehen, ohne zu fürchten, sie könnten die Anerkennung des anderen verlieren, weil sie sich ihrer selbst sicher sind und die Anerkennung des anderen nicht für ihr eigenes Selbstwertgefühl benötigen. Ihre Beziehungen sind unkompliziert und locker, weil sie den anderen nicht mehr verändern wollen.

Vielleicht hat Fred das mit seiner Mutter und seinem Vater schon geschafft. Wenn das so ist, dann weiß ich, daß Fred vielen etwas voraus hat, daß er in einer Weise stark und mit sich im reinen ist, wie es bei vielen anderen nicht der Fall ist. Fred hat im Laufe der Jahre zu sich selbst gefunden, er ruht in sich, er hat bedingungslos eine liebevolle und von Akzeptanz durchdrungene Verbindung zu seinen Wurzeln hergestellt. Er ist ganz. Daher strahlt er dem Leben wie dem Tod gegenüber Frieden, Sicherheit, Vertrauen und Weisheit aus.

Es gibt einen Weg, um herauszufinden, ob Fred diese radikale Veränderung der Wahrnehmung tatsächlich vollzogen hat oder nicht. Verhält er sich in Gegenwart seiner Eltern so wie anderen Erwachsenen oder engen Freunden gegenüber? Wenn das der Fall ist, dann hat die Veränderung wahrscheinlich stattgefunden. Wenn er aber feststellt, daß er sich zu Hause anders verhält als gegenüber anderen Erwachsenen, dann hat er diese Veränderung wahrscheinlich nicht vollzogen. Hält er beispielsweise seine Zunge im Zaum, hat er Angst vor der Mißbilligung seiner Eltern? Noch aufschlußreicher ist die Frage, ob er sich in ihrer Gegenwart jünger und kleiner fühlt als in Gegenwart anderer Personen aus der Generation seiner Eltern.

Um herauszufinden, ob wir diese Veränderung vollzogen haben, können wir auch prüfen, wie leicht es uns fällt, an unsere Eltern als »Cecil und Jane« zu denken und nicht als »Vater und Mutter«. (Es mag allerdings unangenehm sein, sie tatsächlich beim Vornamen zu nennen, entweder weil man es nicht gewöhnt ist, oder weil die Eltern sich dabei unwohl fühlen.) Worte sind mächtige Symbole. Nachdem wir so lange die Symbole »Vater« und »Mutter« benutzt haben, die sich auf bestimmte, von Cecil und Jane ausgefüllte Rollen bezogen haben, fällt es uns gewöhnlich schwer, neue Symbole zu verwenden, die sich auf sie als Individuen beziehen. Wenn wir sie nun in erster Linie als Individuen und weniger als Rolleninhaber wahrnehmen, fällt es uns leichter, sie in Gedanken und vielleicht sogar in der Realität bei ihren Vornamen zu nennen.

Fred ist typisch für viele Menschen, die glauben, sie hätten eine Beziehung von Mensch zu Mensch zu ihren Eltern aufgebaut. Manche unterhalten tatsächlich eine solche Beziehung zwischen Erwachsenen. Doch viele leben noch immer in einer Eltern-Kind-Beziehung.

3 Der Schlüssel zum Aufbau einer neuen Beziehung

Als Familientherapeut befasse ich mich bei meiner Arbeit zu einem bedeutenden Teil damit, anderen Menschen bei der Bewältigung familiärer Beziehungsprobleme zu helfen. Dabei habe ich viel von meiner verehrten Lehrerin und geschätzten Freundin Virginia Satir gelernt. Sie gehört zu den Pionieren der Familientherapie, die etwa 1950 aufkam. Satir verstand, was alle Therapeuten wissen, nämlich daß viele, wenn nicht gar alle unsere Probleme ihren Ursprung in unserer frühen Kindheit haben.
Zu der Zeit, als sie ihre berufliche Laufbahn als Therapeutin einschlug, orientierte sich die Psychotherapie hauptsächlich an Freuds Lehre. Freud hatte festgestellt, daß er seinen Patienten helfen konnte, indem er Ereignisse und Bedeutungen, die im Unbewußten eines Menschen verborgen waren, entschleierte. Sobald ein Individuum sich des Verborgenen bewußt wurde und Einblick in diese inneren Vorgänge gewann, stiegen die Chancen einer Heilung. Therapien, die auf Bewußtmachung und Einsicht basieren, helfen vielen Menschen.
Als diese Art von Therapie in Satirs Augen nicht wirksam genug war, begann sie mit anderen Ansätzen zu experimentieren. Bei ihren Nachforschungen entdeckte sie, daß die Probleme vieler Menschen, besonders die, die durch frühkindliche Erfahrungen verursacht waren, nur dann gelöst werden konnten, wenn die Klienten ihre Eltern und andere zentrale Mitglieder der Herkunftsfamilie *als Teil ihrer selbst* zu akzeptieren lernten. Sie begann zu erkennen, daß ein geringes Selbstwertgefühl die Folge ist, wenn wir auf einen lebenswichtigen Teil von uns selbst herabsehen, ihn ablehnen, verleugnen oder ignorieren müssen. Und unsere Wurzeln sind ein lebenswichtiger

Teil unseres Selbst. Daher ist unser Selbstwertgefühl gefährdet, solange wir in irgendeiner Form von unseren Wurzeln abgeschnitten sind.

Wenn wir mit uns selbst nicht im reinen sind, fehlt es uns an Energie, Selbstvertrauen und Kraft, um das Leben zu meistern. So erkannte Satir, daß sie den Menschen helfen mußte, mehr in Einklang mit sich selbst zu leben, indem sie fähig wurden, alle Teile ihres Selbst zu akzeptieren – einschließlich ihrer Wurzeln.

Schön und gut, wie aber hilft man jemandem, eine Mutter oder einen Vater zu akzeptieren, die oder der im Leben dieses Menschen großes Leid verursacht hat? Wie kann jemand bereit sein, einen Vater, der die Familie im Stich ließ, oder eine tyrannische Mutter als Teil seiner selbst zu akzeptieren? Wie kann ein Mensch einen Elternteil akzeptieren, der ihn mißhandelte oder sexuell mißbrauchte? Wie kann man eine Beziehung zu einer Person herstellen, die im Grunde nie da war – wie bei adoptierten Kindern? Wie kann jemand seine Wut auf einen Elternteil überwinden, der ihm als Kind eine unangemessene Last aufbürdete, indem er dem Kind beispielsweise Perfektion abverlangte, indem er es so manipulierte, daß es die Eltern glücklich machte, indem er verlangte, das Kind solle eine getreue Nachbildung der Eltern sein, indem er von dem Kind erwartete, daß es den Platz eines toten Geschwisters oder des Jungen oder des Mädchens einnahm, den es in der Familie nie gab?

Wo liegt der Schlüssel, der uns befähigt, die eigenen Wurzeln zu akzeptieren? Wo liegt der Schlüssel, der einem Menschen erlaubt, mit Eltern, Großeltern, Onkeln und Tanten eine neue Form der Beziehung herzustellen, wie im letzten Kapitel beschrieben, das heißt, sie als Menschen zu sehen und nicht als Rollenträger? Satir hatte erkannt, wo der Schlüssel dazu liegt, und auch ich entdeckte ihn in den Jahren meines Therapeutendaseins. *Der Schlüssel dazu liegt darin, daß man den Menschen zurück in die Familien führt, in denen seine Mutter und sein Vater aufwuchsen.* Der Schlüssel dazu ist also, daß man sich nicht nur auf die unmittelbare Familie beschränkt, in der der Betreffende aufgewachsen ist, wozu die meisten Familientherapien tendieren. Der Schlüssel, damit sich die Eltern eines Menschen in seiner Wahrnehmung von Vater und Mutter zu Cecil und

Jane wandeln, liegt darin, daß man ihm zeigt, wie es für Cecil und Jane war, geboren zu werden, laufen zu lernen, allein auf die Toilette und in die Schule zu gehen. Er liegt darin, dem Betreffenden zu vermitteln, wovor Cecil und Jane als Kinder Angst hatten, wovon sie träumten, was sie werden wollten, wenn sie groß wären. Man muß ihm helfen zu sehen, was Cecil und Jane als Kinder an ihren Eltern mochten und was nicht. Man muß ihm helfen zu sehen, welches Leid und welches Glück Jane und Cecil zu Hause erlebten, welche Erfolge und Fehlschläge sie im Laufe ihres Heranwachsens erfuhren. Man muß ihm vor Augen führen, welche ihrer Bedürfnisse befriedigt wurden und welche nicht. Man muß ihm deutlich machen, welche Bilder über Männer, Frauen, Ehemänner und Ehefrauen, Väter und Mütter Cecil und Jane mitgegeben wurden. Man muß ihm helfen nachzuvollziehen, welche Auswirkungen Todesfälle in Cecils und Janes Familie auf sie hatten, als sie noch klein waren.

Der Schlüssel liegt auch darin, dem einzelnen zu helfen, Janes und Cecils Unbeholfenheit während der Pubertät zu sehen, die Faszination, die das andere Geschlecht auf sie ausübte, ihre ersten Verabredungen, ihre Verlobung, ihre Heirat. Man muß dem Betreffenden helfen nachzuvollziehen, was in Cecils und Janes Herz vor sich ging, als sie entdeckten, daß sie ein Kind erwarteten, und wie sie auf die Geburt reagierten.

Wir haben all diese Dinge nicht unmittelbar selbst erlebt, denn bei unserer Geburt treffen wir auf unsere erwachsenen Eltern, die all diese Erfahrungen bereits hinter sich haben. So fällt es uns schwer, uns vorzustellen, daß unsere Eltern geflirtet und geschmust haben und sexuell voneinander erregt wurden; es fällt uns schwer, uns vorzustellen, daß diese Eltern einmal verletzliche, abhängige Kinder wie wir waren. Was diese Erkenntnis noch mehr erschwert, ist die Tatsache, daß Eltern dazu tendieren, ihre Verletzbarkeit zu verbergen und nur gottähnliche Eigenschaften wie Allwissenheit und Allmacht zu verkörpern.

Wenn wir aber erst einmal fähig sind, auf vielerlei Weisen, auf die ich im folgenden noch eingehen werde, auf das frühere Leben unserer Mutter und unseres Vaters zurückzublicken, dann wird es uns möglich, in ihnen »ganz normale« Menschen zu sehen. Wir können in ihnen dann Menschen aus Fleisch und Blut sehen, die ihren Träumen nachhängen, unter Verletzungen und Unverständnis leiden, sich nach Anerkennung und Angenommenwerden sehen, vor verborgenen Ängsten zittern, sexuelle Regungen ausstrahlen oder unterdrücken, nach Idealen streben und sich doch alles andere als ideal fühlen.

In der Rückschau auf die mütterlichen und väterlichen Familien liegt der Schlüssel dazu, daß wir unsere Eltern als Menschen sehen können. Und wenn wir sie aus dem Bauch heraus als menschliche Wesen wahrnehmen, können wir sie als Teil unserer selbst akzeptieren. Wenn wir unsere Wurzeln als Teil von uns selbst akzeptieren können, dann steigt unsere Selbstachtung, wir können unsere Fähigkeiten voll ausschöpfen, und unsere Grenzen erweitern sich.

4 »Sagen Sie mir nicht, ich soll wieder nach Hause gehen!«

»Was vorbei ist, ist vorbei; die Vergangenheit soll man ruhen lassen; das Hier und Jetzt ist es, das zählt; man muß nach vorne schauen im Leben.« Diese Meinung vertreten unzählige Leute. Auf der anderen Seite behaupten viele Kulturen und Religionen und auch ein beträchtlicher Teil der Weltliteratur, daß es gerade die Annahme und Achtung der eigenen Wurzeln sind, die dem Hier und Jetzt Gewicht verleihen und uns ermöglichen, im Leben voranzukommen. Wie Ken Burns, der Filmemacher der PBS-Serien [Public Broadcasting System; Anm.d.Ü.] über den Bürgerkrieg behauptet: Die Vergangenheit erhellt die Gegenwart, und Geschichte ist nicht, wer wir waren, sondern wer wir sind. Warum also widerstrebt es vielen Menschen so sehr, die Reise zurück nach Hause zu unternehmen? In meiner Praxis bin ich auf mehrere Gründe gestoßen, die diesen Widerstand erklären.

Der meiner Ansicht nach tiefste wie auch verborgenste Grund ist die tiefsitzende Angst vor dem Verlust der eigenen Identität. Lassen Sie mich das auf dem Hintergrund meiner therapeutischen Erfahrung erklären.

Einer der Wege, um den Kreis zu schließen, um in der eigenen Familie Beziehungen zwischen gleichberechtigten Erwachsenen herzustellen, führt über das Verfahren der Familienrekonstruktion. Über dieses Verfahren finden sich im weiteren einige Ausführungen in diesem Buch. Bestandteil dieses Verfahrens ist eine ganztägige Zusammenkunft in einer Gruppe, in der sich Vertrauen und Zusammengehörigkeit entwickelt haben. Während dieses Tages wählt der Entdecker, derjenige, der seine Familienrekonstruktion macht, andere Personen aus der Gruppe aus, die die Mitglieder der väterlichen oder mütterlichen oder seiner eigenen Familie spielen. Entscheidende Szenen aus der Geschichte dieser drei Familien werden mittels Psychodrama, Pantomime und durch die Plazierung von Darstellern in verschiedenen Körperpositionen wie in einer Skulptur nachgespielt. Die häufigsten nachgespielten Szenen betreffen Geburt und Tod, Rendezvous und Verlobung, Heirat, Krankheit, finanzielle Erfolge und Rückschläge, Familienumzüge und Kriegsdienste sowie typische Szenen wie etwa das Abendessen, Weihnachten und das Nachhausekommen mit dem Zeugnis. Ziel dieses Tages ist es, dem Entdecker Gelegenheit zu geben, die eigene Familiengeschichte wiederaufzurollen, damit er diese Familienmitglieder auf eine tiefere, andere und menschlichere Weise sehen kann.

Als ich einmal eine Familienrekonstruktion leitete, lud eines der Gruppenmitglieder eine Freundin, Susie, ein, dem Ablauf zuzusehen. Susie war sehr aufmerksam und verstand irgendwie die Bedeutung dessen, was sie sah. Als der Tag zu Ende ging, sagte sie zu mir, sie fände Familienrekonstruktion faszinierend, und fragte, ob sie bei einer weiteren Sitzung dabeisein könne. Gleichzeitig erklärte sie mit erhobener Stimme: »Glauben Sie nur nicht, Bill, daß ich da auch mitmachen möchte. Ich habe meine Leute genau dahin gebracht, wo ich sie haben will. Ich habe Jahre damit zugebracht, sie so weit zu bekommen, daß ich sie im Griff habe, und ich werde ganz bestimmt nicht daran rühren. Mein Leben ist wunderbar, so wie es ist!«

Was steckt hinter so starken Worten? Susie sah offensichtlich die Möglichkeit, eine neue Art von Beziehung zu ihren Angehörigen herzustellen. Sie sah an diesem Tag, wie sich die Wahrnehmung und die Gefühle ihres Freundes in bezug auf seine Eltern veränderten. Als sie zum zweitenmal zu Besuch kam, war sie noch immer unnachgiebig. »Ich sehe meine Familie, wie sie ist, und ich will nichts daran ändern.«

Was war so bedrohlich für Susie? Warum wollte sie nicht an der Art ihrer Wahrnehmung, ihrer Empfindungen und ihres Umgangs mit ihren Eltern rühren? Lassen Sie mich versuchen, das zu erklären.

Als Susie, Sie und ich auf die Welt kamen, waren wir hilflos und verletzlich. Um physisch wie psychisch zu überleben, waren wir vollkommen von unseren Eltern (oder Ersatzeltern) abhängig. Wir

brauchen länger als irgendein anderes Lebewesen, um erwachsen zu werden, deshalb verbringen wir mehr Zeit in Abhängigkeit von unseren Eltern. Weil wir so lange von ihnen abhängig sind, sind unsere Bindungen an sie extrem stark. Wir sind eins mit unseren Wurzeln.
Im Rahmen dieser starken Bindung findet ein äußerst machtvoller Prozeß statt. Ich möchte das an mir selbst illustrieren. Weil ich meine Eltern brauchte, um zu überleben, begann ich schon früh, alles Erdenkliche zu tun, um ihre Zuneigung und Liebe zu gewinnen. Ich konnte es mir nicht leisten, ihre Zuneigung zu verlieren, denn wer hätte sonst für mich gesorgt? Dieses Streben war von einem unbewußten, instinktiven Trieb geleitet. Als ich älter wurde, wurden mir ihre Bedürfnisse, Stimmungen und Sehnsüchte ebenso bewußt wie die Tricks, die ich benutzen mußte, um sie zufriedenzustellen.
Ich lernte, sie zu imitieren, was ihnen gefiel. Mir wurde bewußt, daß sie auf zwei Beinen liefen. Mein Körper entwickelte Muskeln, die auch mir das Laufen ermöglichten. Sie sprachen in Worten, nicht nur mit Lauten, so versuchte auch ich zu sprechen. Als ich das erstemal »Mama« sagte, lächelten sie mich an.
Im Bemühen, sie zufriedenzustellen, wurde ich gehorsam. Ich akzeptierte alles, was sie mir sagten. Wenn sie auf meine Nase zeigten und »Nase« sagten, sagte auch ich »Nase«. Wenn sie auf das fette, große Tier auf der Weide zeigten und »Kuh« sagten, sagte auch ich »Kuh«.
Ich lernte außerdem, alles zu vermeiden, was ihnen mißfiel. Wenn ich etwas tat, das ihr Mißfallen erregte, bemerkte ich, wie ihre Stimmen schärfer wurden. Ihre Gesichter legten sich in Falten. Häßlichkeit trat an die Stelle des freundlichen Lächelns.
Schnell erkannte ich, daß meine Eltern größer, mächtiger, kompetenter als ich waren. Ich sah, daß sie ihre Milch und ihr Essen nicht verschütteten! Ihre Nähe gewährte Sicherheit. Ich gehorchte, gefiel, ahmte sie nach und wurde wie sie, und ich wurde mit Liebe und Anerkennung und ihrer Sorge um mich belohnt. Das Ergebnis war, daß ich überlebte.
Doch das körperliche Überleben war nicht alles. Im Laufe meiner Entwicklung begann ich mir Fragen über mich selbst zu stellen, zunächst mehr unbewußt als bewußt. Was bin ich? Wer bin ich?

Zähle ich etwas? Bin ich wichtig? Bin ich liebenswert? Bin ich etwas wert? Ja, das bin ich – weil meine Eltern mich lieben, sich an mir freuen, mich anlächeln, mit mir prahlen, meinem Bruder und meiner Schwester sagen, sie sollen auf mich aufpassen. Ich bin liebenswert, weil sie mich hochnehmen und herzen, küssen und mit mir schmusen. Ich bin wichtig, weil sie soviel Zeit für mich aufbringen. Sie eilen herbei, um meinen Hunger, mein Bedürfnis nach Sauberkeit und Gesundheit zu befriedigen.

Ich muß etwas zählen, weil meine Eltern versuchen, mich zu verstehen. Wenn mir etwas weh tut, trösten sie mich. Wenn ich mich fürchte, beruhigen sie mich. Wenn ich durcheinander bin, schaffen sie Klarheit.

Auf der anderen Seite vermitteln sie mir manchmal die Botschaft, daß ich nicht so wichtig oder wertvoll bin. Ich höre, wie meine Eltern und Geschwister mich kritisieren. Sie sagen mir, wann ich Fehler mache. Manchmal geschieht das auf eine Art, daß ich mir wie der dümmste Mensch auf der Welt vorkomme. (Manchmal aber erklären sie mir meinen Irrtum auf eine Art, die mir vermittelt, daß es normal ist, Fehler zu machen, und daß ich aus meinen Fehlern lernen kann. Dann kann ich damit umgehen.)

Manchmal sagen meine Eltern zu mir, ich sei ein böser Junge. Anscheinend sind sie zornig auf mich. Ihr Zorn macht mir angst. Manchmal sind sie nicht für mich da, wenn ich mich ängstlich oder einsam fühle, dann fürchte ich mich noch mehr. Dann zweifle ich daran, ob ich ihnen wirklich etwas bedeute.

Wenn ich mit anderen spiele, passe ich irgendwie nicht dazu. In der Schule habe ich Probleme mit meinen Noten. Ich bekomme zu hören, wie klug meine älteren Geschwister sind. Andere Kinder machen sich über meine Brille lustig. Also frage ich mich, ob irgend etwas nicht mit mir stimmt. Wieder läuft der größte Teil dieser Überlegungen im Unterbewußtsein ab. Doch sie führen zu einem geringen Selbstwertgefühl.

Manchmal streiten meine Eltern meinetwegen. Ich schließe daraus, daß ich ihnen Sorgen und Schmerzen bereite; ich versuche sie zum Aufhören zu bringen. Wenn mir das nicht gelingt, fühle ich mich hilflos. Mein Bruder hackt auf mir herum, und meine Mutter ergreift seine Partei, und so glaube ich törichterweise, sie liebe ihn mehr als mich. Mein Vater verliert seine Stelle; meine Mutter macht sich Sorgen und hat Angst vor der Zukunft. Ich ziehe kindische Schlüsse daraus: Wenn ich nicht auch noch da wäre, hätten sie weniger Sorgen. Das ist die Denkweise eines Kindes mit einem noch unausgereiften Intellekt.

Manchmal gewinne ich also aus der Art des Umgangs, den meine Familie mir gegenüber oder untereinander pflegt, den Eindruck, daß ich wirklich sehr wichtig, wertvoll und liebenswert bin – daß ich viel bedeute. Doch bei anderen Gelegenheiten habe ich das Gefühl, daß ich nicht viel tauge, böse bin, keine Liebe verdiene. Welches Selbstbild sich letztendlich in mir festigt, hängt davon ab, wie das Pendel ausschlägt. Wenn meine Eltern meiner liebenswerten Seite die meiste Zeit und Aufmerksamkeit entgegenbringen, dann werde ich mit einem positiven Grundgefühl ins Leben treten. Wenn meine Eltern mir aber durch ihr Verhalten hauptsächlich signalisieren, daß ich problematisch oder irgendwie fehlerhaft bin, dann werde ich mit einem negativen, schlechten Grundgefühl ins Leben gehen.

Man darf nicht vergessen, daß ich bei meinem Eintritt in diese Welt nicht nur verletzlich und leicht formbar bin, sondern daß meine körperliche und geistige Ausrüstung noch unentwickelt ist. Meine Fähigkeit, die Realität zu erkennen, ist nur begrenzt vorhanden. Dagegen bin ich, wie obige Beispiele zeigen, ständig in Gefahr, die Ereignisse falsch zu interpretieren. Außerdem kenne ich nur ein Entweder-Oder. Es gibt keine Übergänge dazwischen. Ich kann einen Elternteil als Engel und den anderen als Teufel wahrnehmen, oder einen als sehr stark und den anderen als sehr schwach.

Als Kind lebe ich in einer Welt der Götter. Ich bin hilflos, unwissend und fehlbar, und meine Eltern sind mächtig, vollkommen, im Recht und allwissend. Eigenschaften wie Allgegenwart, Allwissenheit, Allmacht und Vollkommenheit schreiben wir Gott zu. Genauso erfahre ich meine Eltern. Tatsächlich geben sie sich alle nur erdenkliche Mühe, um ihre Ängste, Fehler, Zweifel, Verwirrung, Schwäche und Unwissenheit vor mir zu verbergen. Sie geben vor, alles zu wissen, zu allem fähig zu sein und alles zu sein – um meinetwillen. Sie wollen mir Sicherheit vermitteln.

Da meine Eltern meine Schöpfer, Retter, Beschützer und die Leitfiguren sind, von denen meine Existenz selbst abhängt, fühle ich mich ihnen zutiefst verpflichtet. Was ich von ihnen empfing, kommt anscheinend von weit oben. Das sind »göttliche« Lektionen und Eindrücke. Also stammt die grundlegende Einschätzung dessen, was ich bin, wer ich bin und wie liebenswert und wertvoll ich bin, von meinen Gott-Eltern.
Und so bilde ich meine Identität und mein Selbstwertgefühl aus dem, wie ich meine Eltern wahrnehme und wie sie sich auf mich beziehen. Weil mir bei der Entwicklung dieses Selbstbilds nur meine beschränkten Fähigkeiten zur Verfügung stehen, kann sich leicht eine weit von der Realität entfernte Wahrnehmung meiner selbst ergeben. Diese Wahrnehmung, »wer ich bin«, die sich in einer Phase großer Empfänglichkeit und maximaler Beeinflußbarkeit nach dem Bild von Eltern, denen eine »göttliche Autorität« zukam, entwickelt, wird tief im Kern meiner Persönlichkeit verankert.
Lassen Sie mich noch einmal auf Susie zurückkommen. Wenn sie das Bild, das sie von ihren Eltern hat, verändert, werden sich dadurch auch ihre Selbstwahrnehmung und ihre Selbsteinschätzung verändern, denn diese Identität ist geprägt durch das Bild, das sie als Kind von ihren Eltern hatte. Ungefähr 40 Jahre lang hat sie mit dieser in der frühen Kindheit geformten Identität gelebt. Sie kennt sich selbst und weiß, wie sie als diese Person überleben kann. Sie hat eingeschliffene Gewohnheiten, die sich um ihre Selbstwahrnehmung herausgebildet haben. Wenn sie ihre Identität jetzt wechseln würde, wären damit drastische Veränderungen in ihrem Leben verbunden. Diese Vorstellung ist für Susie zu überwältigend, auch wenn bestimmte Aspekte ihres Lebens sie beunruhigen. Diese Angst vor der Veränderung überschattet jedes Bedürfnis Susies nach Ganzheit, Selbstvertrauen und Ausschöpfung ihrer Fähigkeiten bei der Bewältigung ihres Lebens. Sie könnte diese Ganzheit erfahren, wenn sie tiefer Wurzeln schlagen würde, indem sie ihre Eltern bedingungslos so annimmt, wie sie sind. Susie steht meiner Ansicht nach beispielhaft dafür, warum es vielen so zutiefst widerstrebt, eine neue Form der Beziehung zu ihren Wurzeln herzustellen.

Ein anderer Fall, der veranschaulicht, wie sehr wir uns gegen eine Veränderung unserer Selbstwahrnehmung sträuben, ist Howard. Howard wurde als Kind von seinen Eltern ständig kritisiert. Die Folge davon ist, daß er sich selbst für einen Versager hält. Obwohl er auf seine Eltern wütend ist, hungert er gleichzeitig nach ihrer Liebe, Anerkennung und Annahme. Die Gefühle, die er seinen Eltern entgegenbringt, sind verwirrend und widersprüchlich; er schwankt zwischen dem Wunsch nach Versöhnung und Haß.

Da Howard sich für einen Versager hält, fühlt er sich minderwertig, wertlos, mutlos, machtlos, wütend und ängstlich. Um zu überleben, entwickelt er eine gewisse Hartnäckigkeit als Reaktion auf das Verdikt: »Du bist ein Versager.« Er macht sich diese Hartnäckigkeit zunutze und strengt sich in der Schule, im Beruf, im Sport, bei gesellschaftlichen Anlässen maßlos an – um Erfolg zu haben. Und bis zu einem gewissen Punkt ist er erfolgreich, aber dann scheitert er aus einem »unbekannten« Grund. Er weiß nicht, warum, auch keiner seiner Freunde hat eine Erklärung dafür. Seine Eltern regen sich noch mehr über ihn auf und vermitteln ihm die Botschaft: »Wir haben es dir ja gesagt, du wirst es nie zu etwas bringen.«

Warum fährt Howard mit diesem selbstzerstörerischen Muster fort? Er ist intelligent, sieht gut aus und hat ein angenehmes Auftreten, doch nach einem anfänglichen Erfolg scheint er bei jedem Unternehmen zu scheitern.

Das Problem liegt darin, daß seine Identität darin besteht, ein Versager zu sein. Und unbewußt muß er dieses Bild von sich selbst aufrechterhalten. Wer sollte er sonst sein? Seine Identität ist ihm vertraut. Er hat gelernt, mit ihr zu leben. Er ist 29 Jahre alt und hat irgendwie überlebt. Durch sein Versagen animiert er die Menschen seiner Umgebung, ihm aus der Patsche zu helfen, sich seiner anzunehmen; er erhält kurzfristig »Auftrieb« durch Menschen, die auf seinen Kummer reagieren. Es ist also noch nicht alles verloren. Im Prozeß des Scheiterns selbst erfährt er eine bestimmte Nähe von anderen, die ihn kurzfristig glauben läßt, er sei doch etwas wert.

Viele von uns empfinden für einen Menschen, der in einer solchen Hölle lebt, Mitgefühl: weil er immer wieder über sein Versagen frustriert ist und an seinem negativen Selbstbild verzweifelt. Howard weigerte sich aber trotz alledem, seine Familienrekonstruktion durchzuführen, weil auch er die Macht dieses Verfahrens spürte. Er zog es vielmehr vor, in einer Einzeltherapie nur über seine Probleme zu sprechen. Er vermied es, seine Wahrnehmung von seinen Eltern zu verändern, wodurch sich auch sein Selbstbild hätte verändern können.

Wir alle besitzen eine Identität, die wir in der frühen Kindheit entwickelt haben. *Es kann sehr bedrohlich sein, dieses Bild zu verändern.* Es ist, als ob man sein Leben verlieren würde. Das ist auch der Grund, warum Howard sich weigerte, eine Familienrekonstruktion zu machen. Er war wie Susie. Denken Sie an Susies Worte: »Ich habe meine Leute genau dahin gebracht, wo ich sie haben will. Ich habe Jahre damit zugebracht, sie so weit zu bekommen, daß ich sie im Griff habe, und ich werde ganz bestimmt nicht daran rühren.« Hier bewahrheitet sich der alte Spruch: Der Teufel, den man kennt, ist besser als der, den man nicht kennt. Susies Aussage erlaubt ihr außerdem, mit einer Selbsttäuschung zu leben. Sie glaubt, sie hätte etwas mit ihren Eltern gemacht: Ich habe sie dahin gebracht, wo ich sie haben will. In Wirklichkeit hat sie etwas mit sich selbst gemacht, nicht mit ihren Eltern. Sie hat sich selbst ihren Platz zugewiesen. Sie hat ihre eigenen Wachstumsbestrebungen beschnitten.

Wenn Susie und Howard als Erwachsene beginnen würden, ihre Eltern anders zu sehen, nicht als gottähnliche Gestalten, sondern als Menschen mit Fehlern und Schwächen, *dann würden sie auch anfangen, sich selbst mit anderen Augen zu sehen.* Dadurch würde das erstarrte System von Gefühlen, das sich um jene frühen Wahrnehmungen herauskristallisiert hat, aufbrechen, was wiederum zu einer Veränderung ihrer bisherigen Überlebensstrategien führen würde. Der größte Teil dieser Gedanken und Gefühle bezüglich einer Veränderung spielt sich im Unbewußten ab, so daß Susie beispielsweise die tiefere Bedeutung ihrer Aussage »Ich werde ganz bestimmt nicht daran rühren« gar nicht versteht.

Die Geschichten von Susie und Howard veranschaulichen meiner Meinung nach sehr deutlich den tiefsten Grund, warum viele sich dagegen wehren, wieder nach Hause zurückzukehren und ihre Eltern mit anderen Augen zu sehen.

Es gibt jedoch noch einen weiteren Beweggrund, der die Angst, die Eltern als »normale« menschliche Wesen zu sehen, verstärkt. Für viele Eltern ist es wichtig, daß wir so sind, wie sie uns geschaffen haben. Sie haben also ein persönliches Interesse daran, daß wir unser frühes Bild von ihnen als Eltern aufrechterhalten. Es widerstrebt ihnen, sich uns von ihrer menschlichen Seite zu zeigen. Sie brauchen die Eltern-Kind-Beziehung für ihre eigenen Zwecke, auch wenn ihr »Kind« 50 Jahre alt ist. Diese Eltern sabotieren infolgedessen alle Bemühungen ihrer erwachsenen Kinder, in ihren Eltern menschliche Wesen zu sehen. In gewisser Weise zahlt sich das für das erwachsene Kind aus. Es kann sich weiterhin in der kindlichen Sicherheit wiegen, daß es von seinen Eltern abhängig ist und sich auf sie verlassen kann. Wenn der oder die 50jährige beginnt, sie als gleichberechtigt wahrzunehmen und zu behandeln, dann könnte er oder sie diese kindliche Sicherheit verlieren.

Oft habe ich von Erwachsenen beim Tod des zweiten Elternteils den ängstlichen Satz gehört: »Jetzt habe ich den letzten Menschen verloren, auf den ich mich verlassen konnte.« Es ist, als ob die innere Sicherheit einen vernichtenden Schlag erlitten hätte. Doch oft ermöglicht uns erst der Tod des letzten Elternteils, unsere Eltern als menschliche Wesen zu sehen. Der Tod offenbart jede unbewußte Abhängigkeit von einem Elternteil. Er bietet dem Erwachsenen Gelegenheit, sich der Tatsache zu stellen, daß er für sich selbst verantwortlich ist.

Die Reise zurück nach Hause ist ein angsteinflößendes Unternehmen. Ich glaube, daß wir sie erst dann antreten können, wenn wir eine gewisse Stärke durch Abgrenzung und Individuation erreicht haben. Ich glaube, daß sie entweder von Menschen unternommen wird, die eine hohe Selbstachtung haben, oder von solchen, die nicht länger unter ihrer geringen Selbstachtung leiden wollen. Ich verstehe die Susies und die Howards dieser Welt.

5 Weitere Gründe, nie zurückzukehren

Die Angst, sich mit der eigenen Identität zu beschäftigen, ist zwar der wichtigste Grund, warum Menschen nicht mehr nach Hause zurückkehren, doch gibt es noch andere, offenkundigere Ängste, die diese Reise verhindern.
Der erste davon wurzelt in der Struktur unserer Psyche selbst. Jedes Individuum durchläuft die Pubertät. Die psychologische Relevanz dieser Phase besteht darin, daß wir nach der Abgrenzung von den Eltern, von unserem Zuhause und unserer Familie streben, ja darum kämpfen, wenn man so will, uns unseren eigenen, individuellen Platz im Leben zu erobern. Es ist die Zeit der Selbstfindung. Wir verbringen Jahre damit, dieses Ziel zu erreichen, und verwenden eine ungeheure emotionale Energie darauf.
Manchen fällt das leichter als anderen. Diejenigen, die von ihren Eltern in diesem Bemühen unterstützt werden, haben es dabei einfacher. Schwieriger ist es für die, denen ihre Eltern Steine in den Weg legen. Die Heranwachsenden müssen sich dann nicht nur mit den normalen Auseinandersetzungen der Pubertät herumschlagen, sondern auch mit ihren gottähnlichen Eltern.
Für einen solchen Menschen ist die Aufforderung, sich auf eine Familienrekonstruktion oder auf ein anderes Verfahren einzulassen, durch das es lernt, seine Eltern zu verstehen, zu lieben und auf neue Art zu akzeptieren, angsterregend. »Wenn ich sie an mich heranlasse, werden sie wieder Macht über mich gewinnen.« »Ich habe zu hart und zu lange um meine Unabhängigkeit gekämpft.« »Sie sind zu dominierend und vereinnahmend.« Ängste dieser Art machen solche Menschen blind für die Erkenntnis, daß es ein Unterschied ist, ob man der Beherrschung durch die Eltern im realen täglichen Zusammenleben aus dem Weg geht oder ob man sie in seinem Herzen versteht und akzeptiert.

Wenn man die eigenen Eltern annimmt, bedeutet das nicht, daß man sich von ihnen beherrschen oder mißbrauchen läßt. Die eigenen Eltern zu akzeptieren bedeutet vielmehr, daß man versteht, inwiefern sie durch ihr dominierendes und verletzendes Verhalten mit eigenen Bedrohungen fertig werden und um welche Bedrohungen es sich dabei handelt.

Ein Beispiel für die Bedrohung, mit der Eltern konfrontiert sind, bietet uns Janet. Sie verlor ihre ersten beiden Kinder, eines schon früh durch eine Kinderkrankheit, das zweite durch einen Autounfall, und verhält sich nun gegenüber ihrem dritten Kind, Marilyn, übermäßig ängstlich und beschützend. Janets Angst ist so übermächtig, daß sie schon das geringste Bedürfnis Marilyns, sich von der Mutter abzulösen, als bedrohlich erlebt. Die Folge ist, daß sie Marilyn total an die Kandare nimmt. Marilyn kann keinen Schritt alleine machen; jeder Versuch der Trennung, der Eigenständigkeit wird vereitelt. Dennoch wird sie vielleicht einmal fähig sein, nach Hause zurückzukehren und ihre Mutter als Teil ihrer selbst zu akzeptieren, wenn sie sich erst einmal von ihr getrennt und ein Gefühl für sich selbst entwickelt hat. Das wird ihr jedoch nur dann gelingen, wenn sie nachvollziehen kann, wie sehr der Tod der beiden Kinder ihre Mutter traumatisiert hat. Dann wird Marilyn begreifen können, warum Janet so kontrollierend und überängstlich war. Marilyn wird zu Mitleid fähig werden, und dadurch wird es ihr möglich werden, Janet als menschliches Wesen mit Stärken und Schwächen zu akzeptieren.

Menschen, die gegen ihre Eltern kämpfen müssen, um sie selbst zu sein, schützen ihre neugewonnene Identität häufig, indem sie auf ihre Eltern wütend sind oder auf Distanz zu ihnen gehen. Durch diesen Selbstschutz gewinnen sie die erforderliche Sicherheit, um das Erwachsenwerden zu bewältigen. Sie assoziieren daher mit der Vorstellung, die Beziehung zu ihren Eltern zu erneuern, die Gefahr, daß sie ihren Eltern gegenüber wieder weich werden und infolgedessen ihren Selbstschutz aus Wut und Distanz aufgeben könnten.

Das ist einer der Gründe, warum es vielen Menschen nicht gelingt, sich mit ihren Wurzeln auseinanderzusetzen und sie als Teil ihrer selbst zu akzeptieren. Sie mußten einfach zu sehr um ihre Ablösung kämpfen und haben Angst, irgend etwas zu tun, das ihre bisherigen

Schritte in Richtung Eigenständigkeit wieder in Gefahr bringen könnte. Viele bleiben in dieser Phase der Ablösung stecken und verhindern ihre eigene volle Entfaltung. Sie sind unfähig, sich wie Erwachsene auf ihre Eltern zu beziehen. Sie sind unfähig, ihre Wurzeln als Teil ihres Selbst zu akzeptieren. Sie leiden jahrelang, ja ihr Leben lang unter einer gewissen Unfertigkeit, ohne diese zu fühlen.
Übrigens ist mit diesem Sachverhalt auf den ersten Blick eine gewisse Widersprüchlichkeit verbunden. Damit wir unsere eigene Identität finden und uns von unseren Eltern ablösen können, ist es erforderlich, daß wir endlich eine Beziehung zu denjenigen eingehen, von denen wir uns zu trennen versuchen, also von unseren Eltern. Dafür gibt es zwei Gründe: Erstens können wir erst dann ganz wir selbst sein, wenn wir einen adäquaten Bezug zu allen Teilen unseres Selbst, einschließlich unserer Wurzeln, herstellen können. Und zweitens können wir uns nicht erwachsen *fühlen*, solange wir nicht vor unseren Eltern stehen können, ohne daß wir uns wie ein kleines Kind vorkommen, das ihnen gehört – oder solange wir auf Wut und Distanz zurückgreifen müssen, um uns selbst vor einem mächtigeren Gegenüber zu schützen.
Viele bezeichnen die Pubertät als das Entwicklungsstadium der »Trennung und Individuation«. Ich behaupte, daß die Individuation erst dann abgeschlossen ist, wenn wir in ein anderes, vielleicht das letzte Entwicklungsstadium treten, das ich »Transformation und Individuation« nennen möchte. Dieses Entwicklungsstadium beinhaltet einen Prozeß der Transformation, durch den wir von einem Zustand, in dem wir uns Anerkennung und Akzeptanz von unseren Eltern holen müssen, übergehen zu einem Zustand, in dem wir selbst Mittelpunkt und Quelle von Anerkennung und Akzeptanz sind.
Ob es sich dabei nun um ein eigenes Stadium der Persönlichkeitsentwicklung handelt oder nicht, ist eine Frage, über die sich Psychologen in den kommenden Jahren streiten mögen. Ich glaube, daß es so ist, weil ich bemerkt habe, wie sich das Leben von Menschen verändert hat, welcher deutliche Reifungsgewinn zu erkennen ist, wenn sie endlich dazu in der Lage sind, eine gleichberechtigte Beziehung unter Erwachsenen zu ihren Eltern einzugehen. Bei der Durchführung von Familienrekonstruktionen in den letzten 17 Jahren bin ich

zu der Überzeugung gelangt, daß es dabei um einen sehr tiefgreifenden Prozeß geht. Erik Erikson, einer der angesehensten Autoren zum Thema Persönlichkeitsentwicklung, führt acht Phasen dieser Entwicklung auf. In der Beschreibung der letzten Phase, die er die Phase der Integrität nennt, sagt er, daß die Herstellung einer gleichberechtigten Beziehung eine unter mehreren Aufgaben dieser Phase sei. Ich glaube allerdings, daß es nicht eine unter mehreren Aufgaben ist, sondern daß es *die* zentrale Aufgabe ist, die das Wesen dieses letzten Entwicklungsstadiums ausmacht.

Als ich mich an die Abfassung dieses Buchs machte, begann ich Kollegen zu Rate zu ziehen, um zu erfahren, ob sonst noch jemand sich mit diesem Thema beschäftigte. Der einzige Mensch, auf den man mich verwies, war Doktor Donald Williamson in Houston. 1981 und 1982 verfaßte er drei Artikel im *Journal of Marital and Familiy Therapy*, in denen er die Behauptung aufstellte, daß die Herstellung einer Beziehung unter Gleichberechtigten zu den eigenen Eltern die letzte Phase der Persönlichkeitsentwicklung und der Entwicklung des Familienlebens darstelle. Er entwickelte den Begriff der »persönlichen Autorität im Familiensystem«, als deren wesentliches Merkmal er eine Synthese aus Differenzierung des Selbst und emotionaler Nähe zwischen den Mitgliedern der Herkunftsfamilie definierte. Wir kannten uns zu diesem Zeitpunkt nicht. Er arbeitete bereits seit mehr als 20 Jahren mit Familien und Einzelpersonen in Houston und war Ende der siebziger Jahre zu diesem Schluß gekommen. In einem anderen Teil des Landes kam ich Ende der achtziger Jahre in meiner Funktion als Leiter von Familienrekonstruktionen zum gleichen Schluß.

Wenn wir dieses Stadium erreicht haben, fühlen wir uns stark genug, um uns mit anderen Mitteln als Wut und Distanzierung zu schützen. Ein Gefühl von Humor und Leichtigkeit läßt uns elterliche Anweisungen nicht mehr so ernst nehmen und tritt an die Stelle von Wut und Distanz. Zumindest kann dies in unserem Inneren so stattfinden. Oft ist das reale Verhalten eines Elternteils so verletzend und irrational, daß das erwachsene Kind eine physische Trennung aufrechterhalten muß. Anders gesagt, der Erwachsene ist vielleicht nicht in der Lage, die Bedrohung, die diesem Verhalten des Elternteils zugrunde liegt, zu verringern. Die Ursache für diese Bedrohung liegt höchstwahrscheinlich in der Kindheit, die der Elternteil selbst in seiner Familie erlebte.

An Marie wird ein weiterer Grund deutlich, warum es manchen Menschen nicht gelingt, einen neuen Bezug zu ihren Wurzeln herzustellen. Sie ist 39 Jahre alt, eine energische und lebhafte Frau. Sie ist verheiratet und hat zwei Kinder, und sie ist als erfolgreiche Grundstücksmaklerin finanziell abgesichert. Sie hat immer viel zu tun und fühlt sich gelegentlich überlastet. Ihre finanzielle Situation erlaubt es ihr, Babysitter zu engagieren, zum Skifahren in die Berge zu reisen und einen langen Jahresurlaub zu nehmen. Sie lebt in einer hochgradig reizintensiven Umgebung, führt ein aktives gesellschaftliches Leben, hat Interesse an kulturellen Ereignissen und ein Haus mit allen erdenklichen elektronischen Annehmlichkeiten wie Fernsehapparat und Stereoanlage, um sich von ihrem tiefen inneren Schweigen abzulenken.

Marie hat eine recht oberflächliche Beziehung zu ihrer Mutter, die sie in der Obhut ihres Vaters zurückließ, als sie zehn Jahre alt war. Ihre Mutter ließ sich scheiden, um einen Mann in einer weit entfernten Stadt zu heiraten. Während der Jahre, in denen Marie ihre Mutter in regelmäßigen Abständen besuchte, hatte sie mit der mütterlichen Seite ihrer Familie kaum oder keinen Kontakt. Erst in letzter Zeit hatte sie aufgrund der Geburt von zwei Kindern wieder häufiger Kontakt zu ihrer Mutter, doch die Beziehung ist noch immer recht oberflächlich. Marie empfindet ihre Beziehungslosigkeit zu ihrer Mutter und zu dieser Seite ihrer Wurzeln aber nicht als Mangel. Die tägliche Reizüberflutung in ihrem Leben lenkt sie von jeglichem Gefühl der Unvollständigkeit ab.

Ablenkung bedeutet, so wie ich den Begriff verstehe, nichts anderes als einen Energieaufwand in eine Richtung, die unserer Entfaltung kaum förderlich ist. Wenn wir unsere Kräfte verausgaben, um eine Richtung einzuschlagen, dann haben wir sie für eine andere nicht mehr zur Verfügung. Ich glaube, daß die Richtung, die jeder von uns im Leben einschlagen muß, in der Tiefe unseres Selbst zu finden ist. Aber wir brauchen Mut, um tiefer in uns hineinzuhören. Das ist der Grund dafür, warum Religionen und Menschen, die nach innerem

Wachstum streben, die Bedeutung von Nachdenken, Kontemplation, von In-sich-Ruhen und Seine-Mitte-Finden, von Stille, Einsamkeit und Gebet betonen. Diese Methoden helfen uns, tief in uns hineinzublicken, unsere Richtung zu finden, unsere tieferen Bedürfnisse zu entdecken.
Marie ist zu beschäftigt, um zur Ruhe zu kommen, nachzudenken. So spürt sie nicht, daß ihr etwas fehlt. Sie lenkt sich ab.
Ablenkung ist sehr beliebt. Ken Wilber ist ausführlich auf einen Aspekt des Phänomens der Ablenkung von den für die eigene Entwicklung wesentlichen Dingen eingegangen. Im *Atman-Projekt* (Junfermann Verlag, 1989) und später in *Halbzeit der Evolution* (Goldmann Verlag, Neuaufl. 1993) schildert und begründet er eingehend unsere Anstrengungen, die Realität unseres Todes zu verleugnen, die Augen davor zu verschließen und uns davon abzulenken. Genaugenommen stellt er die Theorie auf, daß die Einstellung der Menschheit, die dem Tod entweder ins Auge sieht oder ihn verleugnet, maßgeblichen Einfluß auf die Geschichte und Entwicklung des menschlichen Bewußtseins hat.
Die Fähigkeit, sich von dem ablenken zu lassen, was für unsere menschliche Entfaltung nötig wäre, ist weit verbreitet. Ich glaube, daß die Notwendigkeit, nach Hause zurückzukehren, den Kreis zu schließen, wie ich es geschildert habe, für manchen eine ebenso gewaltige Herausforderung darstellt wie die Konfrontation mit dem Tod selbst.
Eine andere Barriere, die uns die Rückkehr zu unseren Wurzeln versperrt, ist die Angst vor Schmerz. Nie werde ich Ned vergessen, einen Mann Anfang 30, der nach der Heilung von mehrfacher Drogensucht zu mir kam, um seine Familienrekonstruktion zu machen. Auf einer bestimmten Ebene wußte er, daß es von größter Wichtigkeit für ihn war, die Beziehung zu seiner Herkunftsfamilie wiederaufzunehmen. Er schloß sich einer Gruppe an, weil er hoffte, dort seine Rekonstruktion leisten zu können, aber er brachte es einfach nicht fertig, die erforderlichen Hausaufgaben zu machen. Ein Teil dieser Aufgaben besteht darin, eine chronologische Aufstellung aller bedeutsamen Ereignisse im eigenen Leben anzufertigen. Dieses Auflisten entscheidender Erlebnisse in seiner Familie hätte dazu

43

geführt, daß seine Vergangenheit wieder lebendig geworden wäre. Das schaffte er einfach nicht. Er hatte in seiner Kindheit zuviel Schreckliches durchgemacht. Trotz seiner 33 Jahre glaubte er nicht, daß er stark genug wäre, um sich erneut mit dem Leid dieser Kindheit zu konfrontieren. Er hatte nur wenig Vertrauen in seine Fähigkeiten als Erwachsener, mit den schrecklichen Erlebnissen anders umgehen zu können als als Kind.

Ich verlor den Kontakt zu Ned, aber ich vermute, daß er inzwischen seinem Familienstammbaum folgend die Verbindung zu seinen Wurzeln wiederhergestellt hat. Sein Wunsch, zunächst einmal in die Gruppe zu kommen, zeugte von Stärke und Einsicht. Nur war er einfach noch nicht bereit dazu. Die Angst vor dem Schmerz hielt ihn davon ab, zu tun, was er eines Tages, wie er genau wußte, würde tun müssen. Die Angst, alte Ängste wieder durchleben zu müssen, hält viele von einer Rückbesinnung auf ihre Wurzeln ab.

Dabei stellen sich die dramatischsten Sprünge nach vorn, hin zu mehr Selbstvertrauen, zu einem gesunden, starken und gefestigten Selbstgefühl, die ich erlebt habe, dann ein, wenn Menschen fähig werden, ihre Ängste zu überwinden und ihre Familiengeschichte zu rekonstruieren, um die tiefen Unsicherheiten ihrer Eltern zu erkennen und zu verstehen. Sie sehen dann, wie ihre Eltern erzogen wurden und wie die kindlichen Bedürfnisse ihrer Eltern mißachtet wurden. Sie sehen, wie verletzlich und instabil ihre Eltern ins Erwachsenendasein traten. Sie werden fähig, ihre Eltern ebenso als Menschen wahrzunehmen wie sich selbst – darüber hinaus aber werden die, die imstande sind, zu ihren Wurzeln zurückzukehren und sie anzunehmen, erkennen, daß sie mehr Fortschritte gemacht haben, als ihren Eltern je möglich waren! Das läßt sie Hoffnung für die Zukunft und für die eigenen Kinder schöpfen.

Den Gegenpol zu denen, die mit ihren Eltern viele schmerzvolle Erfahrungen gemacht haben, bilden die, die glauben, ihre Eltern seien direkt vom Himmel zu ihnen herabgestiegen. Und darin liegt auch das vierte machtvolle Hindernis auf dem Weg zur Vollendung des Kreises. Diese Menschen bringen ihren Eltern eine ganz schlichte, kindliche Liebe und Bewunderung entgegen. Der Gedanke, eine gleichberechtigte Beziehung zu ihnen aufzunehmen, erschreckt auch sie. Sie haben Angst vor einer realistischeren Wahrnehmung ihrer Eltern. Das würde ihr idealisiertes Bild von ihnen zerstören. Wenn man solche Menschen nach Schwächen oder Grenzen ihrer Eltern fragt, fällt ihnen buchstäblich nichts dazu ein. Viele idealisieren nur einen Elternteil, wenn der andere schwach oder nicht vorhanden ist.

Solche Menschen wollen die traumtänzerische Wahrnehmung ihrer Eltern aufrechterhalten. Unglücklicherweise resultiert aus dieser Verklärung eines Elternteils eine gewisse romantische Abhängigkeit. Diese kindlichen Bilder verhindern ein echtes Erwachsenwerden. Die Betroffenen bleiben von ihren zu Helden erhöhten Eltern abhängig. Daher weigern sie sich, sich selbst als Erwachsene zu verhalten, und bleiben Kinder. Viele dieser Menschen sind zu einem Leben in geringer Selbstachtung verurteilt, weil sie nie so gut werden können wie ihre Eltern.

Nun, da Sie die Gründe kennengelernt haben, die Menschen von einer Rückkehr nach Hause abhalten können, werden Sie sich vielleicht fragen, ob überhaupt jemand diese Reise unternimmt. Glücklicherweise machen sich aber viele auf den Weg zu ihren Wurzeln. Das Resultat ihrer Reise ist, daß sie die eigene Identität klarer erkennen, mit Erleichterung und Freude spüren, daß sie zu Mitgefühl mit ihren Eltern fähig werden, sich stark fühlen und ihre Fähigkeiten entfalten können wie nie zuvor.

6 Unsere Kultur sagt: »Mach das nicht!«

Die Fernsehserie *Roots* hält in den USA unverändert den Rekord an Zuschauern, die jemals eine Fernsehserie sahen. Was ist der Grund für dieses Phänomen? Sicher war die Geschichte interessant, aber es gab schon viele interessante Geschichten im Fernsehen. Merkwürdigerweise ging es um eine schwarze amerikanische Familie. Die meisten amerikanischen Filme präsentieren uns weiße Hauptdarsteller.
War es also eine Art Sühneritual für die Weißen, die für ihre Rassenvorurteile Buße taten? Wenn es in der Geschichte in erster Linie um die Schuldhaftigkeit eines ungerechten Gesellschaftssystems gegangen wäre, wie man etwa in einer Geschichte über den Holocaust erwarten würde, dann könnte das vielleicht ihre Beliebtheit erklären. Man könnte sagen, daß *Roots* einem nationalen Sühneritual gleichkam. Doch in dieser Serie ging es um weit mehr als nur um Rassenvorurteile.
Ich glaube, *Roots* erfreute sich deshalb so großer Beliebtheit, weil es ein Manko in der amerikanischen Psyche traf, nämlich das Bedürfnis nach Verbundenheit mit unseren familiären Wurzeln. Wir Amerikaner haben in gewisser Weise die Verbindung zu unserem kulturellen Hintergrund und Erbe verloren. Wir tendieren zu einer ahistorischen Sichtweise, und diese Fernsehserie sprach den Teil in uns an, der sagt, daß unsere Geschichte ein essentieller Teil unserer selbst ist. Wir können unsere Wurzeln nicht verleugnen. Vieles von dem, was und wer wir sind, wurzelt in unserer Herkunft. Die Serie *Roots* erwies diesem Teil von uns Ehre und Respekt. Sie zeigte uns, daß die vergangene Familienerfahrung auch für uns von Bedeutung ist.

Es ist verständlich, daß wir dazu tendieren, unsere Geschichte und unser kulturelles Erbe zu ignorieren. Die europäischen Einwanderer, zumindest die, die nach den ursprünglichen Siedlern ins Land kamen, und später die Hispanier kämpften darum, im amerikanischen Schmelztiegel aufzugehen. Viele Eltern hörten deshalb auf, vor ihren Kindern ihre Muttersprache zu sprechen. Aus dem Bestreben, Amerikaner zu werden, folgte, daß die eigenen Bräuche, Traditionen und die eigene Kultur in den Hintergrund zu treten hatten. Eine neue Kultur und ein neuer Sittenkodex entwickelten sich.

Im Bemühen, ein echter Amerikaner zu werden, wurden alte familiäre Bande, Geschichten und Traditionen ignoriert oder vergessen – zumindest aber nicht mehr an die Kinder weitergegeben. Wer sich von der Vergangenheit abnabelte, ging leichter im großen Schmelztiegel auf. Denn das Ziel bestand schließlich darin, ein neuer Mensch zu werden, ein Amerikaner.

Hand in Hand mit der Vernachlässigung der althergebrachten Familientraditionen und -bande ging die Ausrichtung auf die Zukunft. Der Pionier wurde zu einem amerikanischen Mythos. Amerikaner zu sein bedeutete, die Vergangenheit zu vergessen und in unbekanntes Land aufzubrechen, neue Entdeckungen, neue Erfahrungen zu machen. Wenn einem New York nicht gefiel, dann konnte man nach Indiana gehen. Wenn Indiana nicht das Richtige war, dann konnte man sich dem Zug nach Oklahoma anschließen. Und dann gab es noch das Gold in Kalifornien. Das Alte blieb zurück. Ist es da ein Wunder, daß es den Stadtsanierern so leicht fällt, alte Gebäude abzureißen, um Platz für neue zu schaffen? Gott sei Dank ist die Akropolis in Athen kein Objekt der Stadtsanierung!

Somit weiß der moderne amerikanische Bürger oft nur wenig über die Familie seiner Mutter und seines Vaters und noch viel weniger über die seiner Großeltern.

Es gibt noch einen anderen amerikanischen Mythos, der der Wertschätzung familiärer Wurzeln entgegenwirkt. Das ist der Mythos vom »Selfmademan«, den niemand besser verkörpert als John Wayne. Der Selfmademan – der Name sagt alles. Er kommt von nirgendwoher und stammt von niemand ab. Er erschafft sich selbst aus dem Nichts. Er kennt keine weibische Abhängigkeit von einem Ursprung, von einer Familie, keine Vorfahren und kein Erbe. Der echte, heißblütige Amerikaner kann das alles allein. Die einsame Gestalt steht bei Sonnenuntergang in der unermeßlichen Ebene und tötet jeden, der sich ihr in den Weg stellt. Das ist der wahre amerikanische Held. Das Idol der Leinwand. Das ist die authentische Geschichte des amerikanischen Erfolgs. Sich auf die eigenen Wurzeln zu verlassen, widerspricht zutiefst dem Mythos der Unabhängigkeit – zumindest John Waynes Art der »Unabhängigkeitserklärung«.

Wer sich dem Mythos des Selfmademans verschrieben hat, kann der Bindung an einen Ursprung, einer Herkunftsfamilie keine Bedeutung mehr zumessen. Je schneller er sich aus der Abhängigkeit der Familie löst, desto früher steht er vermeintlich auf eigenen Beinen. Der amerikanische Traum hat für die Bindung an den eigenen Ursprung nur Geringschätzung übrig. Sowie man aus den Windeln heraus ist, sind diese Wurzeln scheinbar überflüssig.

Es hat durchaus seinen Grund, warum dieses Streben, im amerikanischen Schmelztiegel aufzugehen, selbst ein Pionier und Selfmademan zu werden, in unserer Kultur und Gesellschaft so mächtig und so gut integriert ist. Jede dieser drei Überzeugungen kann schließlich einen gewissen Wert für sich beanspruchen.

Der Wert des Schmelztiegels besteht darin, daß er das Zusammenleben von Menschen mit unterschiedlichstem ethnischen, religiösen und nationalen Hintergrund ermöglicht. Diese Anstrengung war notwendig, damit anstelle von Deutschen, Iren, Italienern, Polen, Spaniern, Ungarn, Juden, Katholiken, Protestanten, Schwarzen, Roten, Gelben und Weißen eine neue Gestalt erschaffen wurde, nämlich der Amerikaner. Vermischt man all diese Zutaten in einer Schüssel, erhält man ein neues Produkt: den Amerikaner.

Der Wert des Pioniers bestand darin, daß er sich von den Fesseln des Bewährten befreite, daß er neue Wege des Handelns beschritt, andere Mittel und Wege zur Befriedigung menschlicher Bedürfnisse fand.

Und der Wert des Selfmademans beruhte darauf, daß er die volle Verantwortung für sich übernahm, daß er unabhängig war.

Doch auch wenn jeder dieser drei Mythen einen gewissen Wert für sich beanspruchen kann, so sind ihrer Gültigkeit doch Grenzen gesetzt. Die Art, in der Tradition und familiäre Wurzeln ignoriert, ja verachtet wurden, hat dem Individuum Kraft entzogen. Wenn dieses Streben nach Verschmelzung und Selbständigkeit, diese Öffnung dem Neuen gegenüber mit Achtung, Respekt und Rückbesinnung auf die eigenen Wurzeln Hand in Hand gegangen wären, dann hätte *Roots* kein solches Echo gefunden. Meiner Meinung nach erfreute sich diese Sendung eben deshalb so großer Beliebtheit, weil der typische Amerikaner nach einer Bindung an seine familiären Wurzeln geradezu lechzte. Wir mußten unsere Wurzeln wieder in Besitz nehmen, weil wir sie so mißachtet hatten. *Roots* ermöglichte uns den Zugang zu diesem fehlenden Teil unseres Selbst. Die Serie erlaubte uns, uns zu unserer Abstammung zu bekennen. Das ist Alex Haleys Geschenk an uns.

Möglich wurde das dadurch, daß in dieser Fernsehserie gezeigt wurde, wie die Nachkommen aus dem Respekt und der Bindung an ihr Erbe und ihre Familie Kraft schöpften und menschliche Größe gewannen. In der generationenlangen Geschichte dieser Familie wurden Stolz, Kraft und Ehre weitergetragen, die auf jede nachfolgende Generation übergingen. Es war, als ob jedes Individuum sich im Leben ungeheuren Herausforderungen stellen müßte, dabei jedoch nicht allein wäre. Jeder einzelne war mehr als ein bloßes Individuum. Die Macht der Vergangenheit lebte in jeder Person fort. Es war eine Konzentration von Energie, die von Generation zu Generation weitergegeben wurde. Die Verwurzelung, die Verbindung zu den eigenen Wurzeln verlieh den Menschen erst recht Kraft, diesen Wurzeln zu entwachsen. Die Geschichte der Vorfahren trieb den einzelnen an, unterstützte ihn in seinem Bestreben, sich ein eigenes Leben aufzubauen. Wer die Erinnerung an die eigenen Wurzeln in seinem Herzen trug, gewann daraus Kraft und die Freiheit, einen unverwechselbar eigenen Zweig der Familie zu entwickeln.

Hätten wir uns weniger von unseren Wurzeln abgewandt und abgeschnitten, hätten wir sie weniger ignoriert, dann hätte es auf der Welt nicht so viele Kunta Kintes gegeben. Es hätte ihre Gefolgschaft geschwächt. All das spürten die Amerikaner, wenn sie *Roots* ansahen. Ein fehlender Zug unserer Psyche wurde zum Leben erweckt. Vielleicht könnten auch wir an menschlicher Stärke und Würde gewinnen, so wie die Mitglieder dieser Familie.

Einige Anzeichen deuten darauf hin, daß die Amerikaner neuerdings ein Bedürfnis verspüren, ihre Vergangenheit zu respektieren und aus ihr Nutzen zu ziehen. Erstmals werden historische Gebäude erhalten. Ältere Viertel werden restauriert und nicht abgerissen. Mit geschärftem Bewußtsein achten wir auf die Bewahrung unseres Lebensraums, unserer Vergangenheit. Wir schützen Wälder, Fauna und Flora. Immer mehr Menschen wollen die Tier- und Pflanzenwelt der Küsten und Meere erhalten. Die Menschen retten Aufzeichnungen und Erinnerungsstücke für ihre Nachkommen. Es gibt sogar Computerprogramme zur Erstellung von Genogrammen!

Uns wird endlich klar, daß unsere Vergangenheit uns nicht fesselt, sondern daß wir daraus Kraft ziehen können. Immer mehr wächst das Interesse daran, die eigene Herkunft zu erforschen, die Kindheitserlebnisse unserer Eltern zu verstehen, zu erfahren, welche Menschen unsere Großeltern waren.

7 Zwei notwendige Elemente der Selbstachtung

Ich habe bereits auf den vorhergehenden Seiten von Selbstachtung gesprochen. In der heutigen Literatur zu diesem Thema werden viele Elemente angeführt, die zu einem starken Selbstwertgefühl beitragen. Ich möchte hier auf zwei davon näher eingehen, weil sie meiner Ansicht nach die Selbstachtung entscheidend erhöhen.

Das erste Element betrifft die Frage, wer wir eigentlich sind. In gewisser Weise können wir sagen, daß wir aus zwei grundlegenden Bestandteilen bestehen. Den einen davon bilden unsere Eltern, der andere ist unser einzigartiges Selbst. Die folgenden Abbildungen sollen diesen Sachverhalt näher veranschaulichen.

Die erste der beiden Abbildungen zeigt dabei das genetische Erbe, das uns von unseren Eltern mitgegeben wird. Die zweite Abbildung stellt die Beziehungsformen und Einflüsse unserer Eltern dar. In der Beziehung zu ihnen wird uns ihre Interpretation des Lebens vermittelt; wir übernehmen ihre Werte und ihre Art, das Alltagsleben zu meistern. Durch ihr Vorleben erfahren wir ihre Vorstellung von Liebe, Glauben, Vertrauen, Bindung, Tod, Familie, Ritualen. Anhand ihrer Beziehung lernen wir, was es heißt, ein Mann zu sein, eine Frau, eine Ehefrau, ein Ehemann, Vater und Mutter.

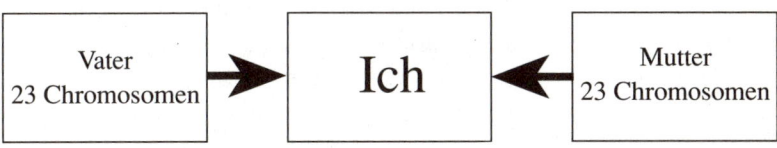

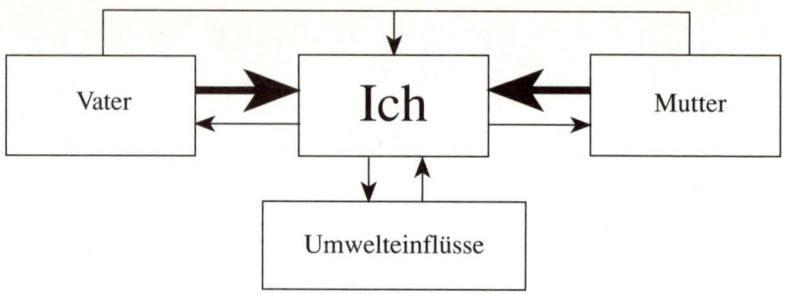

Die Pfeile stellen prägende Einflüsse dar. Beachten Sie, daß vom Ich auch ein Pfeil zu Mutter und Vater und zu Umwelteinflüssen führt.

Diese beiden Schaubilder zeigen, wie sehr wir Teil unserer Mütter und Väter sind. Sie sind durch genetische und prägende Einflüsse Teil von uns.
Doch wir sind keine Klone. Wir sind einzigartige Wesen, und unsere Einzigartigkeit ist der andere grundlegende Bestandteil unseres Selbst. Unsere Einzigartigkeit beruht auf der Art, wie sich die 23 Chromosomen eines jeden Elternteils in uns kombinieren. Unsere Einzigartigkeit basiert weiterhin auf der Art und Weise, wie jeder von uns mit seiner genetischen Ausstattung auf die unzähligen Umwelteinflüsse reagiert, denen er täglich von neuem ausgesetzt ist. All diese Reaktionen tragen mit zur Formung jener einmaligen Art des Denkens, Fühlens und Seins bei, die unsere Persönlichkeit ausmacht. Selbst eineiige Zwillinge haben verschiedenartige Fingerabdrücke und Persönlichkeiten, auch wenn es frappierende Ähnlichkeiten zwischen ihnen gibt.
In einem Teil von uns sind also unser Vater und unsere Mutter enthalten. Der andere Teil besteht aus dem Resultat aus dieser Chromosomenkombination und der Art unserer Reaktionen auf die Erfahrungen des Lebens. Das ist der einzigartige Teil an uns.
Unser Sein, das auf diesen beiden Grundbestandteilen aufbaut, hat ungeheure Auswirkungen auf unsere Selbstachtung. *Hohe Selbstachtung resultiert aus der Fähigkeit, sich selbst so anzunehmen und zu behaupten, wie man ist.* Unter geringer Selbstachtung leiden wir,

wenn wir unser wahres Selbst verleugnen, verdammen und ablehnen. Wenn wir beispielsweise von anderen kritisiert werden und diese Kritik verinnerlichen, sie für wahr halten, dann entwickeln wir eine negative Selbstwahrnehmung. Wir lehnen einen Teil von uns ab, und deshalb sind wir mit uns selbst nicht im reinen.

Wenn es uns nicht gelingt, einen oder beide Grundbestandteile unseres Selbst zu akzeptieren, haben wir ernsthafte Probleme mit unserer Selbstachtung und leiden unter einem mangelhaften Selbstwertgefühl. Wenn wir also unsere Mutter und unseren Vater in ihrer Menschlichkeit nicht verstehen und akzeptieren, akzeptieren wir auch jenen Teil von uns nicht, den sie bilden. Die folgende Abbildung veranschaulicht dies.

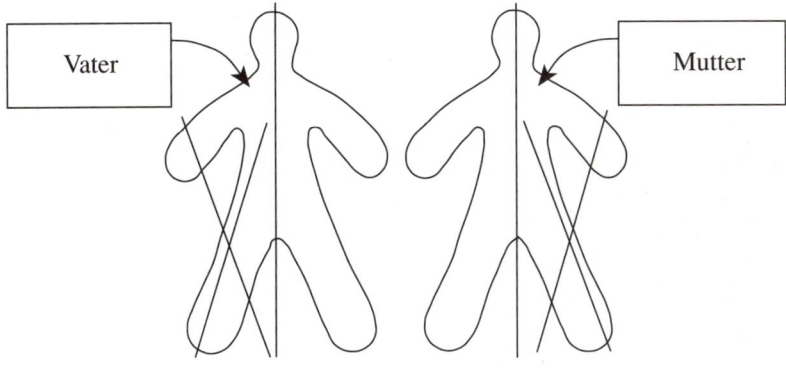

Nehmen wir einmal an, mein Vater schlug mich, als ich klein war, und deshalb fürchtete ich mich vor ihm. Um mit dieser Angst fertig zu werden, ging ich ihm aus dem Weg und strich ihn aus meinen Gedanken. So habe ich ihn heute als Erwachsener beinahe vollständig aus meinem Bewußtsein verbannt. Auch wenn ich versuche, nur seine Gewalttätigkeit auszusperren, im Endergebnis lösche ich ihn vollständig aus. Da er ein wesentlicher Teil von mir ist, lasse ich einen großen Teil meiner selbst außer acht, wie die Darstellung zeigt.

Ebenso könnte in mir Verachtung für meine Mutter entstehen, wenn ich sie als schwach und unfähig erlebt habe. Indem ich meine Mutter verachte, verachte ich einen Teil meiner selbst.

Ob es uns gefällt oder nicht, unsere Eltern sind aufgrund dessen, was wir genetisch oder durch Interaktion von ihnen übernommen haben, ein Teil von uns. Wir können weder unsere Chromosomen zerstören noch den Einfluß zunichte machen, den unsere Eltern bewußt und unbewußt auf uns ausgeübt haben. Wir können diesen Einfluß jedoch transformieren, besonders wenn er uns mißfällt, so wie die Kombination der 23 Chromosomen beider Elternteile einer biologischen Transformation gleichkommt.

Genau das ist der Grund, warum es für unsere Entwicklung und Entfaltung von so entscheidender Bedeutung ist, daß wir zu unseren Wurzeln zurückkehren und sie akzeptieren. Unser Selbstwertgefühl hängt in einem hohen Maße von diesem Annehmen ab.

So wichtig es für unsere Selbstachtung ist, daß wir unsere Wurzeln akzeptieren, so wichtig ist es auch, daß wir uns unserer Einzigartigkeit sicher sind. Daher leiden auch Menschen, denen es nicht gelingt, zu ihrem Selbst zu finden, es auszuleben und ihre Einzigartigkeit zum Ausdruck zu bringen, unter einem niedrigen Selbstwertgefühl.

Was ich gesagt habe, wirft möglicherweise einige Fragen auf. Was ist, wenn eine Person unter den eigenen Vorfahren böse oder verbrecherisch war? Was ist, wenn ich durch meine Mutter oder meinen Vater Mißhandlung und Haß erfahren habe? Wenn ein solcher Mensch Teil der eigenen Wurzeln ist, wie kann man ihn dann akzeptieren?

Wenn jemand verbrecherisch handelt, muß diese Tat abgelehnt und unterbunden werden. Niemandem sollte es erlaubt sein, einem anderen Ungerechtigkeiten zuzufügen. Doch man muß unterscheiden zwischen der konkreten Handlung einer Person und der Person selbst. Die verabscheuungswürdige Handlung macht nicht die gesamte Person aus. Wenn ein Mann eine Bank ausraubt, dann ist er nicht grundsätzlich als Bankräuber definiert. Er ist Bankräuber in dieser konkreten, besonderen Situation.

Die richtige Reaktion im Sinne einer Förderung meiner Selbstachtung besteht also nicht darin, die Bösen in meinen Wurzeln zu verleugnen oder zu eliminieren, sondern sie grundsätzlich und zuallererst als menschliche Wesen zu akzeptieren, auch wenn ich ihre destruktiven Handlungen nicht akzeptieren kann. Jenseits und hinter dem verbrecherischen Verhalten steht nämlich ein von seinem genetischen Erbe und milieubedingten Einflüssen geprägtes menschliches Wesen. Jedes Baby verspürt mit seinem Eintritt in die Welt die gleichen menschlichen Bedürfnisse, die wir alle haben, nämlich geliebt und umsorgt zu werden, körperliche Zuneigung zu erfahren, geachtet und verstanden zu werden, zu überleben, sich wohl in seiner Haut zu fühlen, sich wichtig genommen zu fühlen, kreativ und ausdrucksfroh zu sein, zu lieben und sich zu freuen. Es ist zunächst ein Mensch, der durch seinen Vornamen personifiziert wird, kein Ungeheuer, das mit etikettierenden Bezeichnungen wie Alkoholiker, Dieb, Schläger, Killer, Krimineller belegt wird.

Der zweite für eine hohe Selbstachtung entscheidende Faktor ist eine angemessene Selbstwahrnehmung. Wenn ich beispielsweise 40 Jahre alt bin, mich aber fühle und verhalte wie ein Teenager, entspricht meine Selbstwahrnehmung nicht der eines Erwachsenen. Wenn ich ein kreativer und begabter Pianist bin, mich aber wie ein Anfänger fühle, habe ich eine falsche Selbstwahrnehmung. Wenn ich attraktiv aussehe, aber glaube, daß dem nicht so ist, stimmt meine Wahrnehmung nicht mit der Realität überein. Wenn ich sympathisch und großzügig bin, mich aber für nicht besonders menschenfreundlich und offen halte, besteht zwischen meinem Selbstbild und der Wirklichkeit eine deutliche Kluft. Diese Unfähigkeit, die eigene Wahrheit anzunehmen, ist nichts als eine weitere Form der Selbstablehnung.

Zu den wirksamsten Methoden, unser tatsächliches Sein und damit uns selbst zu verleugnen, gehört es, daß wir in Gegenwart unserer Eltern nicht erkennen und akzeptieren, daß wir erwachsen sind.
Nie werde ich den Tag vergessen, an dem ich im Wohnzimmer meiner Mutter stand und mich mit ihr unterhielt. Sie stand mir gegenüber. Mitten in unserer Unterhaltung wurde mir plötzlich klar: »Ich bin größer als sie.« Ich erinnere mich, daß ich zutiefst verblüfft war. Ich war 43 Jahre alt und einsfünfundsiebzig groß; sie war 80 und

einsfünfundfünfzig groß. In all den Jahren hatte ich nie realisiert, daß sie kleiner war als ich!

Wenn ich schon so lange brauchte, um zu erkennen, daß ich ebenso groß, ja größer war als sie, wie lange brauchte ich erst, um zu erkennen, daß ich ihr ebenbürtig war, daß sie ein Mensch war wie du und ich? Wieviel Zeit verging, bis ich mich nicht mehr wie ihr Kind, sondern wie ein lebenstüchtiger Erwachsener mit ebensoviel Autorität wie sie *fühlen* konnte?

Es braucht Zeit, bis wir in bezug auf unsere Eltern zu dieser Einsicht gelangt sind. Es braucht Zeit, über all die Jahre hinwegzukommen, die wir in ihrer Gegenwart als die Kleineren, die Unfähigeren verbracht haben. Es braucht Zeit, über das Gefühl hinauszuwachsen, daß wir sie für unser Wohlbefinden benötigen, daß wir ihnen unterlegen sind. Wir brauchen Zeit, um zu erkennen, daß unsere Selbstachtung nicht mehr von ihrer Anerkennung abhängt, sondern von der Anerkennung, die wir uns selbst entgegenbringen.

Doch wieviel Zeit und Anstrengung es uns auch kosten mag, für unsere Selbstachtung ist es von entscheidender Bedeutung, daß wir uns so akzeptieren, wie wir sind. Hinsichtlich unserer Eltern bedeutet das, daß wir uns auf einer emotionalen Ebene als vollwertige, gleichberechtigte Erwachsene fühlen.

Zusammenfassend sind also zwei Faktoren von zentraler Bedeutung für eine hohe Selbstachtung, nämlich zum einen, daß wir unsere Eltern und unsere Wurzeln als Teil von uns selbst akzeptieren, und zum anderen, daß wir uns selbst als vollwertige, mit unseren Eltern auf gleicher Stufe stehende Erwachsene begreifen. Dazu ist es erforderlich, sie als menschliche Wesen zu sehen und nicht so sehr als Eltern. Und der Schlüssel dazu liegt darin, daß wir in die Kindheit unserer Eltern zurückgehen und uns damit beschäftigen, wie sie groß wurden.

8 Jim Ryans Gefühl
der Unzufriedenheit

Es gibt verschiedene Methoden, um zu den Familien zurückzukehren, in denen unsere Väter und Mütter lebten, um zu sehen, wie sie aufwuchsen. Ich möchte das in diesem Kapitel näher erläutern.
Die erste und vermutlich gängigste Methode besteht darin, sich mit den eigenen Eltern oder ihren Geschwistern zu unterhalten. Da diese Vorgehensweise eine so große Rolle spielt, möchte ich sie anhand von Jim Ryans Geschichte veranschaulichen. Diese Geschichte ist zwar eine erfundene, doch sie steht exemplarisch für die komprimierten Erfahrungen, die ich im Laufe vieler Jahre mit Menschen gemacht habe.
Jim Ryan ist ein typischer Vertreter vieler Klienten, die ich während meiner beruflichen Tätigkeit kennengelernt habe. Mit 36 Jahren traf er eine folgenreiche Entscheidung in seinem Leben. Er beschloß, sich auf den Weg zu machen, um wieder mit seinen Eltern in Verbindung zu treten. Er war auf der Suche nach einem anderen, tieferen Verständnis ihrer Person. Mit 36 verspürte Jim das Bedürfnis, die Menschen hinter den Rollen des Vaters, der Mutter, der Stiefmutter zu sehen – sie als *Menschen* wahrzunehmen. Was bewog ihn zu dieser Entscheidung?
Mehrere Faktoren wirkten dabei zusammen. Jahrelang hatte er insgeheim über seine Mutter Bridget gerätselt. Nach ihrem Tod, Jim war zu diesem Zeitpunkt vier Jahre alt, und besonders nach der Wiederverheiratung seines Vaters Sean mit Anna, war kaum noch ein Wort über seine Mutter gefallen. Zuerst verstand Jim nicht, warum plötzlich nicht mehr über sie gesprochen wurde. Später vermutete er, daß sein Vater Anna nicht verstimmen wollte, indem er über

Bridget sprach. Mit 36 jedoch kam Jim zu dem Schluß, daß er keinen Betrug an seiner Stiefmutter Anna beging, zu der er im übrigen eine positive Beziehung entwickelt hatte, wenn er Nachforschungen über Bridgets Leben anstellte, um seine leibliche Mutter besser verstehen, schätzen und akzeptieren zu können.

In seiner Kindheit und Jugend hatte Jim aus dem Schweigen über Bridget unbewußt den Schluß gezogen, daß es irgendwie falsch wäre, mehr über seine leibliche Mutter in Erfahrung bringen zu wollen. Im Laufe der Jahre verbannte Jim daher den Gedanken, daß es wichtig für ihn sein könnte, mehr über sie zu wissen. Hätte sein Vater nach Bridgets Tod und besonders nach seiner Heirat mit Anna offen mit Jim über sie gesprochen, hätte Jim wohl schon früher Schritte unternommen, um sich nach dem Leben seiner Mutter zu erkundigen. Sean ließ ihm diesen Weg offen, indem er dafür sorgte, daß Jim nie den Kontakt zu Bridgets Schwester Eileen verlor. Wir wir noch sehen werden, suchte Jim seine Tante Eileen auf, um mehr über die Kindheit seiner Mutter in Erfahrung zu bringen.

Es gibt in uns ein natürliches, tiefverwurzeltes Bedürfnis, das nach einer engen Bindung an unsere biologischen Eltern strebt. Und dieser natürliche Drang gewann schließlich die Überhand und bewog Jim zu dem Entschluß, mehr über seine Mutter herauszufinden. Er fühlte sich ihr entfremdet, es war, als ob in seinem Leben eine Lücke klaffte und etwas fehlte. Er fühlte sich unvollständig.

Abgesehen davon, daß ihm seine Mutter fehlte, begann Jim auch eine gewisse Unzufriedenheit mit seinem Leben zu verspüren. Er war glücklich verheiratet, hatte zwei Kinder, einen Universitätsabschluß und war ein erfolgreicher Manager in der Hauptverwaltung eines der größten Kaufhäuser der Vereinigten Staaten. Jim konnte sich seine zunehmende Rastlosigkeit nicht erklären. Langweilte er sich in der Arbeit? Eigentlich nicht. Stimmte zu Hause etwas nicht? Auch hier fand er keine größeren Unstimmigkeiten.

Eines Tages aß ich mit Jim zu Mittag, und er sprach mit mir über sein wachsendes Unbehagen. Ich versuchte ihm bei der Identifizierung der genauen Ursache seiner Rastlosigkeit zu helfen, aber wir wurden nicht fündig. Ich fragte ihn nach seinem familiären Hintergrund. Daraufhin erzählte er mir von Sean, Bridget, Anna und Tante Eileen.

Ich erklärte ihm, eine Methode, um seine Unzufriedenheit zu überwinden, bestünde darin, die Reise zurück in die Familie seiner Kindheit anzutreten. Im Gegensatz zu meiner Erfahrung mit Howard und Susie war es ein leichtes, Jim davon zu überzeugen, wie wichtig es sei, daß er die Mitglieder seiner Familie besser kennenlernte, sie als menschliche Wesen wahrnehme und nicht nur als Mutter, Vater, Tante, Onkel, Großvater und Großmutter. Jim fand die Idee spannend. Er verstand, daß seine Wurzeln ein Teil von ihm waren und daß er diese genauer erkunden mußte, um sich selbst besser zu verstehen. Ich vermute, Jim war leicht zu ermutigen, weil er schon so lange mit dem Gefühl der Leere in bezug auf seine Mutter gelebt hatte.

Ich erläuterte ihm außerdem eine sehr wichtige Erkenntnis, die ich im Laufe der Jahre bei meiner Arbeit in Einzeltherapien oder mit Paaren gewonnen hatte. Ich erklärte ihm, daß wir ungeheure Mengen an Energie durch Probleme blockieren, die aus unserer familiären Vorgeschichte stammen und schon seit Jahren gelöst sein sollten. Weil diese Energien gebunden sind, sind wir nicht mehr in der Lage, sie bei der Lösung von aktuellen Problemen des Alltagslebens einzusetzen. Am häufigsten steht im Mittelpunkt einer solchen ungelösten Problematik, daß wir *auf unangemessene Weise* an unsere Wurzeln gebunden bleiben.

Jim war nicht bewußt, wieviel Energie durch die unangemessene Bindung an seine familiären Wurzeln aufgefressen wurde. In seinem speziellen Fall war es das Gefühl der Leere, gegen das er ankämpfte und das durch die fehlende Verbindung zu einer so bedeutsamen Wurzel wie seiner Mutter ausgelöst wurde. Ich sagte zu ihm: »Du hast den Schluß gezogen, daß es nicht richtig wäre, etwas über Bridget zu erfahren, besonders nachdem dein Vater Anna geheiratet hat. Du hast eine Menge Energie im Laufe der Jahre damit vergeudet, daß du dir selbst die Befriedigung eines nur allzu natürlichen Bedürfnisses versagt hast und mit der daraus folgenden verborgenen Traurigkeit und Leere fertig werden mußtest.«

Jim war von dieser Vorstellung fasziniert. Er bat mich um ein weiteres Beispiel. »Okay«, sagte ich, »eine weniger dramatische, aber sehr verbreitete Form von unangemessener Bindung besteht darin, daß wir uns mit 32, 45 oder 60 noch immer auf unsere Eltern als Eltern beziehen und nicht als Menschen wie du und ich. Das heißt, wir benehmen uns bei unseren Eltern zu Hause in vieler Hinsicht noch genauso wie in unserer Kindheit und Jugend. Wir verhalten uns in ihrer Gegenwart nicht so frei wie gegenüber Freunden oder Ehepartnern. Der Grund dafür ist, daß wir uns selbst als Kinder und sie als Eltern wahrnehmen. Unsere Beziehung zu ihnen ist mehr eine Eltern-Kind-Beziehung als eine Beziehung unter Erwachsenen oder Individuen. Mit anderen Worten, Jim, wenn wir sie wirklich gefühlsmäßig, aus dem Bauch, als menschliche Wesen wahrnehmen könnten wie uns selbst, dann würden viele unserer Ängste, Hemmungen und Abwehrmechanismen verschwinden.«

»Wieso?« fragte Jim.

»Wir wären nicht mehr so auf ihre Anerkennung angewiesen«, sagte ich.

»Nun, wir wollen sie nicht verletzen«, meinte Jim. »Ich glaube, wenn ich meinen Vater als gleichwertigen Erwachsenen behandeln würde und nicht als meinen Vater, dann könnte ihn das verletzen.«

»Natürlich wollen wir sie nicht verletzen«, erwiderte ich. »Wir wollen niemanden verletzen, am wenigsten Menschen, die uns nahestehen. Es geht nicht darum, Eltern zu verletzen; es geht darum, sie so zu sehen, wie sie wirklich sind. Hast du dir zum Beispiel je vorgestellt, was los war, als Bridget und Sean sich zum erstenmal sahen?«

»Nein«, sagte Jim.

»Hast du dir je vorgestellt, wie sie miteinander gingen?«

»Nein, nicht richtig. Ich weiß ein paar Sachen über sie. Zum Beispiel, daß sie tanzen gingen. Aber ich habe nie versucht, zu fragen oder mir vorzustellen, wie sie sich genau verabredeten und was sie füreinander empfanden«, sagte Jim.

»Siehst du«, antwortete ich, »die meisten tun das nicht.« Wir wissen vielleicht oberflächlich, daß da irgendwelche Verliebtheiten im Spiel waren, starke Anziehungskräfte, vielleicht sogar Eifersüchteleien, aber wir haben uns nie sonderlich darum gekümmert. Und in dem Maße, wie wir keinen emotionalen Bezug dazu hergestellt haben, haben wir Sean und Bridget nicht als die komplexen, verletzlichen, sexuellen, idealistischen, jugendlichen, schüchternen, unbeholfenen Individuen in uns aufgenommen, die sie waren.

»Weißt du, wie sich dein Vater in seiner Familie fühlte? Weißt du, ob er sich gedemütigt, minderwertig fühlte? Weißt du, was ihn mit sieben, elf oder 16 Jahren bewegte, was ihm angst machte? Weißt du, was für eine Vorstellung vom Leben er aus dem Vorbild seiner Eltern entwickelte?«

»Nicht genau«, sagte Jim. »Ich habe ihn nie direkt danach gefragt. Er hat manchmal etwas über seine frühe Kindheit erzählt; ich kenne seine Eltern, meine Großeltern. Ich nehme an, ich habe mir die Antworten auf einige deiner Fragen selbst zusammengereimt, aber im großen und ganzen sind es Mutmaßungen meinerseits. Es wäre interessant, die Antworten darauf zu kennen.«

Ich schwieg, während Jim nachdachte. Dann blinzelte er und wandte sich wieder mir zu; er lächelte, als ob er einen zaghaften Schritt getan hätte, um sich Sean und Bridget vorzustellen – nicht als gottähnliche Elterngestalten, sondern als schlichte menschliche Wesen. Er nahm das Gespräch wieder auf. »Ja, ich würde gerne wissen, wie sich meine Eltern vor ihrer Hochzeit fühlten. Aber was meintest du damit, daß unsere Energien gebunden werden? Du sagst, unsere Kräfte wären blockiert. Ich verstehe nicht ganz, worauf du hinaus willst.«

»Ich verstehe deine Verwirrung«, sagte ich. »Ich war nicht wenig erstaunt, als mir klar wurde, wieviel Energie wir von der Bewältigung unserer Alltagssorgen abziehen, um uns mit den unerledigten Problemen unserer Kindheitsfamilie herumzuschlagen. Als ich meine Tätigkeit als Berater und Familientherapeut aufnahm, wußte ich theoretisch, daß durch Probleme der Vergangenheit Energie gebunden wird. Aber ich hatte keine Vorstellung davon, *wieviel* Energie wir auf das Alte verschwenden und wie sehr uns das von der Bewältigung des Hier und Jetzt abhalten kann. Ich glaube, daß viele von uns nur mit halber Kraft funktionieren.«

Dann zeichnete ich Jim folgendes Schema auf eine Papierserviette:

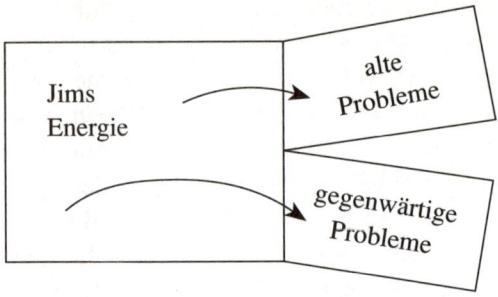

»Weißt du, Jim, wenn du einen großen Teil deiner Energie benötigst, um mit der durch deine Mutter verursachten Traurigkeit und Leere fertig zu werden, dann kannst du nicht mehr all deine Kräfte zur Bewältigung des Alltagslebens einsetzen. Ist deine Unzufriedenheit vielleicht einfach darauf zurückzuführen? Wenn du dich nicht wirklich den Anforderungen deines gegenwärtigen Lebens, deiner Frau, deiner Kinder, deines Berufes, der Freizeit und deines geistigen Lebens widmen kannst, wie könntest du dann ganz zufrieden sein? Denk einmal an die Momente, in denen du uneingeschränkt präsent, ganz interessiert, ganz bei einer Sache warst. Vielleicht war es jener unvergeßliche Liebesakt, jenes außergewöhnliche Tennismatch, dieser grandiose Urlaub, der eine schwere Arbeitskrise beendete. Damals hast du dich rundum lebendig gefühlt, nicht wahr?«
»Ja, stimmt«, antwortete Jim.
»Das liegt daran, daß du in diesen Momenten, bei diesen Anlässen fähig warst, all deine Energien und Kräfte zusammenzunehmen«, sagte ich. »Später zog sich die Hälfte oder ein Teil deiner Energie unbewußt auf die ungelösten Probleme deiner Herkunftsfamilie zurück.
Jim, weißt du was, ich habe gerade erst einen Artikel über dieses Thema geschrieben – der einige herkömmliche Vorstellungen über Familientherapie in Frage stellt. Ich möchte ihn dir geben. Unter anderem behaupte ich darin, daß wir Therapeuten, wenn die Fragen

erst einmal auf dem Tisch liegen, uns nicht so mit den Problemen befassen sollten, wie die Klienten sie uns präsentieren. Bei dir beispielsweise wäre es vielleicht nicht sinnvoll, darüber zu spekulieren, wo deine Unzufriedenheit ihren Ursprung hat – in der Arbeit, der Ehe, im Altwerden oder in sonst etwas. Vielmehr sollten wir dir dabei helfen, eine *angemessene* Bindung an *deine Wurzeln* zu finden, so daß deine Energie frei wird und wieder zur Bewältigung des Alltagslebens zur Verfügung steht. Wenn du deine ganze Energie darauf verwenden kannst, wirst du fähig sein, das Problem deiner Unzufriedenheit selbst zu lösen. Anders gesagt, Jim, du allein weißt, was das Beste für dich ist, nur du hast die inneren Mittel, es herauszufinden und den richtigen Weg einzuschlagen.«

»Aber woher weißt du das, Bill?« fragte Jim.

»Ich bin nach jahrelanger Erfahrung zu dieser Überzeugung gelangt, vor allem durch Familienrekonstruktionen, das heißt dadurch, daß ich Menschen dabei geholfen habe, zu ihren Eltern, Großeltern, Tanten und Onkel neue, menschliche, adäquate Bindungen herzustellen. Und ich habe unzählige Male erlebt, welche wunderbaren Folgen das für ihr Leben hatte. Denn sie schließen dann nicht nur Frieden mit ihren Wurzeln, sondern viele festigen ihre Ehe, andere werden gesund, lächeln wieder, manche können sich aus ungesunden Arbeits- oder Beziehungskonstellationen lösen, manche wechseln den Beruf, andere finden eine bessere Beziehung zu ihren Kindern.«

Wir beendeten unsere Unterhaltung, und ich versprach, ihm den Artikel zu schicken.

9 Jim beginnt seinen Weg zurück nach Hause

Eine Woche später rief Jim mich an. Er war ganz aufgeregt. Er hatte den Artikel gelesen. Er wollte wissen, ob ich irgendwelche Vorstellungen hätte, wie er wieder in Kontakt zu seiner Familie treten könnte. Wir verabredeten uns noch einmal zum Mittagessen.
Ich erzählte Jim von meinen eigenen Erfahrungen auf dieser Reise und von meinen Erfahrungen mit anderen, denen ich dabei geholfen hatte. »Ich werde nie vergessen, wie ich vor vielen Jahren mit meiner Mutter von San Jose nach San Diego reiste. Ich war zehn Stunden lang mit ihr im Bus allein. Ich fing an, ihr alle möglichen Fragen über ihre Kindheit zu stellen, warum sie ihren ersten Mann geheiratet hatte und dann meinen Vater. Ich fragte sie über meinen Vater aus, der zehn Jahre zuvor gestorben war, und über ihre Beziehung. Sie redete wie ein Wasserfall. Ich erfuhr Dinge, von denen ich nicht die geringste Ahnung gehabt hatte. Sie war sehr ehrlich. Sie offenbarte mir ihr Innerstes. Es war eine wundervolle Erfahrung. Mir wurde wie nie zuvor klar, wie verletzlich und menschlich sie war. Ich fühlte mich ihr so nahe und verehrte sie, weil sie mir genug vertraute, um mir all diese Dinge über sich selbst zu erzählen. Ich glaube, sie fühlte sich ebenfalls geehrt durch meine Fragen zu ihrem Leben. Sie sagte, manches davon habe noch kein Mensch vor mir erfahren. Ich fühlte, daß sie erleichtert war. Ihr wurde leichter ums Herz, eine Last, die sie ganz allein getragen hatte, fiel von ihr ab. Nun teilte sie sie mit jemandem. Sie war nicht mehr allein.
Ich werde ihre Ehrlichkeit, ihr Vertrauen in mich und alles, was sie über ihre Kindheit, ihre Beziehung zu ihren Eltern und zu meinem Vater sagte, nie vergessen. Später, als es zwischen uns schwierig wurde, dachte ich immer an das, was sie mir erzählt hatte, und konnte da-

durch das verletzbare menschliche Wesen in ihr sehen. Es machte mich ihr gegenüber weicher; das war wichtig, denn meine Mutter war die meiste Zeit über so kompetent, stark und energisch. Es half mir auch, meiner Mutter Nachsicht entgegenzubringen, wenn sie in ihre Rechthaberei verfiel. Ich konnte besser nachvollziehen, daß ihr Bedürfnis, recht zu behalten und zu bestimmen, wie etwas zu laufen hatte, ihrer Methode entsprach, mit den vielen Ungewißheiten und Unsicherheiten ihrer Vergangenheit fertig zu werden. Vor dieser Zehnstundenfahrt hatte ich keine Ahnung von dieser Seite meiner Mutter.

Ich konnte ihr auch einiges über mich erzählen, worüber ich bis zu diesem Augenblick nicht zu sprechen gewagt hatte. Im Laufe der Stunden wuchs mein Vertrauen. Sie kritisierte mich nicht, als ich ihr einiges über mein Leben, meine Verwundbarkeiten offenbarte. Wir waren einfach zwei Erwachsene, besondere Freunde, die ihr Innerstes offen und ehrlich einander anvertrauten.

Ich wünsche mir oft, ich hätte mit meinem Vater vor seinem Tod ein ähnliches Gespräch geführt. Deshalb vermisse ich ihn jetzt mehr als meine Mutter, obwohl meine Mutter 1981 starb und mein Vater schon 1960. Ihr gegenüber fühle ich mich vollständig, meinem Vater gegenüber nicht so. Doch durch die Erzählungen meiner Mutter und meine Familienrekonstruktion wurde mein Wissen größer. Nach meinen Gesprächen mit Corinne, meiner Mutter, fühlte ich mich ihm näher.«

Jim hatte gespannt zugehört. »Ich hoffe, mir wird es mit meinem Vater ebenso gehen, aber ich habe Angst davor«, sagte Jim.

»Ich weiß, die meisten Menschen haben Angst vor diesem Schritt. Sie stellen höchste Ansprüche an ihre Eltern. Sie hoffen, auf große Ehrlichkeit und bereitwillige Offenheit zu stoßen. Weil sie jedoch nie so miteinander geredet haben, haben sie Angst davor. Auch du fändest eine Zurückweisung schrecklich. Aber ich kann dir aus meinen Erfahrungen mit all denen, die versucht haben, mehr über ihre Vergangenheit zu erfahren, versichern, daß 90 Prozent dabei Erfolg hatten. Nur wenige werden von einem Elternteil abgewiesen.

Und Jim, wenn du tatsächlich eine Abfuhr einstecken mußt, dann kannst du dir in einem Punkt sicher sein: Es liegt einzig daran, daß dein Vater sich durch deine Nachforschungen bedroht fühlt. Er hat aus irgendeinem Grund Angst davor, dir gegenüber offen zu sein.

Gott allein weiß, wovor er sich fürchten könnte. Vielleicht wird er das Gefühl haben, er verrate seine eigenen Eltern, wenn er dir etwas über das Leid offenbart, das sie ihm zugefügt haben; vielleicht wird er fürchten, er könnte in deiner Achtung sinken; vielleicht wird er nervös, weil er keiner Menschenseele je erzählt hat, was du von ihm wissen willst; vielleicht hat er Angst, etwas Negatives über deine Mutter zu sagen; oder er hat das Gefühl, Anna zu verraten, wenn er ehrlich über Bridget spricht. Wer weiß, was ihm angst machen könnte. Aber darin kannst du dir sicher sein: Eine Abfuhr bedeutet *nicht*, daß du zurückgewiesen wirst, sondern daß er selbst Angst vor etwas hat. Womöglich fürchtet er sogar, dich zu verletzen!
Wenn dein Vater bereit ist, auf deine Fragen einzugehen, und du bei einem Besuch über alles mögliche mit ihm sprechen kannst, wird das sicherlich bleibende Folgen haben. Du wirst fähig werden, deinen Vater mehr zu akzeptieren, und dein Bedürfnis, ihn zu verändern, mehr Anerkennung und Akzeptanz von ihm zu erhalten, wird schwinden. Ihr werdet beide ein tieferes Verständnis für die Träume und Kämpfe, die Sorgen und Freuden entwickeln, die Teil und Bürde eurer beider Leben waren.«
Jim dankte mir für meinen Zuspruch und meine Warnung.
Ungefähr einen Monat später erhielt ich einen weiteren Anruf von Jim. Er war soeben aus Hutchinson in Kansas zurückgekehrt, wo sein Vater und Anna lebten. Er war euphorisch. Er hatte mit seinem Vater ein Abendspiel der Kansas City Royals gegen die Boston Red Sox in Kansas City angesehen. Sie hatten die Nacht in Kansas City verbracht und waren am nächsten Tag nach Hutchinson zurückgefahren. Jim berichtete: »Bill, ich habe eine wundervolle Zeit mit meinem Vater verbracht. Wir waren den ganzen Nachmittag und den nächsten Morgen zusammen. Er erzählte mir Dinge, von denen ich nie etwas gehört hatte. Ich mußte an dich und deine Mutter auf eurer Fahrt von San Jose nach San Diego denken. Wann können wir uns treffen? Ich muß dir alles erzählen.«
Um Ihnen das Verständnis von Jims Geschichte zu erleichtern, füge ich auf der nächsten Seite ein Genogramm seiner drei Herkunftsfamilien ein. Beachten Sie, daß ich auch Jims Heirat mit Kathy und ihre beiden Kinder mit aufgenommen habe.

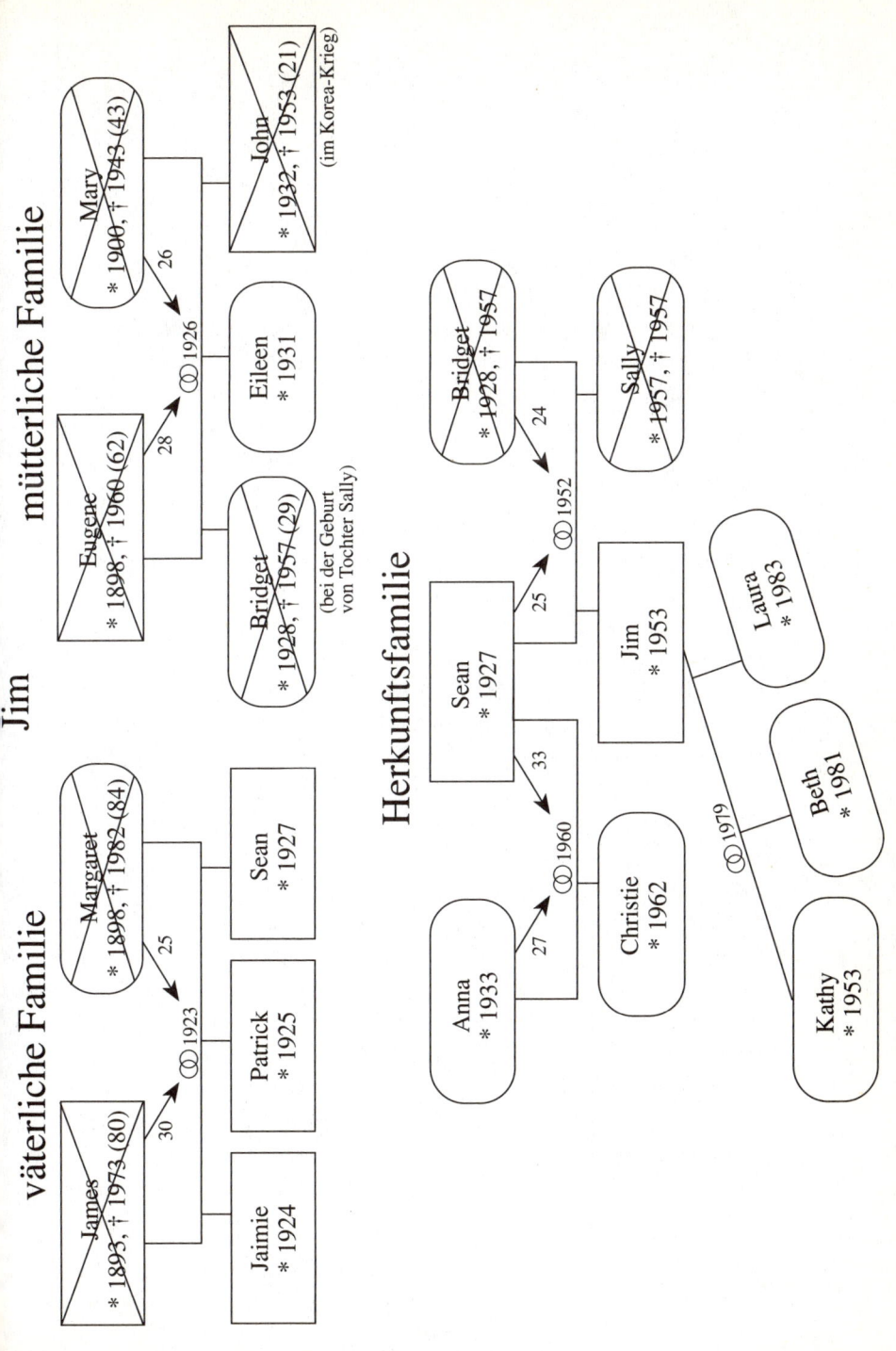

10 Jims Reise – ein großer Erfolg

Auf meinen Vorschlag hin brachte Jim seine Frau Kathy mit zum Mittagessen. Mir lag daran, daß Kathy an dieser Erfahrung teilhatte. Oft tauchen andere Einzelheiten, Hintergründe und Gefühle auf, wenn man die Geschichte einem Dritten erzählt. Wenn Kathy mehr über Jims Vater Sean erfuhr, könnte sie auch Jim besser verstehen, denn *Sean war ein Teil von Jim.* Zudem war auch Jim ein anderer geworden, denn das Gespräch mit Sean hatte Jims Wahrnehmung von seinem Vater verändert. Diese neue Wahrnehmung veränderte auf einer tieferen Ebene Jims Vorstellungen und Gefühle sich selbst gegenüber. Für Kathy war es daher wichtig, den Ursprung von Jims Veränderung zu verstehen.
Jim hatte zu seinem Ausflug einen Kassettenrecorder mitgebracht. Er hatte seinen Vater um Erlaubnis gebeten, einen großen Teil des Gesprächs aufzuzeichnen, damit später vielleicht auch Jims Kinder, wenn sie älter waren, Seans Geschichte hören und sich ihren Wurzeln näher fühlen konnten. Sean hatte unter der Bedingung eingewilligt, daß alles, was er niemandem sonst anvertrauen wollte, später wieder gelöscht werden würde.
Jim begann. »Am Anfang war es irgendwie komisch. Ich war nervös, und mein Vater spürte das, glaube ich.« Dann schaltete er den Recorder ein. Die folgenden Zitate sind Auszüge aus dieser Aufnahme.
Jim: »Dad, vor kurzem habe ich über mein Leben nachgedacht. Wahrscheinlich habe ich jetzt mehr Zeit für mich, wo das Familienleben in geregelten Bahnen verläuft und ich meinen Beruf in- und auswendig kenne. Du weißt ja, mit Kathy habe ich das große Los gezogen. Sie ist den Kindern eine wundervolle Mutter. Mein Leben ist ein Himmelreich im Vergleich zu dem vieler meiner Kollegen.

Aber weißt du was? In letzter Zeit habe ich mehr über meine Vergangenheit als über meine Zukunft nachgedacht. Irgendwie habe ich mir immer mehr Fragen über dich, Anna und natürlich Mutter gestellt. Ich habe sogar einiges aus meiner frühen Kindheit vergessen. Wie dem auch sei, Dad, ich möchte wirklich gerne mehr über dich erfahren. Auch wenn ich Großvater und Großmutter kannte [sie sind inzwischen gestorben], gibt es noch so viel, das ich nicht weiß. Macht es dir etwas aus, mir mehr darüber zu erzählen?«

Sean: »Also ich weiß nicht so recht. Ich habe immer angenommen, du wüßtest alles Nötige. Ich meine, alles, was du zu wissen brauchst. Wir haben deine Großeltern oft genug besucht, damit du sie kennst. Darauf kommt es an. Aber wenn es dir hilft, werde ich es mal versuchen. Was möchtest du wissen?«

Jim: »Nun, also zuerst einmal, weißt du noch mehr über deine Geburt, als daß du 1927 in Boston zur Welt gekommen bist?«

Sean: »Ich weiß, daß meine Eltern in den Wochen vor meiner Geburt häufiger zur Messe gingen und für eine komplikationslose Geburt beteten. Sie betrachteten uns drei Kinder als Geschenk Gottes – du weißt ja, wie religiös beide waren. Ich kam ungefähr um vier Uhr morgens im St. Mallory Hospital zur Welt, das hat mir meine Mutter erzählt. Mein Vater war dabei. Es war eine normale Geburt, nehme ich an. Zumindest habe ich nie etwas anderes gehört.«

Jim: »Ich weiß, daß du nach Margarets Lieblingsbruder Sean benannt wurdest. Gibt es sonst noch etwas über deinen Namen zu erzählen?«

Sean: »Nein. Ich habe meinen Namen immer gemocht. Onkel Sean war ein toller Typ. Er wohnte weiter unten in der Straße, in der ich aufwuchs, und ich glaube, ich war sein Lieblingsneffe. Mehrmals im Jahr nahm er mich zu den Spielen der Red Sox mit. Das war etwas Besonderes. Dad interessierte sich mehr für Lesen und Gewerkschaftsarbeit. Onkel Sean war lockerer als mein Vater. Ich will damit sagen, er nahm das Leben nicht so ernst wie mein Vater. Dad kämpfte immer für irgend etwas. Sean war mehr fürs Vergnügen zu haben. In meinem Vater und Sean hatte ich gute Vorbilder, glaubst du nicht auch? Übrigens sah mein Vater es immer gerne, daß Onkel Sean uns besuchte. Er brachte uns alle zum Lachen. Kein Wunder, daß meine

Mutter ihn so gern hatte. Es heißt, er sei ein ziemlicher Frauenheld gewesen, aber darüber kann ich nicht viel sagen.«
Jim: »Wie hast du dich als Kind zu Hause gefühlt?«
Sean: »Ich nehme an, wir waren ziemlich normal. Wir kannten unseren Platz und wußten, was von uns erwartet wurde. Mutter und Vater waren sehr gläubig, weißt du. Die Kirche bedeutete ihnen sehr viel. Ich ging in die staatliche Schule, aber alle dort waren anscheinend entweder irische oder italienische Katholiken. Ich glaube, die meisten Lehrer waren auch Katholiken. Wir verbrachten viel Zeit in der Nachbarschaft, und viele unserer Aktivitäten fanden im Rahmen der Kirche statt. Dann traf uns 1930 die Depression. Eine Weile lang sah es nicht mehr so rosig aus, aber mein Vater behielt seine Stelle als Drucker bei der *Boston Globe*. Wir konnten anderen Mitgliedern aus Vaters und Mutters Familie helfen, die ihre Arbeit verloren hatten. Wir schränkten uns damals alle ein und teilten unser Essen und unsere Kleidung. Es stand nie zur Debatte, daß jemand nicht aufgenommen oder abgewiesen wurde. Onkel Sean war auch darin stark.«
Jim: »Was war mit dir? Wann hast du dich gut gefühlt, und wann ist es dir schlechtgegangen? Dir ging es sicher auch einmal mies – so wie uns allen.«
Sean: »Ich habe mich immer beschützt gefühlt. Ich wußte mich durch meine Familie geliebt. Ich hatte Glück und gute Eltern.«
(Pause)
Jim: »Aber welche Probleme hattest du?«
Sean: »Als ich in der fünften Klasse war, bekam ich eine rätselhafte Krankheit. Ich glaube, man hat nie herausgefunden, was es eigentlich war. Vielleicht war es eine Art Grippe oder irgendein Virus. Aber mich hatte es schwer erwischt, mit Erbrechen, Fieber und allgemeiner Schwäche. Später erzählten sie mir, sie hätten geglaubt, ich würde sterben. Damals hatte ich davon keine Ahnung. Ich war überrascht, als ich erfuhr, daß ich so schwer krank gewesen war. Ich versäumte eine Zeitlang den Unterricht, und als ich wieder zur Schule ging, hinkte ich weit hinterher, besonders im Rechnen. Anscheinend habe ich das, vor allem in Mathe, nie aufgeholt. Der Lehrer hatte mich auf dem Kieker; meine Mutter machte sich Sorgen. Vater verhielt sich seltsam. Mathe schien ihm ziemlich egal zu sein – für

ihn zählte vor allem Literatur. Ich erinnere mich, daß ich eines Nachts einen Streit zwischen meinen Eltern darüber mit anhörte. Meine Mutter wollte, daß mein Vater mich mehr zum Lernen antrieb, sie hatte das Gefühl, sie sei die einzige, die sich darum kümmerte. Mein Vater sagte, er mißtraue Zahlenkünstlern, und er fände es wichtiger, die Gedanken der Menschheit zu verstehen als die Zahlen eines Bankiers. Habe ich dir übrigens je erzählt, daß mein Vater uns jeden Abend zusammentrommelte und uns Gedichte vorlas? Er las sie so, daß auch wir sie verstanden!«
Jim: »Wie fandest du das alles?«
Sean (mit spöttischer Stimme): »Die Gedichtlesungen?«
Jim: »Nein, du weißt schon, was ich meine.«
Sean: »Na ja, ich war nie gut in Mathe. Ich bin durchgekommen, aber wahrscheinlich schlug ich nach meinem Vater. Aber ich glaube, es machte mich fertig. Ich meine, der Konflikt zwischen Mutter und Vater wegen meiner schlechten Noten in Mathe und später in Chemie und Physik. Ich weiß nicht, warum meine Mutter so auf Mathe herumhackte. Jaimie und Patrick [Seans Brüder] waren mathematische Genies; Pat war als Naturwissenschaftler am MIT, und Jaimie war ein Hauptteilhaber bei Arthur Anderson.
Ich hatte das Gefühl, ich sei schuld daran, daß meine Eltern sich stritten. Meine Güte, ich habe bis heute nie daran gedacht! Als ich vier war, ließ ich aus Versehen unseren Hund durch die Küchentür entwischen, und am selben Nachmittag wurde er von einem Auto überfahren. Als mein Vater nach Hause kam, war die Hölle los. Mensch, das habe ich vollkommen vergessen. Es war schrecklich! Mein Vater machte meiner Mutter Vorwürfe, weil sie nicht besser auf mich aufgepaßt hatte. Vater liebte diesen Hund; er hatte ihn König Lear genannt, nach dem Drama von Shakespeare. Weißt du, wenn ich es mir recht überlege, habe ich meine Eltern nie so wütend aufeinander erlebt. Ich kam mir vor, als hätte ich ein Kapitalverbrechen begangen. Komisch.
Weißt du, wenn du zur Beichte gehst, erzählst du dem Priester deine Sünden. Nun, in den ersten Schuljahren fiel mir manchmal keine Sünde ein, und so erzählte ich dem Priester, ich hätte König Lear entwischen lassen. Ich erinnere mich noch, wie der Priester hinter

dem dunklen Vorhang lachte. Es ist schon merkwürdig, was wir als Kinder alles anstellen ...

Ich denke, von diesem Zeitpunkt an paßte ich genau auf, daß ich keinen Konflikt zwischen meinen Eltern heraufbeschwor. Deswegen war ich wegen dieser Mathegeschichte todunglücklich. Je mehr ich mich anstrengte, um meine Mathenoten zu verbessern, um so schlimmer wurde es. Ich hatte Angst, es könnte noch mehr Auseinandersetzungen darüber geben. Und ich war unglücklich, weil ich nicht so gut wie Jaimie und Pat war.

Ich glaube, daß ich erst in der High-School über dieses Minderwertigkeitsgefühl hinwegkam, als ich zum Spitzensportler wurde und am Schultheater eine führende Rolle übernahm.«

(Ein langes Schweigen trat ein.)

Jim: »Davon wußte ich bisher überhaupt nichts, Dad. Danke, daß du mir das erzählt hast.«

(Lange Pause)

Sean: »Weißt du, Jim, du hast nie einen Konflikt zwischen deiner Mutter und mir ausgelöst. Wir waren so glücklich mit dir. Deine Mutter war ein wundervoller Mensch, Jim.«

Jim: »Erzähl mir mehr über sie. Mein Erinnerungen an sie sind sehr vage.«

Sean: »Ja, wahrscheinlich sind sie das. Wahrscheinlich habe ich dir nicht genug über sie erzählt. Ich wollte Anna nicht beunruhigen, weißt du. Ich meine, ich glaube gar nicht, daß es sie beunruhigt hätte, aber ich wollte es auch nicht riskieren in den ersten Jahren unserer Ehe. Ich wollte nicht, daß du zur Ursache eines Konflikts zwischen uns würdest.

Deine Mutter hatte viele Gemeinsamkeiten mit Onkel Sean. Sie war lebenslustig, lachte gerne, sie brachte mich durch Neckereien dazu, auch einmal ein Risiko einzugehen. Sie ließ mein Leben erstrahlen. Ich vermisse sie noch immer.«

(Schweigen ... eine Träne)

»Verdammt! Warum mußte sie so früh sterben! Es war sehr schwer für mich, mich mit ihrem Tod abzufinden, Jim. Ich habe dir das nie erzählt. Ich versuchte dich so gut es ging zu trösten. Ich sagte, es sei Gottes Wille. Ich versuchte dir gegenüber Mut zu zeigen, damit du

dich damit abfinden konntest. Aber tief in mir drin – ich weiß nicht – kann ich es noch immer nicht begreifen. Ich glaube, was mir half, Jim, war die Tatsache, daß du dich so gut gehalten hast. Ich war am Boden zerstört, aber ich mußte Stärke beweisen. Ich glaube, innerlich war ich in einem Schockzustand, betäubt, nur nach außen hin funktionierte ich normal.«
(Zu Jim gewandt): »Ich glaube, ich bin wütend, Jim. Jetzt glaube ich, daß ich wütend bin. Ja, ich bin wütend, und das ist nicht richtig. Oh Gott. Es ist zu dumm. Warum fragst du mich das alles, Jim?«
(Ein langes, langes Schweigen trat ein; dann beruhigte er sich.)
»Danke, Jim. Das war nötig. Mensch, ich wußte nicht, daß ich so viel in mich hineingefressen hatte. Jetzt geht es mir besser. Sie war ein großartiges Mädchen.
Wie geht es dir?«
Jim (mit Tränen in den Augen): »Danke, Papa. Ich fühle mich Mutter jetzt sehr nah, als wäre ich wirklich mit dir und ihr zusammen. Ich mußte auch weinen, während du geweint und geschwiegen hast. Ich habe das Gefühl, daß ich noch viel mehr über sie erfahren möchte. Kannst du mir noch mehr erzählen?«
Sean: »Aber sicher. Ich wäre nur zu glücklich. Ich werde dir alles erzählen, was du wissen willst ...«
Darauf vertraute Sean Jim viele Geschichten und Gefühle über Bridget an, über ihre ersten Verabredungen, seinen Heiratsantrag, ihre Hochzeit, ihre Flitterwochen, die vier Jahre ihrer Ehe, ihre Freude über die Schwangerschaft, den Jubel über Jims Geburt, die hoffnungsvolle Zukunft – und über die zweite Schwangerschaft und den Tod von Bridget und Sally bei der Geburt.
Als sie schließlich zu dem Baseballspiel kamen, hatten Sean und Jim den Prozeß des Trauerns abgeschlossen, der für beide so viele Jahre lang unvollendet geblieben war. Sie sahen das Spiel wie in Trance an, irgendwie ausgelaugt, unbeteiligt. Das Spiel erlaubte ihnen, ihre Energie frei hin und her fließen zu lassen, in Gedanken nach Lust und Laune umherwandern zu lassen.
Sie verbrachten eine erholsame Nacht in Kansas City, und beide schliefen lange am nächsten Morgen.

11 Jims Reise verändert ihn

Am nächsten Morgen, auf dem Rückweg nach Hutchinson, sagte Sean: »Wir sind irgendwie vom Thema abgekommen gestern abend, nicht wahr? Wir haben kaum über meine Kindheit, sondern die meiste Zeit über deine Mutter gesprochen. Möchtest du noch mehr darüber wissen, Jim?« Es war, als hoffte Sean, daß Jim ihn über seine eigene Familie ausfragen würde.
Jim antwortete: »Ja, ich will noch eine ganze Menge mehr wissen. Laß mich mal nachdenken ... Wie war die Beziehung zwischen deinem Vater und dir?« fragte Jim.
Sean: »Ich glaube, seine Beziehung zu mir war etwas entspannter als die zu Jaimie und Pat. Er bewunderte mein Interesse an Literatur; ich nehme an, in dem Punkt bin ich nach ihm geraten. Ich glaube, irgendwie wünschte er, ich sollte mehr daraus machen als er. Er druckte das Wort; ich glaube, er wünschte, ich sollte es schreiben. Aber er versuchte uns alle so zu akzeptieren, wie wir waren. Ich sah zu meinem Vater auf, ich bewunderte ihn. Er pflanzte mir meinen Sinn für Gerechtigkeit ein – nicht nur im Sinne einer persönlichen Moralvorstellung, sondern im Sinn einer sozialen Verpflichtung. Vielleicht hat er das irgendwie von der Kirche übernommen; ich weiß es nicht.«
Jim: »Das hört sich fast zu schön an, um wahr zu sein an. Was waren denn die negativen Seiten?«
Sean: »Da muß ich erst einmal nachdenken. Irgendwie weiß ich nicht, was er mit seiner Wut, seinem Ärger, seinen Enttäuschungen und seiner Traurigkeit machte. Kannte er solche Gefühle überhaupt? Betete er sie weg? Ich weiß es nicht.«
Jim: »Nun, zumindest war er wütend auf Margaret wegen dem Hund.«
Sean: »Das stimmt. Er machte ihr Vorwürfe deswegen. Er war wütend! Aber das ist das einzige Mal, woran ich mich erinnern kann;

und ich hatte es bis gestern vergessen. Es gab noch andere Reibereien. Er las uns die Leviten, aber sogar das tat er so, daß wir es einsahen. Ich meine, wir wußten, daß wir im Unrecht waren. Es genügte, daß er uns in die Augen sah, und uns wurde unbehaglich zumute. Und im großen und ganzen waren wir alle drei brave Jungs.«
Jim: »Und jetzt erzähl mir etwas über dich und deine Mutter.«
Sean: »Für mich war sie der Mensch, der immer für uns da war. Sie war verständnisvoll. Sie war einerseits lebenslustiger, und andererseits strenger als mein Vater. Sie war wirklich nervtötend, was den schulischen Erfolg anbelangte. Das war etwas, was ich nicht verstand. Gleichzeitig war sie diejenige, die uns zu Partys, Gesangs- und Tanzveranstaltungen der Kirche trieb. Sie erzählte leidenschaftlich gerne Witze. Ich schwöre dir, ich habe nie herausgefunden, wo sie sie aufschnappte. Insofern war sie nicht so streng mit uns wie Vater, und wir fühlten uns in ihrer Gegenwart freier. Ich empfand ihr gegenüber mehr Zärtlichkeit und Zuneigung und sah zu Vater mehr auf. Ich glaube, später war sie vielleicht ein wenig enttäuscht von mir, weil ich es nicht zu so viel Ansehen gebracht hatte wie Jaimie und Pat.«
(Sean arbeitete als Vertreter für einen großen Zeitungsverlag in New York.)
Jim: »Und wie war die Beziehung zwischen James und Margaret?«
Sean: »Sie hatten große Achtung voreinander und gingen liebevoll miteinander um, besonders Vater mit Mutter. Ich würde sagen, bei ihr überwog die Achtung, bei ihm die Zuneigung zu ihr – obwohl sie sich beide liebten und respektierten. Gelegentlich waren sie unterschiedlicher Meinung in bezug auf uns, aber selten. Wie ich schon sagte, haben wir ihnen nicht viel Kummer bereitet. Zu den Dingen, die mich an ihrer Beziehung immer störten, gehörten die Sticheleien, mit denen meine Mutter meinen Vater wegen seines Berufs bedachte. Die Zeitung bot ihm mehrmals einen Aufstieg ins Management an, aber er lehnte immer ab, er sagte, er könne die Arbeiter nicht im Stich lassen. Er war Gewerkschaftsführer, weißt du. Ich glaube, meine Mutter hatte ein zwiespältiges Verhältnis dazu. Einerseits bewunderte sie seinen Gerechtigkeitssinn und seinen Einsatz für die Schwachen. Schließlich waren wir Iren lange Zeit die Underdogs in

diesem Land gewesen. Andererseits wollte sie, daß er vorwärtskam, und es bekümmerte sie, daß Vater seine Aufstiegschancen in den Wind schlug. Dad war wirklich ein schlauer Kopf, und ich glaube, er hätte eine tolle Führungskraft abgegeben – ja sogar einen Chefredakteur, wenn er sich je aufs Schreiben verlegt hätte. Er las so viel. Er schrieb hervorragende Artikel für die Gewerkschaftszeitung. Er nahm immer an den Tarifverhandlungen teil.«

Jim stellte Sean noch viele Fragen an diesem Morgen. Er fragte zum Beispiel, mit welchen Ängsten und Bedrohungen Seans Eltern konfrontiert gewesen waren und wie sie damit fertig geworden waren. Stritten sie sich auch bei anderen Gelegenheiten? Wie gingen sie mit den Dingen um, die sie aneinander störten? Wie zeigten sie sich ihre Liebe? Jims Neugier schien grenzenlos. Er fragte Sean, was seinen Vater glücklich gemacht hatte. Was hatte ihn deprimiert? Dieselben Fragen stellte er in bezug auf Seans Mutter. Wo lagen die schwachen Punkte seiner Eltern, wo ihre Stärken? Welche Aktiva und Passiva hatten sie ihm mit auf den Weg gegeben?

Jim fragte Sean, welche Rollenbilder von Männern, Ehemännern und Vätern er erworben hatte. Was machte ihn glücklich? Was waren seine Grundwerte? Was flößte ihm Schuldgefühle ein? Was ängstigte und bedrohte ihn am meisten, und wie ging er damit um?

Er fragte Sean, wie es ihm in der Pubertät gegangen war. Welche Art von Mädchen fand er toll? Jim fragte Sean nach seinem ersten Rendezvous. Wie erfuhr Sean etwas über Sex, und wie verhielt er sich Frauen gegenüber? Auf welche Fragen fand er keine Antwort? Was machte ihn verlegen? Dann fragte Jim, ob Sean, wenn er sein Leben noch einmal leben könnte, etwas an seinem Zuhause würde ändern wollen. Wünschte er, er selbst wäre in irgendeiner Hinsicht anders gewesen, oder sein Vater oder seine Mutter hätten sich ihm gegenüber anders verhalten?

Als Jim mit den Schilderungen des Besuchs bei seinem Vater fertig war, wandte er sich an mich und stellte mir zwei Fragen. »Bill, es gibt zwei Dinge an meinem Vater, die ich nicht verstehe. Das erste ist, warum war er finanziell und beruflich nicht erfolgreicher? Ich glaube noch immer, daß er in seinem Beruf frustriert war. Es machte ihm zwar Spaß, zu verkaufen und mit Menschen zusammenzusein, aber

er hatte auch eine künstlerische Seite, die er nie auslebte. Er blockierte sich irgendwie selbst. Ich glaube, er wäre glücklicher gewesen, wenn er in irgendeiner Form geschrieben hätte – entweder als Schriftsteller oder in einer Zeitung.
Und zweitens begreife ich noch immer nicht, warum er nach dem Tod meiner Mutter nie über sie sprach. Es war fast, als hätte sie nie existiert. In gewisser Hinsicht fühlte ich mich wie eine Halbwaise. In Kansas City sprach er ganz offen über sie. Warum nicht früher? Ich verstehe seine Angst, er könnte Anna damit beunruhigen, aber da muß noch mehr dahinterstecken.«
Ich fragte: »Jim, ich möchte gerne wissen, ob du bereit bist, eine persönliche Frage zu beantworten. Und von dir, Kathy, ob es dich stören würde, wenn er darauf antwortet. Meine Frage lautet folgendermaßen: Kann es sein, daß du deine Gefühle Kathy gegenüber im Zaum hältst? Ich meine, gibst du dich ihr so rückhaltlos hin wie sie? Kathy, stört es dich, wenn Jim darauf antwortet?«
Kathy sagte: »Nein.«
»Jim, willst du mir antworten?«
Jim sagte: »Ja, du hast recht, Bill. Wie bist du darauf gekommen? Ich glaube, mich bekümmert das mehr als Kathy. Ich fühle mich auf eine rätselhafte Weise gebremst oder gehemmt. Ich weiß selbst nicht. Die Momente, in denen ich vorbehaltlos lieben kann, sind seltener als die vielen Male, in denen Kathy ihre Liebe verschenkt. Das ist wohl mein drittes Rätsel. Fällt dir dazu etwas ein, Bill?«

12 Jims drei Rätsel werden gelöst

»Ja, ich habe ein paar Anhaltspunkte«, erwiderte ich. »Sehen wir, ob wir drei zusammen nicht die Antworten auf deine Fragen herausfinden können. Ich sage dir, was meiner Meinung nach abläuft, aber du, Jim, bist der einzige, der letztendlich die wirkliche Antwort kennt. Sean und Bridget sind ein Teil von dir und in dir. Du weißt mehr, als du zu wissen glaubst. Vertrau deiner Intuition.
Kommen wir zu deiner ersten Frage – warum dein Vater beruflich nicht mehr aus seinem Leben machte. Alles, was ich dir jetzt erzähle, sind Dinge, die sich *vielleicht* eher in seinem *Unbewußten* als in seinem Bewußtsein abgespielt haben. Das heißt, wenn du deinen Vater danach fragst, kennt er die Antwort vielleicht selbst nicht.
Ich vermute, Sean hatte schriftstellerisches Talent. Er las viel und schlug in diesem Punkt seinem Vater nach. Er hatte gewiß keine Begabung für Mathematik oder Naturwissenschaften! Und dennoch stand er am Schluß in vielem wie sein Vater da, der es auch weiter hätte bringen können, der Schriftsteller, Journalist oder Lektor hätte werden können. Vielleicht wollte Sean seinen Vater nicht überflügeln. Wenn Sean Schriftsteller und nicht Vertreter geworden wäre, hätte er vielleicht das Gefühl gehabt, er hätte Verrat an seinem Vater begangen. Er hätte seinen Erfolg vielleicht als weiteren Seitenhieb auf seinen Vater empfunden, so wie Margaret ihn unterschwellig herabgesetzt hatte, weil er seine Aufstiegschancen in der Zeitung nicht wahrnahm. Er wollte seinen Vater nicht noch mehr verletzen.
Vielleicht ließ Sean seine Fähigkeiten auch brachliegen, um insgeheim gegen seine Mutter zu rebellieren, die ihn ständig piesackte, damit er sich in der Schule so hervortat ›wie Jaimie und Patrick‹. Nach deinen Schilderungen von Seans Familie ging man dort mit Dingen, die einen störten, nicht sehr offen um. Sean sagte nie zu seiner Mutter: ›Laß mich ihn Ruhe, hör auf! Ich mag Mathe nicht, ich

lese lieber. Was willst du eigentlich? Warum soll ich in Mathe brillieren?‹ Das hätte vielleicht eine befreiende Wirkung auf Sean gehabt und ihm erlaubt, seine Begabungen offener auszuleben. *Wer seinen Ärger so unterdrückt, blockiert seine Energien und Fähigkeiten. Er verstellt sich den Blick auf die Realität.*«

»Wenn das stimmt«, fragte Jim, »warum sagte Sean es nicht seiner Mutter, warum zeigte er seine Wut nicht?«

»Vielleicht weil James und Margaret zu gut waren! Sean erlebte nur einmal, wie sein Vater Margaret anpfiff, wütend auf sie war. Sean wurde kaum je Zeuge, wie seine Eltern wütend waren, die Beherrschung verloren, richtig ›böse‹ waren. Seine Eltern waren wie Götter. Wie hätte Sean sich einem Gott entgegenstellen können! Wie könnte ein Kind auch nur anders denken als ein Gott! Weil James und Margaret fast nie vor den Kindern stritten, hatten die Kinder das Gefühl, sie wären unfehlbar. Es gab keine Erlaubnis, anderer Meinung zu sein; es gab kein Beispiel dafür, wie ein Gott sich dem anderen entgegenstellt. Und weil sie so gute Eltern waren, war es schwierig, irgendwelche menschlichen Schwächen an ihnen zu entdecken, die Sean ermöglicht hätten, sie als menschliche Wesen zu sehen. Es war zu bedrohlich, auf einen Gott wütend zu sein. Es ist einfacher, auf einen Mitmenschen wütend zu werden. So fühlte Sean sich gezwungen, seine Wut auf Margaret in sich hineinzufressen. Wenn ein Mensch nicht offen sagen kann, was ihn am anderen stört, wird er diesen Ärger oft indirekt zum Ausdruck bringen. Vielleicht drückte Sean seinen Ärger in einer indirekten Rebellion aus, indem er nicht so wurde, wie Margaret ihn haben wollte. Daß Wut zu Hause nicht direkt gezeigt wurde, setzte auch eine Norm für Sean: ›Wut ist hier nicht erwünscht.‹

So ging Sean vielleicht aus Angst, er könnte seinen Vater verraten, und aus unterdrückter Wut nie seinem natürlichen Interesse an Literatur nach. Was meinst du dazu, Jim?«

»Na ja, ich muß erst mal darüber nachdenken. Zumindest fällt mir auf Anhieb nichts ein, was dagegen spräche«, sagte Jim.

»Was meinst du, Kathy?«

Kathy antwortete: »Ich habe nie zuvor darüber nachgedacht, aber jetzt wird mir einiges klarer. Ich hatte immer das Gefühl, daß deinem

Vater etwas fehlte. Aber ich konnte nie herausfinden, was eigentlich. Ich konnte es bis heute nicht einmal in Worte fassen. Ich glaube, Familie Ryan war irgendwie zu gut, zu gut, um wahr zu sein. Es fehlte ein Schuß Realität. Ja, das ist es. Ich konnte nie genau sagen, was mir an dieser Familie so merkwürdig vorkam. Vielleicht ist Bill der Sache auf die Spur gekommen – ich weiß es nicht.«
Ich wiederholte: »Laß es dir durch den Kopf gehen, Jim. Das Entscheidende ist, daß oft tiefere Gründe vorliegen, warum ein Mensch nicht zu seiner Erfüllung findet. Und worin auch immer diese Gründe bestehen mögen, sie sind menschlich nachvollziehbar. Wenn du das verstehst, dann kannst du deinen Vater auf eine menschlichere Art und Weise wahrnehmen. Dein Einfühlungsvermögen in ihn wächst, und du kannst deinen Vater besser in dich integrieren.
Vergiß nicht, was ich anfangs sagte. All das – oder was auch immer dahinterstecken mag – spielt sich mehr in Seans Unterbewußtsein als in seinem Bewußtsein ab.«
Dann sagte Jim: »In Ordnung, aber nun erkläre mir bitte, warum Margaret so darauf beharrte, daß Sean in Mathe und naturwissenschaftlichen Fächern gute Noten brachte, wenn es offensichtlich war, daß seine natürlichen Begabungen denen von James ähnelten, das heißt im literarischen Bereich lagen?«
»Nun«, erwiderte ich, »vielleicht sah Margaret das nur allzu genau, und es machte ihr angst.«
»Was meinst du damit, Bill?« fragte Jim. »Inwiefern sollte es ihr angst machen?«
»Vielleicht fürchtete Margaret angesichts von Seans großer Ähnlichkeit mit seinem Vater, er könnte so enden wie dieser – unerfüllt, so wie sie zumindest ihren Mann erlebte«, antwortete ich. »Weil sie also Angst hatte, Sean könnte ein so unerfülltes Leben führen wie sein Vater, versuchte sie, ihn von seinem Interesse an Literatur abzubringen (also davon abzubringen, wie sein Vater zu werden) und sein Interesse für andere Bereiche zu wecken. Wenn Jaimie und Patrick schon solche Leuchten in Mathematik waren, warum sollte Sean dazu nicht auch fähig sein?
In der Schule zeigte sich immer offenkundiger, daß die beiden älteren Jungen mit Volldampf vorausfuhren, echte Erfüllung fanden,

ihre natürlichen Talente uneingeschränkt entfalteten – etwas, das ihrem Vater nicht gelungen war. Margaret fühlte, daß Sean seinem Vater näher war als die anderen beiden. Das verstärkte ihre Furcht womöglich noch. Margaret versuchte also unbewußt mit ihren Ängsten fertig zu werden, indem sie Seans Interesse auf ein Gebiet zu lenken suchte, in dem auch die anderen Jungen sich hervortaten.«

»Warum fürchtete Margaret so, Sean könnte ein unerfülltes Leben führen?« fragte Jim. »Ich meine, ich verstehe den normalen Wunsch nach einem glücklichen, erfüllten Leben für die eigenen Kinder, aber wenn du recht hast, Bill, dann scheint es so, als hätte dieses Thema Margaret mehr als sonst üblich beschäftigt.«

»Ich glaube, du hast recht, Jim«, antwortete ich. »Es ist schwer zu sagen, was genau Margaret so irritierte, daß sie sich mit Seans natürlichen Neigungen nicht abfinden und sein Interesse an Literatur nicht unterstützen konnte. Anders gefragt, warum fraß James berufliche Stagnation und die Angst, Sean könnte in seine Fußstapfen treten, so sehr an ihr? Litt Margaret als Kind irgendwie darunter, daß ihr Vater unglücklich und unerfüllt war? War sie einfach nur sehr ehrgeizig und wollte höher hinaus? War es ihr peinlich, Irin zu sein und der Unterschicht anzugehören? Was auch immer dahintersteckt, ich bin sicher, daß Margaret selbst nicht wußte, was diesen außerordentlichen Drang nach einem erfüllten Leben in ihr auslöste. Ich glaube, du selbst sagtest mir, daß Margaret ihren Mann wegen seiner gewerkschaftlichen Aktivitäten, seinem Mut bei diesem Kampf und seiner Sorge für andere bewunderte. So lebte Margaret selbst in einem Zwiespalt und konnte vielleicht nie klar erkennen, was in ihr vorging. Wie gesagt, ich weiß es nicht. Aber meine Spekulationen bringen dich später vielleicht auf einige eigene Gedanken, Jim.«

»Hm, das ist sehr interessant. Ich werde darüber nachdenken«, sagte Jim. »Was ist mit meiner zweiten Frage, warum Vater nach Bridgets Tod und insbesondere nach seiner Heirat mit Anna nicht mit mir über sie sprach?«

»Nun, Jim, zwei machtvolle Prozesse könnten dabei eine Rolle gespielt haben. Aus deinem Gespräch mit Sean geht eindeutig hervor, daß der Tod Bridgets und des Babys ein extrem schmerzlicher Schlag für ihn war. Er war auf mehreren Ebenen zutiefst getroffen.

Das bloße Ereignis bringt bereits für jedes menschliche Wesen ein Übermaß an Schmerz mit sich. Ich glaube, dein Vater und deine Mutter waren schrecklich ineinander verliebt; das ist nur so eine Ahnung von mir. [Jims Augen füllen sich mit Tränen.] Der plötzliche und unerwartete Tod auf dem Höhepunkt ihres Lebens, im Überschwang ihrer Hoffnungen und Träume und ihres Glücks war für Sean ein solcher Schock, daß er meiner Meinung nach die Wucht des Schmerzes und des Verlustes nicht voll auf sich einwirken lassen konnte. Ich glaube, Sean überlebte, wie die meisten von uns es wohl getan hätten, indem er den Schmerz unterdrückte oder sich davon abzulenken versuchte. Seans Schmerz war nicht nur überwältigend, sondern löste auch abgrundtiefe Angst in ihm aus – hätte er den Schmerz ganz zugelassen, wäre er darin untergegangen.
Angesichts dieser Umstände hatte Sean Angst um dich, Jim. Er fürchtete, der Schmerz könnte auch dich überwältigen. Unbewußt glaubte er vielleicht, auch du könntest nicht überleben, wenn du deinen Schmerz zulassen würdest. Um dich zu beschützen, nicht nur um deinetwillen, sondern auch um seiner selbst willen, versuchte er also den Schmerz von dir fernzuhalten. Und zwar dadurch, daß er nicht mehr über Bridget sprach. Wenn er dich dazu bringen konnte, sie bis zu einem gewissen Grad zu vergessen, dann, so dachte er, könnte er dich vor dem Schmerz schützen. Er half dir, so mit dem unsäglichen Verlust fertig zu werden, wie er selbst damit fertig wurde – indem er nicht mehr an sie dachte. Sean dachte also, weil er überlebte, indem er den Schmerz unterdrückte, könnte er dir auf die gleiche Art helfen.«
Ich konnte förmlich sehen, wie in Jims Kopf die Lichter angingen, sein Gesicht erhellte sich, seine Augen weiteten sich, und er lehnte sich mit entspanntem Gesichtsausdruck nach vorn. »Das erklärt alles«, rief Jim aus. Eine lange Pause folgte. Wir saßen da und ließen Jim Zeit, das Gesagte zu verarbeiten.
Jim wandte sich an Kathy und ergriff mit Tränen in den Augen ihre Hand. »Das erklärt alles, nicht wahr?« Kathy lächelte Jim sanft zu. »Ja, mein Lieber.« Ich entschuldigte mich und überließ sie sich selbst.
Das nächste Kapitel enthüllt die Lösung des dritten Rätsels, das Jims Nähe zu Kathy betrifft.

13 Die Nachwirkungen

Ungefähr drei Tage später rief Jim mich an. »Bill, ich kann dir gar nicht sagen, was über mich gekommen ist. Ich weiß nicht genau, warum, aber irgendwie fühle ich mich Kathy so viel näher. Das waren die intensivsten, vertrautesten drei Tage unserer Ehe. Ich fühle mich, als wäre eine ungeheure Last von mir abgefallen, und ich weiß nicht, warum.«
»Was empfindest du deinem Vater gegenüber?« fragte ich.
»Ich fühle mich ihm sehr nahe, Bill«, antwortete Jim. »Aber auch da weiß ich nicht recht, was passiert ist. Irgendwie glaube ich, daß ich meinem Vater trotz aller Liebe und Achtung, die ich ihm immer entgegenbrachte, böse war, weil er meine Mutter aus meinem Leben ausgeschlossen hatte. Aber bis heute war mir das nie bewußt. Und nun ist der Groll verschwunden! Es ist komisch, Bill, wie man all die Jahre einen solchen Groll in sich tragen kann, ohne je davon zu wissen. Ich glaube, in mir hatte sich einiger Ärger angestaut. Aber jetzt fühle ich mich innerlich geläutert, als ob das alles der Vergangenheit angehören würde. Was ist nur mit mir los?«
»Nun, Jim, dein Besuch bei deinem Vater fand zu einem Zeitpunkt deines Lebens statt, an dem du reif dafür warst. Es war wie mit einem Splitter, der tief im Finger steckte und langsam an die Oberfläche wanderte und nun seinen Kopf herausstreckt, damit man ihn mit einer Pinzette herauspicken kann.
Du hast deinen Vater besucht; du hattest zwei sehr wichtige Fragen, die dir im Kopf herumgingen, und du hast eine Antwort auf diese Fragen erhalten, die dir offenbar in vieler Hinsicht die Augen öffnete. Die Folge war, daß du dich in einer Weise in deinen Vater hineinversetzen konntest wie nie zuvor. Daß du verstehen konntest, was in seinem Inneren, hinter der äußeren Mauer des Schweigens über deine Mutter, vor sich ging, hat dich zu einem tiefen Mitgefühl befähigt.

Du kennst nicht nur seine Gedanken, du empfindest auch seine Gefühle. Durch dieses Verständnis, diese Fähigkeit, dich in ihn hineinzuversetzen, ist es dir möglich geworden, ihn so zu akzeptieren, wie er ist. Deshalb trägst du nicht mehr diesen verborgenen Groll und Ärger über ihn in dir. Du verstehst jetzt, warum er sein Schweigen nicht brach; du weißt, wie ihm zumute war, und spürst die Panik, die ihn in sein Schweigen trieb. Du kannst nun ein um sein Gleichgewicht kämpfendes menschliches Wesen in ihm sehen, das versuchte, sich selbst und dich vor dem Schmerz, den er fürchtete, zu retten. Du fühlst dich ihm nahe, und die Last dieses Grolls und dieses Ärgers ist von dir abgefallen.

Hinzu kommt noch die emotionale Bindung, die du nun zu deiner so lange verlorenen Mutter Bridget aufgebaut hast. Durch deinen Besuch bei Sean hast du wieder einen Bezug zu deiner Mutter gefunden. Die ganze Energie, die durch deinen unterdrückten Ärger und deine vermißte Mutter gebunden war, ist nun wieder frei verfügbar, so daß du dich auf dein gegenwärtiges Leben konzentrieren kannst. Deshalb kannst du mehr Nähe zu Kathy, die du so sehr liebst, zulassen. Zumindest ist das aus meiner Sicht ein Teil des Geschehens, und es erklärt, was in dir vorgeht.«

»Vielleicht hast du recht, Bill. Ich danke dir nochmals, und kann ich dich wieder anrufen?«

»Natürlich«, sagte ich. »Ich bin gespannt, was geschieht, wenn du deine Tante Eileen über die Kindheit deiner Mutter befragst. Aber laß dir Zeit. Du hast schon ein langes Stück des Weges zurückgelegt. Du brauchst vielleicht Zeit, um deine Erfahrungen zu verarbeiten. Auf Wiedersehen, Jim.«

14 Die entscheidende Veränderung spielt sich im Inneren ab

Im Fall von Jim Ryan hat sich aufgrund der stattgefundenen Interaktionen zwischen Jim und seinem Vater auch die Beziehung zwischen den beiden verändert. Doch die Veränderung der Beziehung ist nicht das, worauf es mir in diesem Buch ankommt. Was mir wirklich wichtig ist, ist, daß sich die Veränderung im Inneren des Individuums abspielt, das auf neue Weise zu seinen Wurzeln steht. Für viele von uns ist eine Veränderung der realen Beziehungen zu den Eltern oder anderen Familienangehörigen nicht möglich. Sie sind vielleicht schon tot. Oder die Familienmitglieder widersetzen sich jeder Veränderung in der Beziehung. Was *zählt*, ist eine veränderte Wertung unserer Eltern, unserer familiären Wurzeln in unserem Inneren. In unserer eigenen Psyche nämlich findet die Wahrnehmungsveränderung statt, die aus unseren Eltern echte menschliche Wesen macht.
Ich betone das deswegen, weil die Betroffenen sich oft sehnsüchtig eine Veränderung der tatsächlichen Beziehung wünschen. Das ist natürlich verständlich. Wenn jedoch das Bemühen dahin geht, die Beziehung zu verändern, dann kann das einer Veränderung in unserem Inneren hinderlich sein. Denn die Energie wird nicht auf das eigentliche Ziel gerichtet.
Paradoxerweise verändert sich die Beziehung zwischen lebenden Familienmitgliedern häufig gerade dann, wenn die Energie eigentlich auf eine Veränderung der inneren Wahrnehmung unserer Eltern zielt, während sie sich in der Vergangenheit nicht änderte. Das liegt daran, daß sich Eltern häufig bedroht fühlen, wenn ein erwachsener Sohn oder eine Tochter bewußt oder unbewußt eine Veränderung in der Beziehung der Eltern herbeizuzwingen versucht, und solchen

Veränderungen Widerstand entgegensetzen. Auf der anderen Seite kann ein Mensch, der mit einer Veränderung des inneren Bildes seiner Eltern zufrieden ist, die Forderung nach einer Änderung der Eltern fallenlassen. Wenn diese Forderung entfällt, erkennen die Eltern irgendwie, daß ihr Kind sich verändert hat, sie fühlen keine Bedrohung mehr und können nun von sich aus eine veränderte Beziehung zu ihrem Sohn oder ihrer Tochter eingehen. Wenn diese Veränderung fortschreitet, spüren die Eltern, daß ihr Kind ein vollwertiges Individuum ist, das ihnen auf gleicher Ebene begegnet. Die Eltern fühlen dann möglicherweise, daß eine Beziehung von Erwachsenem zu Erwachsenem sowohl für sie wie auch für ihre erwachsenen Kinder weit befriedigender ist.

Die Geschichte Jim Ryans enthält eine ganze Reihe von Fragen, Nachforschungen, Versuchsrichtungen, mit deren Hilfe jeder Daten sammeln kann, die ihm zu einer veränderten Wahrnehmung der eigenen Eltern verhelfen können. Häufig kann man diese Informationen bei anderen Verwandten oder Freunden eines Elternteils einholen. Wie Sie sehen, geht es bei diesen Nachforschungen vor allem darum, nachzuvollziehen, wie der jeweilige Elternteil selbst aufgewachsen ist. Das ist von zentraler Bedeutung. Denn das ist der Punkt, an dem wir Kontakt zur verwundbaren, menschlichen Seite dieser beiden Menschen aufnehmen können, die später unsere Eltern wurden.

Es ist wichtig, sich vor Augen zu führen, daß die meisten Eltern geschmeichelt auf Fragen ihrer erwachsenen Kinder nach der eigenen Kindheit reagieren. Unbewußt interpretieren sie diese Fragen als: »Mama, Papa, ihr bedeutet mir nicht nur als Eltern etwas, sondern auch als Menschen.« Sie sehen darin eine Reverenz an ihre eigenen Wurzeln. Manche Eltern allerdings versuchen ihre Kinder zunächst mit Äußerungen wie »Ach, das ist doch nicht wichtig« oder »Warum willst du denn das wissen?« vom Nachfragen abzubringen.

Diese abwiegelnden Äußerungen entspringen häufig einer gewissen Scheu der Eltern oder einfach der Tatsache, daß das eine neue Erfahrung für sie ist. Zudem ist ein gewisses Einfühlungsvermögen erforderlich, denn die Kindheit unserer Eltern war vielleicht sehr schmerzlich und beschämend. In diesem Fall kann es ihnen schwerfallen, offen über ihr früheres Leben zu erzählen. Oder die Eltern fühlen sich selbst zu unbedeutend, und weil solche Fragen implizieren, daß sie wichtige Personen sind, erleben sie sie als bedrohlich.

Ich hoffe, die Geschichte von Jim Ryan ermutigt auch Sie als Leser oder Leserin, sich auf eine ähnliche Reise zu begeben. Sie bietet Ihnen die Möglichkeit, eine tiefere Bindung an die eigenen Wurzeln herzustellen.

15 Die grundlegenden Motive in Jim Ryans Familie

Meine Erfahrungen in der therapeutischen Arbeit mit Menschen haben mich zu mehreren Motiven geführt, die offenbar grundlegend und richtungsweisend für das menschliche Verhalten und die menschliche Entwicklung sind. Wenn wir sehen, wie diese Grundmotive in einem Menschen wirksam sind, können wir die menschliche Dimension eines Individuums besser verstehen. So verhilft uns das Verständnis dieser Motive und ihrer Wirkungsweise zu einem besseren Verständnis unserer Eltern, Großeltern, Tanten und Onkel – unserer familiären Wurzeln.
Diese Motive waren auch im Verhalten von Jim Ryans Vater Sean, in dem seiner Großeltern James und Margaret und in Jim selbst wirksam. Ich möchte diese Motive nun aufführen und anhand einiger Beispiele erläutern, inwiefern sie in Jims Familie eine Rolle spielten und ihm und mir halfen zu verstehen, wie menschlich und verletzbar diese Menschen waren. Das Verständnis dieser Motive ermöglichte Jim, sich in seine Mutter, seinen Vater und seine Großeltern hineinzuversetzen. Dank dieses Mitgefühls konnte Jim seine Wurzeln leichter als Teil seiner selbst akzeptieren. Daher fühlte er sich gefestigter und mehr in sich ruhend. Er fühlte sich stärker und hatte mehr Selbstvertrauen. Er hatte mehr Einsicht in sich selbst. Jim Ryans Selbstachtung stieg.
Unter allen Motiven, die in jedem Menschen wirksam sind, gibt es meiner Überzeugung nach sechs zentrale Motive, die eine entscheidende Rolle im Leben eines jeden Individuums und in jeder Familie spielen. Für Eltern kommt noch ein siebtes Motiv hinzu:

1. Das Streben nach einem hohen Selbstwertgefühl, der Wunsch, sich wohl in seiner Haut zu fühlen, mit sich selbst im reinen zu sein.
2. Das Bedürfnis, dem Leben und den Ereignissen des Lebens einen Sinn, eine Bedeutung zu verleihen, wobei diese Bedeutung eine automatische emotionale Reaktion auslöst.
3. Der Drang, bei Bedrohung mit Hilfe von Bewältigungsstrategien zu überleben.
4. Das Streben, in Einklang mit den eigenen Lebensregeln zu leben.
5. Der machtvolle Wunsch nach guten Eltern.
6. Der Drang, Verbindung zu anderen herzustellen, Beziehungen zu anderen einzugehen, um zu überleben und menschliche Erfüllung zu finden.
7. Für Eltern außerdem der unabweisbare Wunsch, gute Eltern zu sein.

Lassen Sie mich anhand einiger Beispiele erläutern, welche Rolle diese Beweggründe in Jim Ryans Geschichte spielten. Im nächsten Kapitel möchte ich dann noch genauer auf diese Motive eingehen und Ihnen zeigen, wie Sie mit ihrer Hilfe Ihre Eltern wie auch andere Mitglieder Ihrer Familie besser verstehen können.

Den Anstoß für Jim Ryans Reise gab die Tatsache, daß er einem Gefühl nachging, nämlich seiner Unzufriedenheit. Er erzählte mir von diesem Gefühl, und ich wußte, daß es einer Bedeutung, einer Interpretation entsprang, die er mit einem Vorkommnis in seinem Leben assoziiert hatte. Also arbeitete ich mit Jim und bemühte mich, die Bedeutung freizulegen, die dieses Gefühl der Unruhe auslöste. Es entsprang nicht seinem gegenwärtigen Familienleben oder seiner beruflichen Tätigkeit. Als ich erfuhr, daß seine Mutter gestorben war, als er vier Jahre alt war, und daß er kaum etwas über sie wußte, vermutete ich, daß das vielleicht hinter seiner Unzufriedenheit steckte. Ein Teil von ihm fehlte, und auf einer gewissen Ebene wußte er, daß er nicht ganz war. Ich schlug ihm vor, er solle sich mit dieser Problematik auseinandersetzen, wenn sie tatsächlich der Auslöser war. Indem Jim sich also das zweite Motiv zunutze machte, daß nämlich Bedeutungen Gefühle auslösen, begann er eine Reise, die ihn schließlich dazu führte, daß er seine Mutter und seinen Vater in ihrer ganzen Menschlichkeit verstehen und schätzen lernte.

Aus Jims Unruhe wurde Unzufriedenheit mit sich selbst. Es waren nicht seine Frau oder seine Kinder oder seine Kollegen, die ihm den Frieden raubten. Es war etwas an ihm selbst, das ihm mißfiel. Seine Selbstachtung (erstes Motiv) war in Gefahr. Er war abgeschnitten von einem Teil seiner Wurzeln, von seiner Mutter. Weil seine Mutter ein Teil von ihm war, war er damit auch von sich selbst abgeschnitten. Die Verbindung zu seinem Vater war mangelhaft. Die Beziehung seines Vaters zu seiner Mutter gab ihm in mehrfacher Hinsicht große Rätsel auf, und es fehlte ihm an Wissen über die Kindheit seines Vaters. Jim mußte seine Wurzeln mehr in seine Persönlichkeit integrieren, um ein besseres Verhältnis zu sich selbst und ein höheres Selbstwertgefühl zu entwickeln.

Als Jim seinen Vater besuchte, wurde er in seinem Verdacht bestätigt, daß der Grund für das Schweigen seines Vaters seine Angst davor war, er könnte Anna verletzen. Dadurch wurde es Jim möglich, zu verstehen und zu akzeptieren, daß sein Vater sich bedroht fühlte (drittes Motiv). Um seine Angst zu bewältigen, bewahrte er Stillschweigen über Bridget. Sean fühlte sich zudem bedroht durch die Aussicht, daß Jim darunter zu leiden hätte, wenn Anna wegen der Gespräche über Bridget in ihrem Haus beunruhigt wäre. Seans Bewältigungsstrategie bestand also in Totschweigen.

Jims menschliche Bindung an seinen Vater vertieft sich, als Sean ihm sein Leid offenbart und damit eine seiner – unbewußten – Regeln übertritt, nämlich: »Du darfst deine Eltern niemals aufregen« (viertes Motiv). Diese Regel wurde verletzt, als Sean den Hund aus dem Haus ließ und der Hund von einem Auto überfahren wurde. Seans Vater war außer sich und machte Seans Mutter Vorwürfe, weil sie nicht genug auf Jim aufgepaßt hatte. Dieser Vorfall verankerte diese Regel noch mehr in Sean, wie er Jim erklärte: »Ich glaube, von diesem Zeitpunkt an paßte ich höllisch auf, um meine Eltern nicht aufzuregen.«

Das drängende Verlangen nach guten Eltern (fünftes Motiv) beginnt sich bemerkbar zu machen, als Sean sich ganz verhalten darüber beklagt, daß seine Mutter wegen seiner Zensuren in Mathematik,

Chemie und Physik auf ihm herumreitet. Sean war zu sehr von der Norm besessen, er müßte ein braver Junge sein, um sich mit seinem Wunsch auseinandersetzen zu können, seine Mutter möge ihn in seiner Einzigartigkeit respektieren und nicht versuchen, ihn seinen Brüdern anzugleichen: »Ich weiß nicht, warum meine Mutter wegen Mathe so auf mir herumhackte.«

Später kann Jim nachvollziehen, daß dieses Nichtakzeptieren seiner Mutter Sean weit tiefer traf, als dieser selbst realisierte. Jim konnte außerdem nachvollziehen, daß seine Großmutter Margaret nur gegen die Bedrohung der Depression ankämpfte und, was noch wichtiger war, daß sie fürchtete, Sean würde wie sein Vater ein unerfülltes Leben führen.

Das sechste Motiv, der Wunsch nach Bindung und nach guten Beziehungen innerhalb der Familie, zieht sich durch die ganze Geschichte Jim Ryans. Eben das Fehlen einer solchen Bindung zwischen Jim und seiner Mutter war der Grund für sein Gefühl innerer Rastlosigkeit. Der drängende Wunsch nach Bindung schlummerte offenbar jahrelang in ihm. Dann verschaffte er sich in dieser Phase seines Lebens machtvoll Zugang zu seinem Bewußtsein.

Wir können daraus nicht nur ersehen, wie dieses Bedürfnis nach Bindung sich durch Jims Lebensgeschichte zieht, sondern auch Hinweise auf die Wirkungsweise anderer Motive gewinnen, indem wir die Entwicklung der Beziehung untersuchen. Die Art, wie Seans Mutter sich über seine schlechten Leistungen in Mathematik und Naturwissenschaften auf Sean bezieht, weist auf die Existenz einer Bedrohung in ihr hin. Sie ging mit dieser Bedrohung um, indem sie Sean wegen seiner Noten piesackte. So offenbarte sich in der angespannten Beziehung zwischen Margaret und Sean die Wirkung des dritten Motivs, des Drangs, Bedrohungen durch Bewältigungsstrategien in den Griff zu bekommen.

An diesem Beispiel läßt sich außerdem die Existenz des siebten Motivs aufzeigen, des drängenden Bedürfnisses, gute Eltern zu sein. Seans Onkel und sein Vater drangsalierten ihn nicht wegen seiner Noten, wohl aber seine Mutter. Seine Mutter assoziierte Seans schlechte Ergebnisse in Mathematik und Naturwissenschaften mit einer besonderen Interpretation. Diese Interpretation löste in ihr ein

Gefühl der Angst aus. Was die Bedrohung noch verstärkte, war Margarets Bedürfnis, eine gute Mutter zu sein. Ihre Selbstachtung als Mutter stand auf dem Spiel. Wenn sie Sean nicht »rettete«, wäre sie in ihren eigenen Augen keine gute Mutter gewesen. Das trieb sie dazu, noch mehr auf Sean wegen seiner Noten herumzuhacken. Offenbar verband Seans Vater nicht die gleiche Interpretation mit seinen schwachen Leistungen in Mathe und den naturwissenschaftlichen Fächern und fühlte sich deshalb weniger bedroht. Seans Onkel hätte sich keine Sorgen gemacht, selbst wenn er Margarets Interpretation geteilt hätte, weil er nicht Elternfunktion innehatte.

Das sind einige Beispiele für die zentralen Motive, die in Jim Ryans Geschichte wirksam sind. Die Motive werden sichtbar, als Sean Jim in sein Leben einweiht. Es ist unschwer zu erkennen, wie die Wirkungsweise dieser Motive die Beziehungen aller Familienmitglieder untereinander beeinflußte.

Ich glaube, Sie erkennen nunmehr, inwiefern ich mich von der Erkenntnis dieser zentralen Motive leiten ließ, um Jim zu helfen und ihm ein besseres Verständnis seiner Eltern und Großeltern zu ermöglichen. Seine Fähigkeit, mit den Mitgliedern seiner eigenen Familie mitzufühlen, nahm zu. Mit der Zunahme dieses Mitgefühls fühlte Jim sich auf der Grundlage gemeinsamer Menschlichkeit stärker mit seinen Wurzeln verhaftet. Jim sah in Sean mehr Sean als seinen Vater; in Bridget mehr Bridget als seine Mutter. Jim hatte sich auf eine sichere Reise zu seinen Eltern und Angehörigen als menschliche Wesen begeben!

16 Wie Sie die zentralen Motive auf Ihre eigene Familie übertragen können

Ich möchte nun genauer auf die Bedeutung dieser zentralen Motive und ihre Auswirkungen auf das menschliche Verhalten eingehen. Dann möchte ich Sie auffordern, sich die Zeit zu nehmen und darüber nachzudenken, welche Auswirkungen diese Motive im Leben Ihrer Eltern hatten und noch haben. Wenn Sie sich mit diesen Auswirkungen vertraut machen, werden Sie fähig, zu erkennen, daß sie auch in anderen Mitgliedern Ihrer Familie wirksam waren. Das wird Ihnen zu einem tieferen Verständnis dieser prägenden Menschen Ihrer Herkunftsfamilie verhelfen. Es wird Ihnen helfen, sie als ebenbürtige menschliche Wesen wahrzunehmen, anstatt sie ausschließlich in ihren Rollen als Eltern, Tanten, Onkel und Großeltern zu sehen. Sie werden dann fähig sein, sie so zu akzeptieren, wie sie wirklich sind, sie ganz in ihrer tiefen und verletzbaren Menschlichkeit anzunehmen. Sie werden Ihre Wurzeln in Ihr Innerstes integrieren.

Erstes Motiv: Das Streben nach hoher Selbstachtung

Immer wieder hört man, der grundlegendste menschliche Trieb sei der Selbsterhaltungstrieb. Es ist dieser Überlebensdrang, der schon im Säugling so mächtig ist. Babys beweisen in lebensbedrohlichen Situationen häufig einen verblüffenden Überlebenswillen. Dieser psychische Überlebenswille ist ebenso wichtig und stark wie der biologische Selbsterhaltungstrieb. Er kreist nicht um die Frage: »Werde ich überleben?«, sondern um die Frage: »Bin ich wertvoll, wichtig, liebenswert, anziehend?« Er kreist um die Selbstachtung. Dieser zentrale Bestandteil meiner Psyche treibt mich dazu, nach Glück und Zufriedenheit zu streben. Psychisches Überleben bedeutet, daß man sich seines emotionalen und mentalen Wohlergehens sicher ist. Sowohl der psychische wie der physische Selbsterhaltungswille sind unser ganzes Leben hindurch tief in unserem Inneren aktiv. Der unbewußte körperliche Selbsterhaltungstrieb läßt uns den Kopf einziehen, wenn wir fast mit dem niedrigen Ast eines Baumes zusammenstoßen; der unbewußte psychische Überlebenswille läßt uns zurückzucken, wenn wir spüren, daß jemand uns nicht mag.

Ich halte an der University of Oklahoma ein Seminar über Familiensysteme ab. Die Studenten sind zwischen 24 und 65 Jahren alt. Wenn alle sich vorgestellt haben, mache ich eine Einführungsübung, die immer das gleiche Ergebnis hat. Ich sage ihnen, sie sollen sich im Kreis aufstellen, darin umsehen und jemanden aussuchen, den sie am wenigsten kennen. Sie tun das schweigend. Dann sage ich ihnen, sie sollen zu ihrem Partner gehen und sich mit geschlossenen Augen einander gegenüber hinsetzen. All das geschieht wortlos. Ich fordere sie dann auf, mit geschlossenen Augen ihren Gedanken und Gefühlen nachzugehen. Wenn sie danach ihre Erfahrungen schildern, dann äußert mehr als die Hälfte der Kursteilnehmer Gefühle der Nervosität, Ängstlichkeit, Beunruhigung. Diese Gefühle entspringen Überlegungen wie: »Wird mich jemand auswählen?« »Werde ich zurückgewiesen, wenn ich jemanden auswähle?« »Werde ich als letzter ausgewählt?« (Was soviel bedeutet wie: »Was stimmt nicht mit mir?«) »Wird mein Partner mich sympathisch finden?« All diese Fragen berühren die Liebenswürdigkeit, das Selbstwertgefühl eines Menschen. Die Selbstachtung, das Gefühl, mit sich selbst im Einklang zu sein, wird durch diese schlichte Übung bedroht. An dieser Übung wird offenkundig, wie tief der instinktive psychische Überlebenswille in uns verankert ist. Egal, wie stark wir sind, egal, wie selbstsicher wir sind, auch eine ausgeprägte Selbstachtung kann jederzeit in Gefahr sein. Schon wenn sie auf der einfachsten Ebene bedroht wird, sind wir nervös, ängstlich, furchtsam.

Ich glaube, daß dieses Streben, im Einklang mit sich zu sein, ebenso ausgeprägt ist wie der physische Selbsterhaltungstrieb. Es steht sicherlich im Mittelpunkt unseres Lebens, sobald unser physisches Überleben gesichert ist. Es beeinflußt maßgeblich alles, was wir tun. Unser Alltagsleben wird unmerklich von der Frage beherrscht, was uns glücklich macht. Wenn wir uns unglücklich, rastlos, verstört, unwohl in unserer Haut fühlen, dann wissen wir, daß etwas mit unserem Leben nicht stimmt. Das Streben nach hoher Selbstachtung ist das tiefe und unbewußte Kernmotiv unserer Handlungen und unseres Seins. Es sagt viel über unser menschliches Verhalten aus, ebenso über das unserer Mütter und Väter.

Zweites Motiv: Das Bedürfnis, den Ereignissen des Lebens Wertvorstellungen zuzuordnen, die Gefühle auslösen

Das zweite zentrale Motiv treibt uns dazu, Sinn in unserem Leben zu stiften. Daraus resultiert eine Reihe von Wertvorstellungen, die wir im Laufe unserer Kindheit den Ereignissen des Lebens und der Realität zuzuordnen lernen. Die meisten dieser Wertvorstellungen sind mehr erlernt als genetisch vorprogrammiert. Die Grundvorstellungen darüber, was Liebe ist, was ein Mann, eine Frau, ein Ehemann, eine Ehefrau, eine Mutter, ein Vater ist, was uns glücklich macht, was gut und böse ist, wie Kinder erzogen werden sollen, wer oder was Gott ist, was sicher, was gefährlich ist, was der Zweck des Lebens ist, was korrekt und was unehrenhaft ist, wahr oder falsch, was patriotisch, gesund und ungesund ist – all diese Grundaxiome werden zumeist in der Familie und im Zuhause unserer Kindheit erworben. Sie mögen im Laufe unseres Heranreifens Wandlungen oder Veränderungen erfahren, aber ihr Ursprung liegt in der Familie.
Diese Wertvorstellungen sind mit Gefühlen verbunden. Das heißt, jede Emotion wie Traurigkeit, Wut oder Furcht, die wir verspüren,

ist normalerweise mit der Wertvorstellung verknüpft, die wir mit einem bestimmten Ereignis assoziieren. Wenn ich zum Beispiel 16 Jahre alt bin und meine Mutter stirbt, dann bin ich vielleicht extrem traurig, weil ich diesen Tod als den Verlust des Menschen erlebe, der mir am nächsten steht und sich meiner am meisten annimmt. Wenn ich diesen Tod außerdem noch als den Verlust des einzigen Menschen auf der Welt erlebe, der wirklich an mir hängt, dann wird mich Panik überfallen, denn wer wird sich nun um mich kümmern? Wenn ich diesen Tod so interpretiere, daß Gott meine Mutter von mir nimmt, werde ich vielleicht wütend auf Gott, oder Wut und Zorn auf alles erfüllen mich. Wenn ich mit diesem Tod eine weitere Bedeutung assoziiere, nämlich daß mein Vater für ihren Tod verantwortlich war, weil er ihr das Leben zur Hölle gemacht hat, wird sich meine Wut gegen ihn richten. Wenn ich keinen Ausweg für mich sehe, werde ich von Verzweiflung überflutet.

Wenn ich andererseits in meiner Mutter ein dominantes Ungeheuer, eine permanente Barriere für meine freie eigene Entwicklung sehe, empfinde ich womöglich eine gewisse Erleichterung. Wenn ich diese Erleichterung über den Tod meiner Mutter als schlecht interpretiere, werde ich Schuldgefühle entwickeln.

Wenn ich eine Grundvorstellung von Gott habe, wie etwa, daß Gott weiß, was er tut, meine Mutter und mich liebt und für mich sorgen wird, werde ich den Verlust nicht so tragisch nehmen.

Zwei Dinge über Emotionen muß man dazu unbedingt wissen. Das erste ist dazu, daß diese Gefühle natürliche, biologische Reaktionen auf die Wertvorstellungen oder den Sinn sind, den wir bestimmten Ereignissen zuordnen. Sie gehören zu unserer genetischen Ausstattung als Menschen insofern, als unser Körper und unsere Seele ein Ganzes bilden. *Daher gibt es keine falschen oder schlechten Gefühle oder Emotionen.* Wenn man einem Kind (oder auch sich selbst) sagt, daß es keine Angst haben soll, nicht wütend sein oder nicht weinen soll, dann bedeutet das nichts anderes als die Aufforderung, daß es seine Gefühle nicht wahrhaben soll. Diese Botschaften beinhalten eine extreme Verleugnung. Sie suggerieren: »Du sollst nicht sein.« Was falsch oder schlecht oder unangemessen sein kann, ist die Wertvorstellung, die ich mit dem Ereignis verknüpfe und die automatisch die entsprechende natürliche Emotion auslöst. Die Botschaft, die ich einem Kind oder mir selbst gegenüber vermitteln kann, betrifft also die Wertvorstellung, die ich mit einem Ereignis assoziiere. Ich kann beispielsweise darüber nachdenken und zu dem Schluß kommen, daß meine Mutter nicht der einzige Mensch ist, der sich um mich kümmern kann. Ich bin inzwischen 16 und kann mich selbst versorgen. Ich habe andere Verwandte und Freunde, die mir helfen werden. In dem Maße, wie meine Interpretation sich verändert, verändert sich auch das Gefühl. Meine Panik wird nachlassen.

Der zweite entscheidende Punkt im Hinblick auf Emotionen ist, daß Gefühle uns helfen können, andere besser zu verstehen. Da Emotionen einer Wertvorstellung entspringen, können wir aus einem Gefühl auf die Vorgänge im Inneren eines Menschen schließen. Nehmen wir den Fall, daß meine Mutter gestorben ist. Wenn ich aufgrund der Panik, die mich überschwemmt, zusammenbreche und nicht mehr in der Lage bin, mein Leben zu bewältigen, dann ist jemand anders, etwa eine Tante, vielleicht klug genug, um in diesem Verhalten einen Ausdruck von Panik zu erkennen. Meine Tante überlegt dann vielleicht, warum Bill so verängstigt ist. Vielleicht spricht sie mit mir, versucht herauszufinden, was mir solche Angst macht. Wenn sie die Interpretation freilegt, die meine Panik auslöst, nämlich daß niemand sich um mich kümmern wird, kann sie mir helfen, meine falsche Realitätswahrnehmung zu korrigieren.

Halten Sie nun einen Augenblick inne, und denken Sie an etwas, das Ihnen an Ihrer Mutter oder Ihrem Vater unbegreiflich ist. Vielleicht fragen Sie sich, warum Ihr Vater immer so wütend auf die Kinder, auf seine Frau und die ganze Welt war. Seine Wut lag immer dicht unter der Oberfläche und stand oft in keinem Verhältnis zum Anlaß. Ihre Verwunderung betrifft also das unmittelbare Vorhandensein eines Gefühls. Welche Wertvorstellung ist es, die diese irrationale Wut auslöst, welche Interpretation ist der Grund dafür, daß diese Wut immer ganz dicht unter der Oberfläche schwelt? Da in der unmittelbaren Umgebung nichts diese Art von Wut hinlänglich erklären kann, liegt die Ursache dafür vielleicht in seiner Kindheit.

Wenn Sie nun darüber nachdenken, wie Ihr Vater aufwuchs, wird Ihnen bewußt, daß er der zweite Sohn war und daß die ganze Aufmerksamkeit, Anerkennung und Vergötterung seiner Eltern dem Erstgeborenen galt. Ihr Vater fühlte sich gekränkt, zurückgesetzt und gedemütigt. Er kämpfte darum, auch anerkannt und akzeptiert zu werden, aber er schaffte es nie. Da dieses primäre Bedürfnis nicht befriedigt wurde, wurde Ihr Vater wütend. Die verständliche Interpretation, die er für sich ableitete, lautete: »Ich verdiene und brauche die Liebe und Anerkennung meiner Eltern, aber sie verweigern sie mir; nirgendwo wird mein Bedürfnis je erfüllt werden.« Diese Interpretation löst Wut aus. Wut ist die emotionale Reaktion darauf, daß ihm das, was er will und braucht, verwehrt wurde. Diese Wut wird Teil der Psyche Ihres Vaters, gewissermaßen ein Lebensstil. Diese Wut treibt andere Menschen in die Flucht. Ihre Mutter hat in Ihrem Vater etwas anderes gesehen, das sie dazu bewog, ihn zu heiraten. Doch schon bald traf die Wut auch sie, und sie zog sich zurück und fand es immer schwieriger, ihn zu akzeptieren. Die normale kindliche Wutreaktion Ihres Vaters verhindert also sogar jetzt, wo er erwachsen ist, daß sein Bedürfnis nach Anerkennung erfüllt wird.

Dieses Beispiel zeigt Ihnen, wie Sie vorgehen können. Denken Sie nun an etwas, das Ihnen an Ihrer Mutter oder Ihrem Vater rätselhaft ist. Beachten Sie, welches Gefühl der betreffende Elternteil in Verbindung mit diesem rätselhaften Verhalten äußert. Das kann Teilnahmslosigkeit oder Rastlosigkeit oder chronische Wut oder Aufregung sein. Welche zugrundeliegende Wertvorstellung kann dieses Gefühl erklären? Gehen Sie verschiedene Interpretationsmöglichkeiten durch. Welche paßt am besten? Sie können nur eine Vermutung aufstellen. Nur Ihre Mutter oder Ihr Vater kennt die richtige Antwort. Wenn Sie jedoch noch nie versucht haben, vom Gefühl auf die dahintersteckende Wertvorstellung zu schließen, dann entdecken Sie vielleicht langsam die menschlichen Motive, die in Ihren Eltern wirksam sind, und können infolgedessen besser die menschliche Seite in ihnen sehen. Wenn ein Mensch hartnäckig ein bestimmtes Gefühl mit sich herumschleppt, stammt die zugehörige Interpretation, die dieses Gefühl auslöst, häufig aus der frühen Kindheit.

Gefühle sind der Schlüssel zu den Wertvorstellungen und Grundinterpretationen eines Menschen. Sie helfen uns, die Person zu verstehen. Das ist einer der Gründe, warum Therapeuten so viel Zeit darauf verwenden, auf die Gefühle eines Hilfesuchenden einzugehen. Sie tun das nicht nur, um den Betreffenden zu ermutigen, daß er seine Gefühle ausdrückt, sondern auch, um ins Innere eines Menschen hineinzusehen. Dieses Streben, den Dingen einen Sinn zu verleihen, ist ein zentrales menschliches Anliegen, weil es im Kern unseres menschlichen Wesens wurzelt. Wir sind vernunftbegabte und intelligente Lebewesen. Damit sind wir mit Verstand und Gefühlen gesegnet, und daher ist es nur normal für uns, daß wir die Dinge zu erklären versuchen. Und weil wir Lebewesen sind, reagieren wir auch mit entsprechenden Gefühlen auf unsere Gedanken.

Drittes Motiv: Der Drang, bei Bedrohung mit Hilfe von Bewältigungsstrategien zu überleben

Das dritte zentrale menschliche Motiv, das ich herausgearbeitet habe, ist mit unserem primären physischen und psychischen Selbsterhaltungstrieb verbunden. Wann immer unsere physische Existenz oder unsere Selbstachtung bedroht sind, reagieren wir instinktiv, um unser Leben und unser psychisches Gleichgewicht zu schützen. Diese Reaktionen werden häufig als Bewältigungsstrategien oder -mechanismen bezeichnet. Ein großer Teil des Verhaltens, das uns selbst oder andere in Schwierigkeiten bringt, ist nichts anderes als eine Reaktion, durch die wir versuchen, uns zu schützen. Manche bezeichnen das als »Ausagieren«. Wenn ich beispielsweise mißmutig und reizbar werde, ist es in der Regel eine Reaktion darauf, daß ich mich in meiner Haut nicht wohl fühle. Aus dem einen oder anderen Grund bin ich unglücklich. Mein Selbstwertgefühl ist auf irgendeiner Ebene bedroht. Ich weiß möglicherweise in diesem Moment gar nicht, wodurch. Gewöhnlich jedoch habe ich das Gefühl, daß mir überall Hindernisse in den Weg gelegt werden oder daß mir nichts so gelingt, wie ich es mir vorstelle. Ob diese Interpretation nun der Realität entspricht, ist eine andere Frage. Tatsache ist, daß ich zu diesem bestimmten Zeitpunkt die Geschehnisse in meinem Leben als meinem Glück abträglich wahrnehme. Ich fühle mich bedroht. Also schütze ich mich selbst, indem ich gereizt um mich schlage. Diese Bewältigungsstrategie hilft mir, indem sie alle, die mir nahestehen, in die Flucht schlägt. Wenn ich allein bin, kann ich mich wieder sammeln, mich neu orientieren, zu mir finden, weiterkommen. Oder die Frustration erreicht einen Punkt, an dem ich genügend Energie aufbringe, um mein Ziel in Angriff zu nehmen.

Diese Art von Bewältigungsstrategie hat ihre Vor- und Nachteile. Die Vorteile habe ich soeben geschildert. Der Nachteil ist, daß ich so die anderen gegen mich aufbringe. Das löst eine andere Bedrohung aus: »Die Menschen, die ich liebe, lieben mich nicht.« Nun muß ich mit dieser Bedrohung fertig werden!

Sehen wir uns nun andere Bewältigungsstrategien an. Was ist die Ursache von Pubertätskonflikten? Was steckt hinter den Verhaltensstörungen von Kindern, deren Eltern sich scheiden lassen? Was ist der Grund für den plötzlichen Gewaltausbruch anläßlich des Freispruchs im Rodney-King-Verfahren 1992? Hinter jedem dieser Ereignisse verbirgt sich die Tatsache, daß die Menschen sich in irgendeiner Weise aufgrund der Bedeutung, die sie mit einer Situation assoziieren, bedroht fühlen.

Die Kinder, die bei der Scheidung ihrer Eltern in der Schule versagen, renitent und verstockt werden, fühlen sich offensichtlich durch den Zusammenbruch der Familie bedroht. Diese Bedrohung kann auf vielen Ebenen wirksam sein: »Was wird aus mir werden?« »Wer wird sich um mich kümmern?« »Bin ich schuld an dieser Scheidung?« »Habe ich versagt, weil die Ehe zerbricht?« Daher ist dieses Ausagieren der Kinder nichts anderes als ein Hilfeschrei. Es ist ihr unbewußter Versuch, sich selbst vor der Bedrohung zu schützen, die in welcher Form auch immer von der Scheidung der Eltern ausgeht.

Es gibt mehrere wichtige Aspekte in bezug auf diese menschliche Dynamik von Bedrohung und Bewältigungsmechanismen, die man nicht außer acht lassen sollte. Erstens ist das Gefühl der Bedrohung,

Angst oder Furcht wie alle Emotionen eine natürliche Folge der Bedeutung, die ein Individuum einem Ereignis zuordnet.
Zweitens ist es nur normal und zu erwarten, daß wir uns manchmal bedroht fühlen, denn jeder Mensch ist ein beschränktes, verletzbares Geschöpf. Infolgedessen gibt es für unser Leben und unsere Selbstachtung keine ewige Sicherheit. Wären wir grenzenlos, wie es Gott zugeschrieben wird, dann würden wir keine Bedrohung kennen, denn unser Leben wäre unsterblich und unsere Selbstachtung vollkommen. Aber wir sind nicht Gott, und so machen uns unsere Unzulänglichkeiten verwundbar.
Drittens entspringen unsere Bewältigungs- und Abwehrmechanismen direkt unserem menschlichen Selbsterhaltungstrieb und bilden damit ebenfalls eine normale menschliche Reaktion.
Viertens eignen wir uns diese Schutzmechanismen ab der frühesten Kindheit an. Vor allem Jugendliche greifen dabei immer häufiger auf Gewalt als Lösungsmittel zurück. Wo lernen sie dieses Verhalten? In der Familie und heute auch im Fernsehen.
Der entscheidendste Punkt an dieser menschlichen Dynamik ist jedoch, daß sich uns in eben diesen Momenten der Bedrohung und ihrer Überwindung eine wunderbare Gelegenheit bietet, menschlich und geistig über uns selbst hinauszuwachsen. Gewöhnlich sehen wir Bedrohungen und die üblichen Arten von Bewältigungsmechanismen als negative Erfahrungen an. Daher versuchen viele Menschen, ihr Leben so einzurichten, daß sie derartige Bedrohungen soweit wie möglich vermeiden. Ein Beispiel dafür bilden die vielfältigen kosmetischen Bemühungen, die Menschen auf sich nehmen, um den Tod aus ihren Gedanken und ihrer Realität zu verbannen. Doch gerade der positive Umgang mit bedrohlichen Erfahrungen kann uns den Weg weisen, wie wir über unsere Grenzen hinausgehen und eine höhere Ebene menschlichen Daseins erreichen können.
Lassen Sie mich erklären, warum das so ist. Nicht jede Art von Bewältigungsmechanismus ist ein negatives Ausagieren. Es gibt auch eine Art von positivem Selbstschutz. Er bereichert das Leben desjenigen, der sich bedroht fühlt, wie auch anderer Personen, die in diese Situation verwickelt sind. Der Lebenszusammenhang dieser Menschen wird dabei respektiert. Diese Strategien berücksichtigen

und achten die Realität des Individuums, der anderen und der Umwelt. Das Resultat ist ein Gewinn für alle Beteiligten und kein Unentschieden, wie es bei negativen Bewältigungsmechanismen der Fall ist.

Beispielsweise wäre es für mich im Umgang mit der oben geschilderten Situation besser, wenn ich mir meiner Übellaunigkeit und meiner Reizbarkeit schnell bewußt würde. Daß ich so reizbar bin, läßt eine Alarmglocke in mir schellen. Ich frage mich, was ist mit mir los? Wenn ich versuche, mit der Realität meiner Gefühle und der Interpretation, die dahintersteckt, umzugehen, stelle ich vielleicht fest, daß ich mehr Zeit für mich brauche. Allmählich reift in mir die Erkenntnis, daß ich etwas tun muß, wovon ich weiß, daß es mein Grundgefühl hebt, etwa kreativ tätig werden oder anderen helfen. Ich kann den Menschen meiner Umgebung meine Bedürfnisse zeigen und sie bitten, diese Bedürfnisse zu respektieren, anstatt weiterhin meine Reizbarkeit auszuleben. Anstatt sie vor den Kopf zu stoßen, bitte ich sie um Hilfe. Das ruft in der Mehrzahl der Fälle Hilfsbereitschaft hervor. Wenn ich Zeit für mich allein brauche oder eine kreative Betätigung suche, verstehen sie mich und reagieren positiv darauf, weil sie sich mit einbezogen fühlen. Infolgedessen fühle ich mich in meiner Haut wohler, und den Menschen meiner Umgebung ergeht es ebenso. Außerdem vermeide ich einen Bruch in meinem Lebenszusammenhang. Tatsächlich bereichere ich ihn durch meine Kreativität.

Inwiefern steht nun dieses einfache Beispiel für jedes menschliche und geistige Wachstum? Eine solchermaßen realitätsgerechte Art der Krisenbewältigung erfordert, daß ich die menschliche Fähigkeit entwickle, mir so schnell wie möglich meiner Gefühle bewußt zu werden (was nicht immer leicht ist). Sie erfordert, daß ich für meine Gefühle wie auch für die Bedeutungen, die diese Gefühle auslösen, die Verantwortung übernehme. Das bedeutet, daß ich nicht umherlaufen und anderen mein Unglück oder mein Gefühl der Bedrohung zum Vorwurf machen kann. Zwar können andere oder der situative Kontext als Auslöser der Bedrohung eine Rolle spielen, doch es ist *meine* Interpretation, die ich zu dem Ereignis assoziiere, die das Gefühl der Bedrohung hervorruft. Da ich derjenige bin, der sich bedroht fühlt, ist es an mir, den ersten Schritt zu tun, um Abhilfe zu schaffen. Dazu ist es erforderlich, daß ich die Verantwortung übernehme. Ich muß das Risiko eingehen und mich selbst exponieren, indem ich meine Gefühle und Bedürfnisse zum Ausdruck bringe. Dadurch laufe ich Gefahr, ignoriert, gedemütigt, zurückgewiesen oder abgelehnt zu werden. Das heißt, ich riskiere es, verletzt zu werden. Ein solches Risiko einzugehen, erfordert Mut. Wenn ich von den Betroffenen verachtet werde, muß ich mit dieser Verletzung und der dazugehörigen Interpretation fertig werden. Das bedeutet, ich muß dieses Problem noch auf einer weiteren Ebene angehen. Es bedeutet, ich muß noch mehr Verantwortung für mich selbst übernehmen und vielleicht noch mehr riskieren, was wiederum noch mehr Mut und Selbstdisziplin erfordert.

Ich hoffe, gezeigt zu haben, wie auch bei einer so einfachen menschlichen Interaktion persönliches Wachstum erreicht werden kann. Wenn das schon bei einer so unbedeutenden Bedrohung der Fall ist, die nur Mißmut auslöst, wieviel mehr Wachstumschancen liegen dann erst in den weitreichenden Bedrohungen, mit denen das Leben uns konfrontiert. Das ist der Grund, warum gerade der Tod eine so ungeheuer große Chance zu persönlichem Wachstum birgt. Ich werde darauf in einem späteren Kapitel noch ausführlicher eingehen.

Ich möchte Sie nun noch einmal dazu auffordern, an ein Verhalten Ihres Vaters oder Ihrer Mutter zu denken, das Sie seit langem stört. Führen Sie sich dieses Verhalten vor Augen. Versuchen Sie nun herauszufinden, worin die Bedrohung für ihn oder sie bestehen könnte. Ist es etwas, das Sie tun? Oder fühlt Ihr Vater oder Ihre Mutter sich durch einen anderen Aspekt des Lebens bedroht, und Sie sind nur zufällig Adressat des negativen Verhaltens? Fühlt er oder sie sich durch etwas bedroht, was in die früheste Kindheit zurückreicht?

Bemühen Sie sich zurückzuverfolgen, wo Ihr Vater oder Ihre Mutter diese Art, mit einer Bedrohung umzugehen, erworben hat. Was hält ihn oder sie davon ab, eine realistischere, adäquatere und positivere Bewältigungsstrategie zu benutzen? Wenn Sie sich diese Fragen durch den Kopf gehen lassen, können Sie Ihre Eltern vielleicht besser verstehen. Vielleicht können Sie in ihnen dann eher menschliche

Wesen sehen und nicht nur Eltern, die Ihnen auf die Nerven gehen. Das bedeutet nicht, daß Sie sich von Ihren Eltern schlecht behandeln lassen müssen. Verständnis für den betreffenden Elternteil ist das eine, Selbstschutz das andere. Beides läßt sich vereinbaren. *Tatsächlich können Sie sich selbst besser schützen, wenn Sie Ihre Eltern richtig verstehen.*

Viertes Motiv: Das Bestreben, in Einklang mit den eigenen Lebensregeln zu leben

Die vierte bedeutende Triebkraft unserer Persönlichkeit besteht aus einer Anzahl innerer Regeln, die unser Leben beherrschen. Diese Regeln sind tief in unserem Unbewußten verankert und fortwährend wirksam. Sie sind erlernt, und die meisten davon werden zu Hause erworben. Auch diese Regeln leiten sich von den Wertvorstellungen ab, die wir uns über das Leben gebildet haben. Beispielsweise leitet sich die Regel »Gehorche deinen Eltern« von unserer Wertvorstellung ab, daß die Eltern wissen, was das Beste für uns ist. Die Regeln können auch Teil der Wertvorstellungen sein, die wir mit einer Sache assoziieren. So kann zum Beispiel die Regel, daß man seinen Eltern gehorchen soll, Teil der Vorstellung sein, wie ein braver Junge oder ein braves Mädchen zu sein hat. Ein braves Kind ist nämlich eines, das gehorcht.

Viele dieser Regeln werden von Generation zu Generation weitergegeben und sind Bestandteil der umfassenderen Kultur eines Clans, eines Volk oder einer Nation. Wenn dies der Fall ist, wird die Kultur Träger dieser Regeln und unterstützt die Familien in der Durchsetzung dieser Regeln bei ihrem Nachwuchs. Zum Beispiel wird die patriotische Norm »Du mußt deinem Land im Krieg dienen« zwar sicherlich in der Familie vermittelt, sie wird jedoch durch die nationalen kulturellen Werte nachdrücklich verstärkt. Das geht so weit, daß Eltern, die ihre Kinder zum Pazifismus erziehen, Gefahr laufen, als unpatriotisch oder als Staatsfeinde etikettiert zu werden.

Einige Beispiele für diese Regeln, die unser Leben strukturieren, sind: Bemühe dich um Vollkommenheit, sei kein Versager, gib dein Bestes, halte deine Eltern immer in Ehren, verletze andere nicht, geh keine unnötigen Risiken ein, nutze deine Chancen, wasche deine schmutzige Wäsche nicht in der Öffentlichkeit, sei wie ich, weine nicht, hab keine Angst, genieße dein Leben, so gut du kannst (eine Regel, die durch die gegenwärtige Politik der leichten Kredite noch gefördert wird), spare in der Zeit, dann hast du in der Not, man soll die Feste feiern, wie sie fallen, schlag zu, bevor andere es tun, was du nicht willst, daß man dir tut, das füg auch keinem andern zu, Kinder sollen mäuschenstill sein, mach andere glücklich, hüte dich vor den anderen, sei strebsam, sei hilfsbereit, beherrsche dich, arbeite hart.

Diese Regeln nehmen wir zum größten Teil unbewußt durch den Lauf der Dinge und durch das Verhalten anderer, besonders derjenigen, die wie unsere Eltern Macht über uns haben, in unsere Psyche auf. Die wirtschaftliche Depression der dreißiger Jahre beispielsweise war ein Ereignis, aufgrund dessen sich viele Menschen die Regeln »Spare in der Zeit, dann hast du in der Not« oder »Sei bescheiden« zu eigen machten. Die Folge davon ist, daß heute viele Menschen zwar finanziell gut dastehen, aber ein kärgliches Leben führen. Ein anderes Beispiel sind zwei Teenager, die sich von einer sexuellen Leidenschaft hinreißen lassen und ein Kind in die Welt setzen. Auf Zureden ihrer Eltern geben sie das Kind zur Adoption frei. Das adoptierte Kind wächst vielleicht mit einer primären Angst vor Zurückweisung auf und entwickelt die Regel »Trau keinem Menschen«, die zugleich eine Bewältigungsstrategie ist. Das sind zwei Beispiele dafür, wie Ereignisse zur Bildung von Regeln führen können. Doch auch durch das Beispiel anderer können Regeln verinnerlicht werden. Von Eltern, die nie vor ihrem Kind streiten, lernt das Kind: »Streite nie mit deinem Ehepartner.«

Manche Regeln wirken nachhaltiger als andere. Die Regeln, die tiefer in uns verankert und deshalb schwerer zu brechen oder zu verändern sind, sind auch die, die die schwersten Bestrafungen nach sich ziehen. Die Regel des Adoptivkinds »Trau keinem Menschen« bezieht ihre Macht aus der mit der Adoptionserfahrung verbundenen

Bestrafung. Es ist, als ob man sagen würde: »Wenn du einem anderen vertraust, wirst du durch eine erneute Zurückweisung tief verletzt werden; schütze dich also davor, indem du niemandem vertraust.«

Das Kind, dessen Eltern nie vor ihm stritten, erwirbt die Regel, daß man mit seinem Ehepartner nicht streiten soll. Dabei wird diese Regel noch verstärkt werden, wenn die Eltern sich eines Tages streiten und bald darauf scheiden lassen. Das Kind lernt: Wenn du dich streitest, wird deine Ehe zerbrechen. Diese drakonische Strafe verleiht der Regel immense Macht und Unverletzbarkeit. Das erwachsene und seinerseits verheiratete Kind wird sich aus Furcht, die eigene Ehe könnte auseinanderbrechen, an diese Regel halten. So wird es Konflikte um jeden Preis vermeiden, auch wenn es dafür mit der Unterdrückung seiner Wünsche und Bedürfnisse bezahlt.

Zu diesem Katalog von Regeln, die in jedem Menschen verankert sind, kann man einige Überlegungen anstellen. Erstens sind die meisten dieser Regeln äußerst funktional. Sie wurden in jahrelanger Erfahrung erprobt und haben sich für die Bildung einer hohen Selbstachtung als hilfreich erwiesen. Andere allerdings sind nicht so nützlich. Regeln, die ein »Nie« oder »Immer« beinhalten, können manchmal irrational werden, sind aber tendenziell machtvoller. »Du darfst nie einem Irrtum erliegen« ist beeindruckender als »Versuche, keinen Fehler zu machen« oder »Lerne aus deinen Fehlern«.

Zweitens können Regeln, da sie wie Wertvorstellungen erworben sind, auch verändert werden, wenn auch manchmal nur unter großen Schwierigkeiten.

Drittens kann die Existenz machtvoller Regeln zur Bedrohung werden. Ich kann mich beispielsweise schrecklich bedroht fühlen, wenn ich einen Freund in ein Familiengeheimnis einweihen will und gleichzeitig die Regel verinnerlicht habe, daß ich das niemals tun darf. Die unbewußte Drohung lautet, daß meine Eltern mich nicht mehr akzeptieren oder lieben werden, wenn ich dieses Geheimnis verrate. Ich bin womöglich 50 Jahre alt, und diese Drohung erscheint oberflächlich gesehen lächerlich, aber sie wirkt, als sei ich neun Jahre alt und lebte noch zu Hause!

Viertens sind diese Regeln ein so integrativer Bestandteil unserer Persönlichkeit, daß eine Verletzung der Regeln einer Vergewaltigung der eigenen Person gleichkommt. Deswegen bricht bei einer derartigen Regelverletzung das Selbstwertgefühl zusammen. Eine Regel, die zum Beispiel in mir gebieterisch wirksam war, lautete: »Strebe nach Vollkommenheit.« Ich habe Jahre mit dem Versuch zugebracht, diese Regel in einen realistischeren Vorsatz umzuwandeln. Auch wenn ich bei diesem Veränderungsprozeß einige Fortschritte gemacht habe, kann ich heute noch manchmal aus der Haut fahren, wenn ich einen Fehler mache.

Daß wir eine Anzahl nachhaltig wirksamer Regeln für unser Leben aufstellen und danach zu leben versuchen, ist uns deshalb ein zentrales Anliegen, weil dieses Bedürfnis auf einem grundlegenden Charakteristikum unserer menschlichen Natur beruht. Wir sind vernunftbegabt und *frei*. Wir erkennen Entscheidungsmöglichkeiten und wählen unter Alternativen aus. Unser Leben wird nicht vollkommen durch eine bestimmte Reihe von Regeln bestimmt, die uns qua Instinkt mitgegeben sind. Folglich können wir frei über die Regeln entscheiden, die unserer Einschätzung nach unserem Überleben und unserem Glück zuträglich sind. Tatsächlich müssen wir viele Regeln festlegen, die uns das Leben erleichtern. Wenn uns das nicht gelingt, leben wir in Chaos, Verwirrung und Gefahr. Eine Verkehrsregel ist ein gutes Beispiel dafür. In den Vereinigten Staaten hat man sich für den Rechtsverkehr entschieden, in Großbritannien für den Linksverkehr. Wir durchdenken unsere Regeln, gestalten sie, verändern sie gegebenenfalls. Unsere Regeln sind frei gestaltet, und wenn wir älter werden, haben wir die Freiheit, uns an diese in früher Kindheit erworbenen Regeln zu halten oder nicht. Wir haben die Freiheit, unsere inneren Regeln zu verändern, auch wenn das manchmal schwierig ist.

Versuchen Sie nun einmal, einige oberste Regeln Ihres Vaters und Ihrer Mutter zu erkennen. Was würde mit ihnen passieren, wenn sie eine dieser Regeln verletzen oder wenigstens beinahe verletzen würden? Wie würden sie reagieren, wenn Sie selbst diese Regeln durchbrächen? Versuchen Sie sich vorzustellen, wie sie diese Regeln erlernt haben. Finden Sie eine eigene Regel heraus, die Sie zumindest

manchmal als nicht besonders nützlich einschätzen. Was passiert, wenn Sie diese Regel durchbrechen?
Diese Überlegung ermöglicht Ihnen vielleicht ein tieferes Verständnis dafür, wie bedrohlich eine Verletzung dieser Regeln für Ihre Eltern war. Vielleicht können Sie nun Ihre Eltern mehr als Menschen denn als Eltern sehen.

Fünftes Motiv: Der machtvolle Wunsch nach guten Eltern

Im Laufe der Jahre ist mir klargeworden, daß das, was ich früher für ein schlichtes Klischee hielt, daß nämlich jeder Mensch sich eine gute Mutter und einen guten Vater wünscht, in Wirklichkeit eine tiefe Wahrheit ist, die ungeheuer weitreichende Auswirkungen auf uns alle hat. So schlicht diese Wahrheit auch sein mag, die Überzeugung, daß sie eine tiefgreifende Gültigkeit hat, hat sich in den letzten 15 Jahren meiner Arbeit, in denen ich Menschen bei der Rückbesinnung auf ihre familiären Wurzeln geholfen habe, immer mehr in mir gefestigt. Dieses Bedürfnis, von mir als fünftes Leitmotiv bezeichnet, ist für jeden von uns von existentieller Bedeutung. Ich habe erlebt, wie dieses Grundbedürfnis Menschen noch dazu antreibt, Vater oder Mutter verändern zu wollen, wenn der Betreffende bereits 60 und der Elternteil 82 ist. Der 60jährige wünscht sich noch immer, daß der Vater oder die Mutter seinen Vorstellungen entspricht. Das dauerhafteste und grundlegendste Bedürfnis ist kein anderes, als daß unsere Eltern uns anerkennen und akzeptieren.
Dieses psychische Verlangen nach funktionierenden, anständigen, achtbaren Eltern ist es auch, das manche Menschen dazu veranlaßt, die Verbindung zu ihren Eltern abzubrechen, wenn sie der Meinung sind, daß ihre Eltern jämmerlich bei ihnen versagt haben. Ihre Verletzung und ihr Mangel an Erfüllung kann so tief, so primär sein, daß sie sich vor dem Schmerz schützen, indem sie sich von den Eltern distanzieren. Dies kann geschehen, indem sie eine ungeheure Wut

auf die Eltern nähren oder indem sie nichts mehr mit ihnen zu tun haben und sich selbst einreden, daß sie ihre Eltern nicht brauchen. Sie eignen sich eine Sichtweise an, die ihre Eltern aus ihrem Leben ausradiert, als ob sie nicht existierten und nie existiert hätten. Doch wie wir bereits gesehen haben, sind unsere Eltern im Guten wie im Schlechten ein Teil von uns.

Mir ist klargeworden, wie wichtig diese grundlegende Sehnsucht nach guten Eltern für uns ist. Wie bereits gesagt, ist sie so wichtig, daß wir Jahre unseres Lebens und ungeheure Energie darauf verwenden können, unsere Mutter oder unseren Vater umzuformen. Oder wir können unbewußt große Energien verausgaben, indem wir so tun, als zählten oder existierten sie nicht. Warum das auch lange nach der Kindheit noch so wichtig ist, liegt, so denke ich, nicht nur daran, daß ein Kind die Fürsorge und den Schutz seiner Eltern zum Überleben braucht. Es liegt nicht nur daran, daß das Kind die Narben seiner unglücklichen Kindheit als Erwachsener mit sich herumträgt. Es liegt nicht nur daran, daß das Kind ein gestörtes Muster erworben hat. Es liegt nicht nur daran, daß der Erwachsene noch unter den unerfüllten Bedürfnissen seiner Kinderzeit, wie dem Bedürfnis nach Nähe und Sicherheit, leidet. Nein, diese Sehnsucht, dieses Bedürfnis nach guten Eltern ist so wichtig, einfach weil diese Eltern Teil von mir sind. Ich habe ihre Chromosomen, ich trage ein Stück ihres Körpers und ihrer Seele in mir. Wenn meine Eltern beschädigt sind, dann bin auch ich beschädigt. Ich bin zu der Überzeugung gelangt, daß dieses Einssein mit den eigenen Wurzeln zutiefst im Unbewußten eines Individuums verankert ist. Das ist übrigens der Hauptgrund für die Entstehung von Scham. Die Scham und die Verlegenheit, die hier ihren Ursprung haben, sind grundlegender als jede Scham, die einem individuellen Akt wie körperlicher Mißhandlung oder sexuellem Mißbrauch, Kurzschlußhandlungen unter Alkoholeinfluß oder kriminellen Handlungen entspringt. So beschämend diese individuellen Handlungen als solche sind, sie verweisen auf die tiefer liegende Realität und die daraus resultierende Scham, und die lautet: »Ich habe beschädigte, kranke, schwache, abartige, korrupte Eltern (und sie sind ein Teil von mir).« Diese Scham ist so intensiv, daß diejenigen, die solche Eltern haben, mit niemandem darüber sprechen können. Sie bewahren Stillschweigen über das Geheimnis – oder zumindest versuchen sie das. Wenn ein Kind erwachsen ist, ist es nicht mehr die Angst vor den Eltern, die ein Individuum zum Schweigen verurteilt; es ist die Scham: Dieser Elternteil ist ein Teil von mir; ich schäme mich seiner zu sehr, um das zuzugeben, sogar mir selbst gegenüber.

Wie oft habe ich erlebt, daß Menschen vor sich selbst leugnen, daß ein Elternteil oder beide Eltern Alkoholiker sind! Wie viele leugnen, daß sie eine schlimme Kindheit hatten! Ihre Scham treibt sie dazu, einer Phantasie hinterherzulaufen, daß ihr Leben und ihre Eltern normal seien.

Solange diese Scham existiert, besteht für diese Menschen keine Hoffnung, ihre Wurzeln als Teil ihrer selbst zu akzeptieren. Vielen Menschen fällt aber eine schwere Last von der Seele, wenn sie endlich vor sich und anderen zugeben können, daß ihre Eltern weitgehend versagt haben. Wenn sie das geschafft haben, können sie den nächsten Schritt tun und beginnen, hinter dem Versagen und den Mißhandlungen den verletzbaren Menschen zu entdecken. Sie erkennen, daß auch diese Menschen mit dem Wunsch nach Liebe, Aufmerksamkeit, Geborgenheit, Verständnis, Zuneigung und Angenommenwerden auf die Welt kamen. Doch auch diese zukünftigen Eltern hatten ein gestörtes Familienleben, und um mit ihrem eigenen Schmerz fertig zu werden, nahmen sie zu unmenschlichen Mitteln Zuflucht. Als die zukünftige Mutter und der zukünftige Vater sich miteinander anfreundeten, hofften sie, sie hätten eine schöne Zukunft vor sich. Leider waren sie nicht reif genug, um den Anforderungen einer frühen Ehe und Elternschaft gewachsen zu sein, und als ihr Leben aus den Fugen geriet, nahmen sie ihre Zuflucht zu Drogen, Mißhandlungen, verhärteten sich und ließen ihre Kinder im Stich. Wenn jemand diese Vorgänge nachvollziehen kann, kann er seine Eltern akzeptieren, und zwar nicht als Eltern, das heißt in der Rolle, die sie spielten, sondern als Menschen, die selbst in früher Kindheit beschädigt wurden. Wenn jemand diese beiden Menschen als solche akzeptiert, dann wird er selbst ganz, weil er schließlich diesen so wichtigen Teil seines Selbst, seine Wurzeln, bejahen kann.

Sechstes Motiv: Der Drang, Beziehungen zu anderen einzugehen

Vielleicht den größten Teil unserer Energie investieren wir in ein Unterfangen, das man als »Streben nach Verbindung oder Beziehung zu anderen« bezeichnen könnte. Wenn wir einen normalen Tag unseres Lebens ins Auge fassen und eine zeitliche Analyse, eine Analyse unserer Gedanken und Handlungen vornehmen würden, könnten wir sehen, wieviel Energie wir für die Beziehung zu anderen Menschen aufwenden. Selbst ein Mensch, der isoliert, ohne Freunde, ohne Familie lebt, kann den ganzen Tag damit zubringen, mit diesem Mangel an menschlicher Bindung fertig zu werden. Tatsächlich verausgabt dieser einsame Mensch den größten Teil seiner Energie für Beziehungen, das heißt auf die Frage, wie er welche aufbauen oder wie er mit ihrem schmerzlichen Fehlen umgehen könnte.

Ob man eine angemessene Bindung zu anderen Menschen herstellen kann, hat weitreichende Folgen. Ich habe bereits geschildert, wie lebenswichtig eine adäquate Bindung an die Eltern für das Kind ist. Diese enge Bindung gewährleistet das körperliche und seelische Überleben des Kindes. Wenn die Bindung nur schwach ist, wenn die Beziehung unangemessen ist, kann das Kind eine schwere Verletzung davontragen. Die Kinder, die keine Bindung zu ihren Vätern oder Müttern aufbauen können, weil sie einfach nicht da sind, werden diese Narben ins Erwachsenenalter mitnehmen.

Von der Bindung an andere hängt mehr ab als das bloße körperliche und seelische Überleben. Gleichgültig, wie reif und unabhängig wir als Erwachsene sind, wir sind weiterhin abhängige Geschöpfe, die andere Menschen brauchen. Wir entwickeln uns von der Abhängigkeit der Kindheit zur wechselseitigen Abhängigkeit des Erwachsenendaseins. Auch letzteres ist für unser Wohlbefinden unumgänglich. Wir brauchen vielleicht einen Arzt zum Überleben; wir brauchen einen Freund, jemanden, den wir lieben, um glücklich zu sein.

Wie wertvoll unser Leben ist, hängt davon ab, wieviel Nähe wir in der Beziehung zu anderen herstellen können. Der einsame Millionär nagt emotional am Hungertuch. Durch Nähe geben zwei Men-

schen sich einander hin, so daß ein jeder, wenn sie wieder auseinandergehen, ganz real einen Teil des anderen in sich trägt.
Im besten Fall sind in einer Beziehung alle Teile unseres Selbst, Körper, Psyche und Geist, engagiert. Doch allzu häufig ist eine Beziehung auf die intellektuelle Ebene beschränkt, und es findet nur ein geringer Austausch an Berührungen, Zuneigung und Gefühlen statt. Freeman Dyson schildert in seinem Buch *Weapons and Hope* (Harper & Row, 1984), wie häufig der Krieg eine Anziehungskraft auf Männer ausübt, weil in diesem Kontext emotionale und körperliche Nähe erlaubt ist, ja gefördert wird. Verwundete beispielsweise stützen einander und halten sich in lebensgefährlichen Situationen in den Armen. Ihr Leben hängt voneinander ab. Sie setzen ihr Denken, ihre Sinne, ihre Gefühle, ihren Körper ein, um sich gegenseitig zu beschützen. Der Krieg ist zwar die Hölle, doch er ist zugleich ein Gipfel menschlicher Erfahrung in dem Sinne, daß die Männer gefordert sind, ihre Fähigkeiten gemeinsam mit anderen zu benutzen, um am Leben zu bleiben. Das erklärt vielleicht, warum manche Veteranen sich so gerne bei Veteranenversammlungen treffen, um ihre Kriegserfahrungen auszutauschen. Manche gehen nie wieder eine so enge Bindung zu jemandem ein wie zu ihren Kameraden auf dem Schlachtfeld.
Das Streben nach engen Bindungen ist ein zentrales menschliches Motiv, und die Realisierung dieses Ziels ist in starkem Maß von den ersten fünf Motiven, die ich geschildert habe, abhängig. Die Qualität unserer Beziehungen wiederum hat Auswirkungen auf diese fünf Motive. Lassen Sie mich ein Beispiel für diese Wechselwirkung skizzieren; anschließend möchte ich erläutern, welche Bedeutung dieser Sachverhalt für das Verständnis unserer Eltern und anderer Familienangehöriger als Menschen hat.
Wie meine Ausführungen im siebten Kapitel zeigten, beeinflußt die Art der Beziehung zwischen den Eltern und zu ihren Kindern das Selbstwertgefühl der Kinder. Das aber hat auch Auswirkungen auf die Selbstachtung der Eltern! Wenn die Eltern eine schlechte Beziehung zu ihren Kindern haben und die Kinder beginnen, sich unglücklich zu fühlen, werden die Eltern dies spüren und mit sich selbst unzufrieden werden.

Unangemessene Beziehungsformen können nicht nur eine Bedrohung für andere darstellen, sondern auch zur Ausbildung unangemessener Bewältigungsstrategien führen. Wenn ich als Elternteil auf Bedrohung reagiere, indem ich anderen einen Vorwurf mache und nie selbst die Verantwortung für das Geschehene übernehme, dann bringe ich meinen Kindern bei, daß Vorwürfe die beste Verteidigung gegen Gefahren sind.

Wenn die Beziehung zu meiner Frau durch Mißachtung ihrer Bedürfnisse und Verständnislosigkeit geprägt ist, dann wird sie sich bedroht fühlen und zu irgendeiner Art der Selbstverteidigung Zuflucht nehmen. Sie kann sich zurückziehen oder nachgeben oder angreifen oder ablenken. Oder sie kann versuchen, realistisch und offen mit ihren Gefühlen und Bedürfnissen und meinen Gefühlen und Bedürfnissen umzugehen. Die Art, wie wir uns auf andere beziehen, kann also diese anderen bedrohen und ihnen gleichzeitig bestimmte Bewältigungsstrategien an die Hand geben.

Durch die Art unseres Bezugs zu anderen können Regeln erworben, verletzt oder erfüllt werden. Oben habe ich bereits das Beispiel eines Kindes erwähnt, das aus der Art der Beziehung seiner Eltern die Regel ableitete, daß man mit seinem Ehepartner niemals streiten darf.

Auch das Bedürfnis nach guten Eltern wird durch die Qualität unserer Beziehungen beeinflußt. Nehmen wir einmal an, Sie als Lehrer erinnern mich an meinen Vater, der mich permanent ignorierte. Ich bin mir dieser Tatsache jedoch nicht bewußt. Wenn Sie etwas tun, das ich als Ignorieren interpretiere, fühle ich mich durch dieses Ignoriertwerden von Ihnen, meinem Lehrer, einer Autoritätsperson also, noch mehr getroffen, weil ich Sie mit meinem Vater identifiziere. Folglich verdopple ich meine Anstrengungen, um Ihre Aufmerksamkeit auf mich zu ziehen. Sie dagegen haben die Nase voll von Ihren eigenen Kindern, die Ihnen keine Ruhe lassen. Je mehr ich mich also anstrenge, um Ihre Aufmerksamkeit zu gewinnen, desto mehr ignorieren Sie mich.

Dieses Beispiel zeigt, wie die Art der Beziehung, die der Lehrer zu mir aufnimmt, mein unerfülltes Bedürfnis nach einem Vater, der sich um mich kümmert, wieder lebendig werden läßt. Das wiederum wirkt sich auf die Beziehung aus, die ich zu diesem Lehrer unterhalte.

Die Art, wie andere sich auf uns beziehen, hat also einen Einfluß auf diese fünf Antriebskräfte. Andererseits beeinflussen diese fünf Grundmotive die Art unserer Beziehungsaufnahme zu anderen. Wenn ich beispielsweise die Regel »Tu niemals einem anderen weh!« verletzt habe, fühle ich mich möglicherweise dadurch so bedroht, daß ich demjenigen eher aus dem Weg gehe, als mich zu entschuldigen. Ich bin vielleicht so erfüllt von meinen eigenen negativen Gefühlen, daß ich in diesem Moment nicht fähig bin, meinen Fehler zuzugeben und mich zu entschuldigen. Mit der Vorstellung, jemanden zu verletzen, assoziiere ich unter anderem, besonders wenn es eine Frau ist, daß sie mich dann nicht mehr lieben und akzeptieren wird. Das wiederum verstärkt noch meine Fluchttendenzen. Daraufhin sinkt meine Selbstachtung. Das macht es mir noch schwerer, die Beziehung wieder ins Lot zu bringen.

Dieses Beispiel zeigt, wie die fünf Grundmotive die Art der Beziehung, die ein Mensch zu anderen entwickelt, beeinflussen. Ich habe hier negative Beispiele gewählt. An positiven Beispielen könnte man aufzeigen, wie die fünf Motive sich auf eine positive Beziehungsaufnahme auswirken.

Für unser Vorhaben in diesem Buch spielt das Gesagte insofern eine große Rolle, als die wechselseitige Verknüpfung dieser sechs Motive (das Streben nach Selbstachtung, nach Zuordnung von Wertvorstellungen, die Gefühle auslösen, nach Bewältigungsstrategien und Lebensregeln, das Bedürfnis nach guten Eltern und nach menschlichen Beziehungen) uns für das Verständnis der Menschlichkeit unserer Eltern äußerst hilfreich sind. Aufgrund der engen Verwobenheit dieser Motive können wir zum Beispiel das »Bedürfnis nach Beziehung zu anderen« benutzen, um zu sehen, wie die anderen fünf Motive in den Mitgliedern unserer Familie funktionieren. Wenn wir also die Art der Beziehung zwischen unseren Familienangehörigen untereinander, zu Freunden und zur Außenwelt untersuchen, können wir unser Verständnis für die psychische Struktur unserer Eltern vertiefen. Das wird uns zu der Erkenntnis führen, daß sie in der Tat Menschen wie du und ich sind.

Ich möchte Ihnen dazu ein Beispiel aus meinem eigenen Leben geben. In den Augen meiner Mutter war ihre Mutter ohne Fehl und

Tadel. Tatsächlich sagte meine Mutter immer, meine Großmutter sei eine Heilige. (Ich war auch dieser Meinung, aber ich hatte den Vorteil, erst dann mit meiner Großmutter zusammenzusein, als sie bereits die Weisheit und Reife von 60 Jahren angesammelt hatte, die sie im Umgang mit ihren sieben Kindern und ihrer rasant sich verändernden Welt gewonnen hatte. Ich bezweifle sehr, daß meine Großmutter bereits mit 30, als meine Mutter acht Jahre alt war, eine »Heilige« war.) Die Beziehung meiner Mutter zu ihrer Mutter war geprägt durch großen Respekt und Ehrerbietung. Meine Großmutter verkörperte das Ideal meiner Mutter.

In den Augen meiner Mutter eine »Heilige« zu sein, bedeutete, daß ihre Mutter eine hoch moralische, strenggläubige Katholikin war, dazu eine äußerst tatkräftige Hausfrau, Köchin, Bäckerin, Deckennäherin, Flickerin und eine starke und liebevolle Mutter.

Erst als ich verstand, wie sehr meine Mutter ihre Mutter idealisierte und glorifizierte, konnte ich die schrecklichen Schuldgefühle meiner Mutter nachvollziehen, wenn sie eine kirchliche Vorschrift verletzt hatte. Nie werde ich vergessen, wie schockiert ich war, als sie einmal auf einer Europareise mit mir vergaß, welcher Wochentag war, und am Freitag Fleisch aß. Als sie das später an diesem Tag bemerkte, war sie vollkommen außer sich. Tagelang klagte sie darüber und konnte gar nicht schnell genug zur Beichte gehen. Ich konnte es nicht fassen. Selbst die Kirche lehrte, daß man die Abstinenzregel nicht verletzte, wenn man vergaß, welcher Tag war. Meine Mutter jedoch war dieser Logik, so vernünftig sie sein mochte, nicht zugänglich. Sie hätte eben nicht vergessen dürfen, welchen Tag wir hatten! Dabei stand nicht so sehr die Übertretung eines Kirchengesetzes oder das Vergessen des Tages auf dem Spiel als vielmehr die Tatsache, daß sie gegen ein Prinzip ihrer eigenen Mutter verstoßen hatte. Was würde ihre Mutter nun von ihr denken (auch wenn sie schon tot war)!

Das Wissen um dieses Motiv half mir zu verstehen, daß es meiner Mutter todernst damit war, wenn sie sich mir gegenüber gelegentlich beklagte: »Ich werde nie so gut wie deine Großmutter werden.« Diese Selbstwahrnehmung schmälerte das Selbstwertgefühl meiner Mutter.

Weil ich die Beziehung zwischen meiner Mutter und ihrer Mutter verstehe, kann ich auch andere Verhaltensweisen meiner Mutter besser nachvollziehen, die mir ein Rätsel waren, bis ich die Bedeutung dieser Beziehung begriff.
Ich möchte Sie nun wieder einladen, einen Augenblick darüber nachzudenken, wie Ihr Vater sich auf Ihre Mutter und sie sich auf ihn bezogen hat. Wie war die Beziehung eines jeden Elternteils zu seinen Eltern? Wenn Sie sich das vor Augen führen, was sagt es dann aus über die Wertvorstellungen und Regeln Ihrer Eltern, über das, was sie bedrohte, und wie sie damit umgingen? Weckt es in Ihnen mehr Verständnis für die tieferen Motive, die Ihre Eltern geleitet haben?

Siebtes Motiv: Das Streben, gute Eltern zu sein

Sobald jemand Vater oder Mutter wird, rückt das Streben, ein guter Elternteil zu sein, in den Mittelpunkt. Im Laufe der Jahre ist mir klargeworden, wie mächtig und bedeutsam dieser Drang ist.
Es ist dieser Drang, die Elternfunktion gut zu erfüllen, der in Eltern ein Schuldgefühl entstehen läßt, wenn sie merken, daß sie dabei versagt haben. Es ist dieser Drang, der Eltern bedroht, wenn das Kind auf die Bemühungen der Eltern nicht reagiert. Wenn die Bedrohung gravierend ist, löst sie eine fast schon panische Reaktion aus und meistens einen unproduktiven Bewältigungsmechanismus. Diese Panik verhindert eine ruhige, vernünftige, einfühlsame Reaktion. Die Angst oder Bedrohung wird so intensiv erfahren, daß man keinen Zugang zu den eigenen Lösungsfähigkeiten mehr findet.
Es ist dieser Drang, der Eltern dazu treibt, aus ihren Kindern das zu machen, was ihrer Ansicht nach ein »braves Kind« ist. Dieses Bestreben macht die Eltern oft blind für die Lebensäußerungen ihres Kindes und unfähig, darauf zu achten, was das Kind braucht und wünscht. Es ist, als ob die althergebrachte und vorgefaßte Vorstellung darüber, wie ein gutes Kind auszusehen hat, wichtiger wäre als das Bemühen, der Einzigartigkeit des Kindes gerecht zu werden.

Zwar sind unsere grundlegenden menschlichen Bedürfnisse immer die gleichen, doch die Wege ihrer Befriedigung können mannigfach sein. Was für ein Kind richtig ist, paßt nicht notwendig auf ein anderes. Dennoch kann der Drang, als Eltern vollkommen zu sein, einen Vater oder eine Mutter dazu bringen, sich mehr auf das Bild, wie jeder sein *sollte*, zu verlassen, als der Einzigartigkeit eines Kindes Rechnung zu tragen.

Es ist dieses Streben, als Eltern vollkommen zu sein, das Eltern den Wunsch nach vollkommenen Kindern eingibt. Es ist dieses Streben, das in manchen Eltern schreckliche Ängste und Unzulänglichkeitsgefühle auslösen kann. Es ist dieses Streben, das Eltern dazu verleitet, viel zuviel auf das zu geben, was andere von ihren Erziehungsmethoden halten. Es ist dieses Streben, das viele Eltern zu besitzergreifend werden läßt, zu vorsichtig, zu beschützend mit ihren Kindern umgehen läßt. Dieser Drang kann dazu führen, daß sie sich durch die wohlmeinenden Ratschläge von Großeltern, Tanten und Onkel bedroht fühlen. Er kann sie dazu treiben, für jede Kritik von Verwandten, Freunden und Lehrern taub zu werden. Es ist dieser Drang, der Eltern dazu bringt, daß sie ihre Kinder noch herumzukommandieren versuchen, wenn diese schon 40 Jahre alt sind!

Dieser Drang kann in Eltern aber auch ein Gefühl der Minderwertigkeit hervorrufen, wenn sie sehen, daß ihre Kinder, zumindest in ihren Augen, mißraten. Ein Versagen in der Elternfunktion wird manchmal als Versagen auf der ganzen Linie erlebt. Die gesamte Identität eines Menschen kann in die Elternschaft einfließen. Wenn ein Mensch sich dann darin für einen Versager hält, fühlt er sich rundum zerschmettert.

Und nun denken Sie noch einmal an Ihre Eltern. Wenn Sie selbst Kinder haben, werden Sie sich mit dem Gesagten identifizieren können. Wenn nicht, glauben Sie einfach, daß auch Ihre Eltern von diesem zentralen Motiv geleitet wurden: gute Eltern zu sein. Überlegen Sie, ob Sie dadurch ihr Verhalten Ihnen und Ihren Geschwistern gegenüber besser verstehen können. Wenn Sie die Wirkung dieses Motivs in ihnen nachvollziehen können, können Sie vielleicht erkennen, daß auch Ihre Eltern nur verletzbare Menschen waren oder sind.

17 Über die Verwendung von Genogrammen, Chroniken und Geburtsphantasien

Bis jetzt habe ich mich mit der gängigsten Art befaßt, wie man durch Gespräche mit Verwandten wieder eine Verbindung zu den eigenen Wurzeln herstellen kann. Ich habe außerdem die zentralen Motive dargestellt, die in jedem von uns wirksam sind und uns helfen können, unsere Eltern und andere Verwandte in ihrer Menschlichkeit zu verstehen. Im folgenden möchte ich noch andere Methoden vorstellen, mit deren Hilfe wir uns auf eine sichere Reise begeben können, hin zu einer menschlichen und gleichberechtigten Sichtweise unserer Eltern.

In meinen Abschlußseminaren an der Universität müssen die Studenten eine Arbeit mit den vollständigen Genogrammen, Familienchroniken und Geburtsphantasien ihrer Mutter, ihres Vaters und ihrer selbst vorweisen. In jedem Kurs gibt es einige Studenten, die erzählen, daß sich schon beim bloßen Abfassen dieser Arbeit ihr Verständnis für ihre Eltern und Großeltern verändert. Sie behaupten, sie hätten dabei die Lösung vieler Probleme und die Antwort auf manche Fragen gefunden. Sie schildern, daß sie ihren Eltern und Großeltern gegenüber Erleichterung, Mitleid und Nähe empfunden hätten. Sie nehmen ihre Eltern mehr als Menschen und nicht mehr so sehr als Eltern wahr.

Ich möchte Sie dazu ermutigen, die Arbeit, die ich in diesem Kapitel schildere, selbst in Angriff zu nehmen. Sie könnten davon ebenso profitieren wie meine Studenten. Schon nach meinen ersten Ausführungen werden Sie erkennen, daß Sie wahrscheinlich mit Ihren Eltern, Tanten, Onkel und Großeltern sprechen müssen, sofern sie noch am Leben sind, um diese Aufgabe befriedigend zu lösen. Später werde ich einige Anregungen geben, wie das geschehen kann, ohne daß Ihre Angehörigen sich über Gebühr bedroht fühlen, denn manche Menschen erleben dieses Ausgefragtwerden vielleicht als beängstigend. Diese Gespräche, die zunächst dem Sammeln von Fakten für die Genogramme und Chroniken dienen sollen, haben häufig den gleichen Effekt wie dasjenige zwischen Jim Ryan und seinem Vater. Sie schaffen eine neue Bindung zwischen den Gesprächspartnern, aus der ein Gefühl der Ganzheit, eine Festigung der eigenen Identität und eine Stärkung des Selbstvertrauens und der Selbstachtung resultieren.

Auf Seite 67 sind die Genogramme von Jim Ryans Familie abgebildet. Beachten Sie die darin enthaltenen Informationen: Namen, Geburts- und Todesdatum jeder Person sowie Heiratsdaten. Wir werden mit solchen Daten beginnen und den Genogrammen dann weitere Informationen hinzufügen (die in Jim Ryans Genogramm nicht enthalten sind).

Ich möchte Sie nun als Wegweiser durch diese Arbeit führen. Wir beginnen mit den Genogrammen Ihrer Herkunftsfamilie. Schreiben Sie dazu den vollen Namen Ihres Vaters in ein Rechteck und den vollen Namen Ihrer Mutter in einen Kreis. Alle Männer werden durch Rechtecke gekennzeichnet, alle Frauen durch Kreise. Ziehen Sie dann Verbindungslinien und setzen Sie die Kinder mit den zugehörigen Daten ein, wie in der Abbildung auf Seite 120 oben dargestellt. Eine durchgehende Linie stellt eine Heirat dar. Wenn Ihre Eltern nicht verheiratet sind, zeichnen Sie eine gestrichelte Linie. Wenn Sie ein Adoptivkind sind, sollte das erste Genogramm das Ihrer biologischen Eltern sein. Auch wenn Ihnen das zunächst widerstrebt, so ist es doch von entscheidender Bedeutung, weil Sie die Vereinigung der Chromosomen eines jeden biologischen Elternteils in sich tragen. Meiner Erfahrung nach haben viele Adoptivkinder Probleme, weil sie ihre biologischen Eltern ablehnen, was in gewisser Hinsicht gleichbedeutend ist mit der Ablehnung eines Teils ihrer selbst. Ich werde im nächsten Kapitel noch ausführlicher darauf eingehen.

Wenn Sie die Namen oder Daten mancher Personen in diesen Genogrammen nicht kennen, dann ist es wichtig, daß Sie sie herausfinden oder ihnen zumindest möglichst nahe kommen. Indem Sie einem

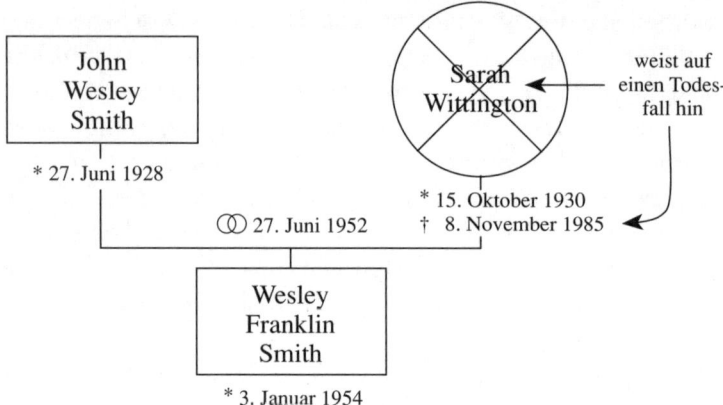

Wesley Franklin Smiths Herkunftsfamilie

Individuum unter Ihren Vorfahren einen Namen und ein Geburtsdatum zuordnen, personifizieren Sie den Betreffenden. Ein leeres Rechteck oder ein leerer Kreis versinnbildlichen, daß die Person für Sie nicht existiert und in Ihrem Leben keine Rolle gespielt hat, während in Wirklichkeit jedes Individuum in einem Familiensystem etwas mit den Nachkommen dieser Familie zu tun hat. Wenn Sie einen Namen oder ein Datum nur erraten können, setzen Sie ein Fragezeichen daneben wie in dem folgenden Beispiel eines Adoptivkindes:

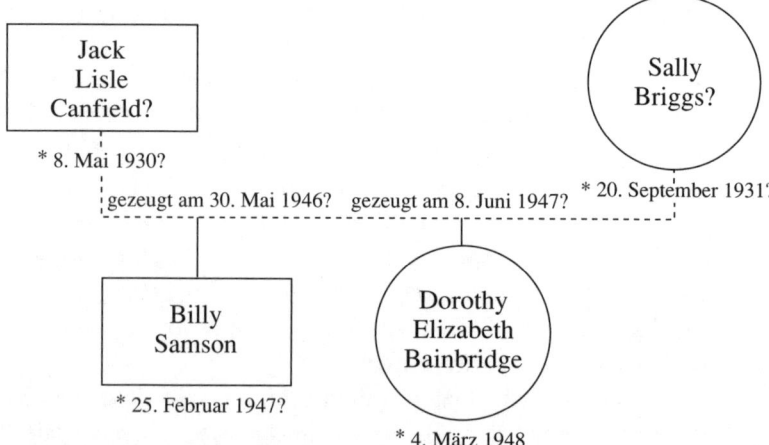

Dorothy Elizabeth Bainbridges biologische Herkunftsfamilie

Wenn Sie ein Adoptivkind sind, erstellen Sie anschließend, nach dem Genogramm der biologischen Familie, ein Genogramm der Adoptivfamilie. Zeichnen Sie die Genogramme in beiden Fällen für die väterliche wie auch die mütterliche Abstammungslinie. Auch im Hinblick auf die biologische Mutter und den biologischen Vater werden Sie wahrscheinlich die mütterlichen und väterlichen Herkunftsfamilien der Mutter, des Vaters und der Geschwister zusammenstellen müssen. Lassen Sie Ihrer Phantasie freien Lauf. Lassen Sie sich durch den Mangel an realem Wissen nicht aufhalten.

Beachten Sie, daß Geschwister im Genogramm in der Reihenfolge ihres Geburtsdatums von links nach rechts angeordnet werden.

Manche Familien sind komplizierter. In den Diagrammen auf den Seiten 122 und 123 werde ich Ihnen zeigen, wie man mit einigen solcher Komplikationen umgehen kann.

Diese Beispiele können Aufschluß darüber geben, wie Sie andere komplizierte Systeme darstellen können. Zum Beispiel:

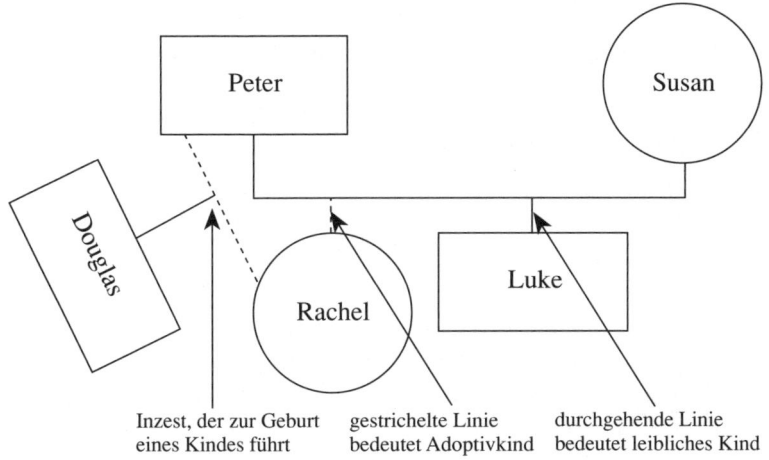

Inzest, der zur Geburt eines Kindes führt   gestrichelte Linie bedeutet Adoptivkind   durchgehende Linie bedeutet leibliches Kind

Wenn Sie das Genogramm Ihrer Herkunftsfamilie erstellt haben, setzen Sie unter jeden Namen einige Adjektive oder kurze Sätze, um Ihre Wahrnehmung der betreffenden Person zu beschreiben. Ziehen Sie dann Linien mit Pfeilen und notieren Sie darauf, wodurch Ihrer An-

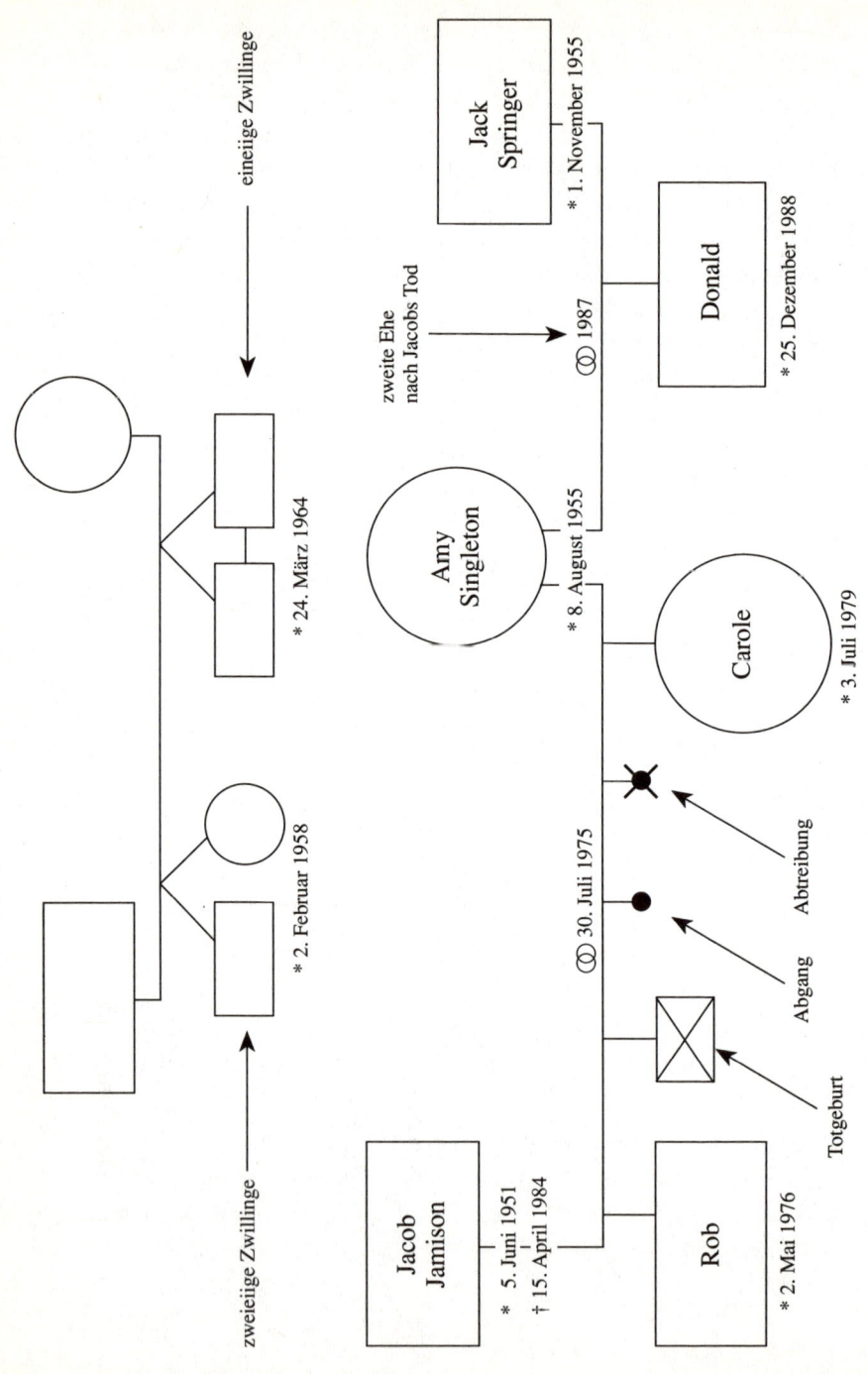

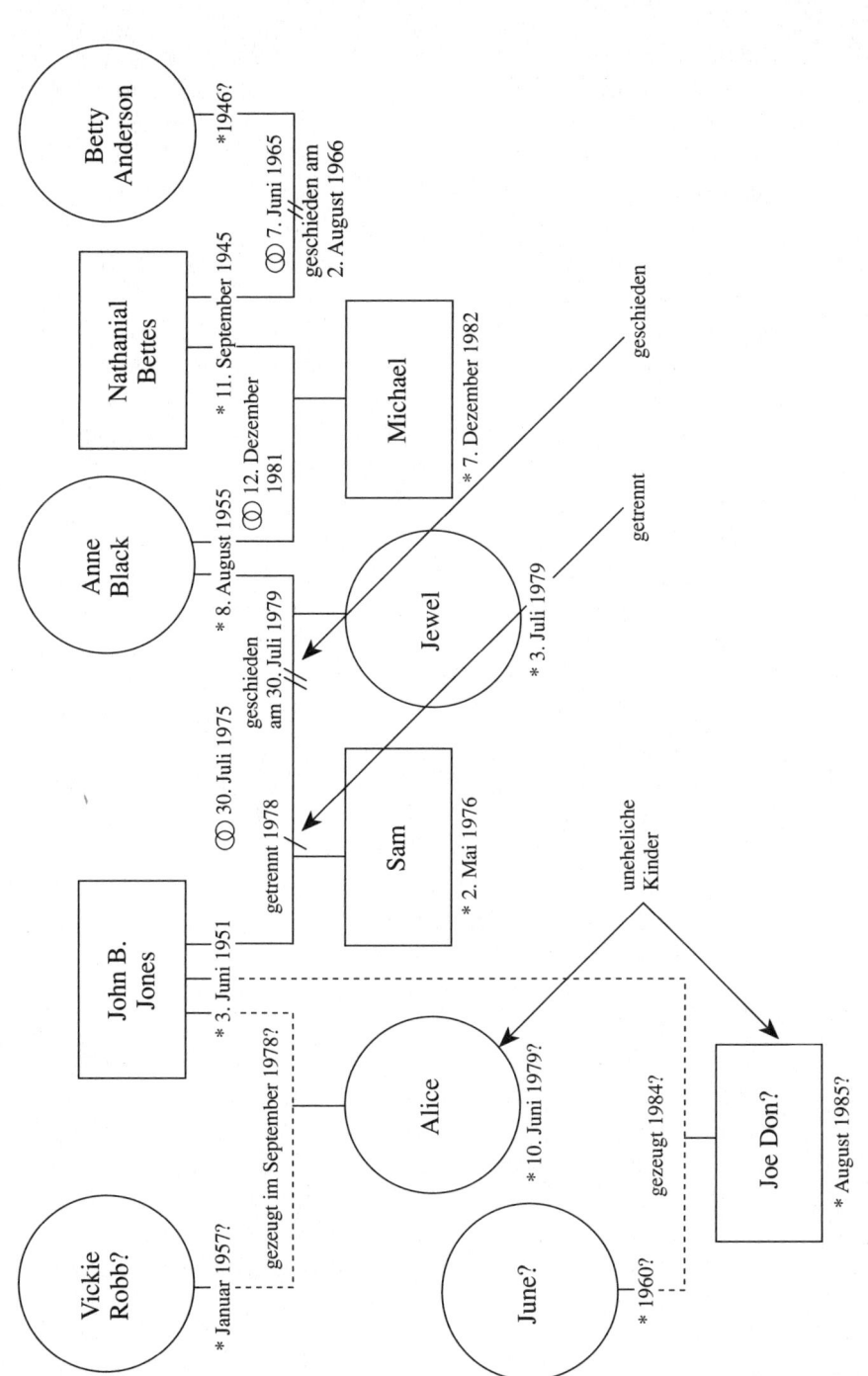

sicht nach die Beziehungen dieser Person zu anderen charakterisiert sind. Auf der nächsten Seite finden Sie die entsprechende Darstellung eines kompletten Genogramms von Wesley Franklin Smith.
Nachdem Sie das Genogramm Ihrer Herkunftsfamilie fertiggestellt haben, schreiben Sie auf, welche Gedanken und Gefühle Ihnen dabei durch den Kopf gegangen sind.
Erstellen Sie nun ein Genogramm für die Familie Ihrer Mutter mit den zugehörigen Adjektiven und Beziehungslinien, wie Sie es für Ihre eigene Familie erstellt haben. Auch danach halten Sie wieder inne und rufen sich Ihre Gefühle und Überlegungen vor Augen. Schreiben Sie Ihre Reaktionen nieder.
Anschließend machen Sie ein Genogramm der Familie Ihres Vaters, wobei Sie am Ende wieder Ihre Gefühle aufschreiben. Machen Sie dann eine Pause, falls das noch nicht geschehen ist. Vielleicht lassen Sie die Arbeit auch ein oder zwei Tage ruhen.
Um das Genogramm mit mehr Leben zu erfüllen, besteht Ihre nächste Aufgabe darin, unter dem Namen Ihres Vaters, Ihrer Mutter und unter Ihrem eigenen festzuhalten, wie Ihrer Wahrnehmung nach fünf der sieben in Kapitel 15 und 16 erläuterten Grundmotive ausgeprägt sind. Ich habe absichtlich den Ausdruck »Wahrnehmung« verwendet, anstatt zu sagen: »Charakterisieren Sie Ihre Eltern durch Adjektive oder kurze Sätze.« Ich tue das, weil Sie sich dabei einzig auf die *Wahrnehmung*, die Sie von Ihren Eltern haben, und auf Ihre *Wahrnehmung*, wie diese zentralen Motive in Ihnen wirken, stützen können. Ihre Wahrnehmung mag der Realität entsprechen oder nicht. Wenn Ihr Bruder oder Ihre Schwester diese Frage beantworten würde, würde er oder sie höchstwahrscheinlich eine andere Wahrnehmung äußern. *Lassen Sie sich jedoch dadurch nicht durcheinanderbringen!* Ihre Eltern und Verwandten sind für Sie so real, wie sie in Ihrer Wahrnehmung existieren. Auf diese Wahrnehmung haben Sie reagiert, als Sie heranwuchsen. Diese Wahrnehmung entspricht Ihrem Verständnis von ihnen. Wenn Ihre Eltern diese Fragen beantworten müßten, würden Sie möglicherweise andere Adjektive verwenden, die eine von der Ihren unterschiedliche Wahrnehmung widerspiegeln. Alle unsere Handlungen basieren auf unserer Sichtweise der Dinge. Es mag sein, daß es eine Realität außerhalb unserer

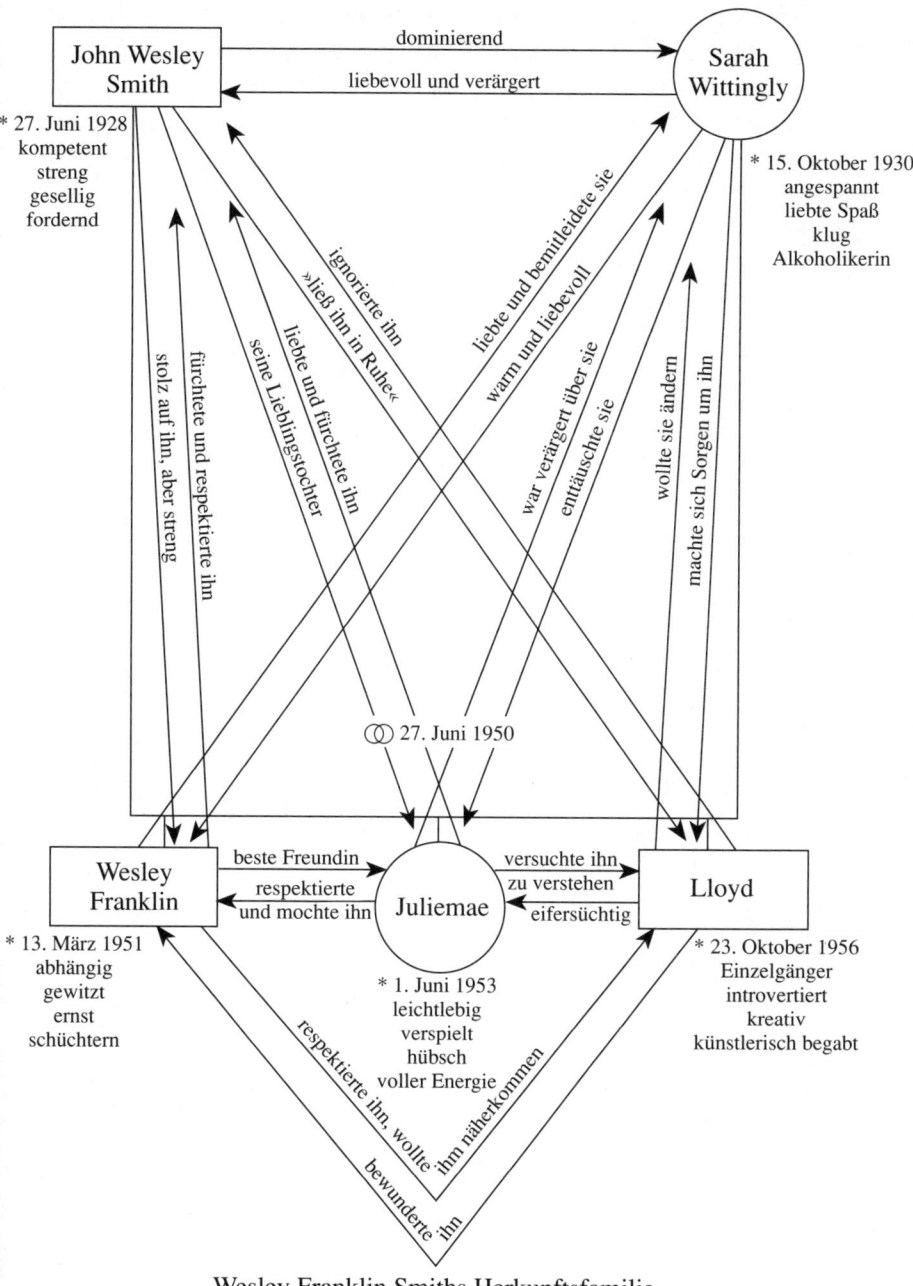

Wesley Franklin Smiths Herkunftsfamilie

Wahrnehmung gibt, aber unsere Entscheidungen und Handlungen gründen auf unserer eigenen Wahrnehmung. Ein Teil des Reifungsprozesses besteht eben darin, daß wir unsere Wahrnehmung den Tatsachen des Lebens anpassen. Genau darum geht es in diesem Buch. Wir lassen uns auf einen Prozeß ein, in dessen Verlauf sich unsere Wahrnehmung von unseren Eltern und Angehörigen wandelt, bis wir in ihnen nicht mehr Rolleninhaber wie etwa die »Mutter« sehen, sondern Menschen wie du und ich. Denn bevor sie Mutter und Vater wurden, waren sie Sally und Mike.

Da diese zentralen Motive für das Verständnis einer Person von so ausschlaggebender Bedeutung sind, empfiehlt es sich, meine Anregungen in die Tat umzusetzen. Im folgenden möchte ich ein Beispiel für die Bewältigung dieser Aufgabe geben.

John Wesley Smith

1. Selbstachtung (auf einer Skala von 1 bis 10, wobei 10 den Höchstwert bezeichnet)	7
2. eine Wertvorstellung über das Leben, Menschen oder Rollen, die von großer Bedeutung gewesen zu sein scheint	Genieße das Leben hier und jetzt, denn du weißt nicht, was dir der nächste Tag bringt
3. je eine wichtige positive und negative Regel	positiv: Übernimm Verantwortung negativ: Mach nie einen Fehler
4. bevorzugte Bewältigungsstrategie bei Bedrohung	Rückzug, Schweigen
5. Beziehungsqualität	hatte viele Bekannte und einige wenige enge Freunde; ich bezweifle, ob er je seiner Frau seine tiefsten Gefühle offenbarte; bezog sich auf die Kinder als Vater, auch als sie schon groß waren

Sarah Wittingly

1. Selbstachtung 4
2. Wertvorstellung Es ist wichtig, als Person geachtet und respektiert zu werden; der Vater ist das Familienoberhaupt
3. Regeln positiv: Sich amüsieren
negativ: Eine perfekte Mutter sein
4. Bewältigungsstrategien Flucht in den Alkohol
5. Beziehungsqualität gefühlsbetont, teilnahmsvoll, ein oder zwei enge Freunde, mochte Menschen, hatte Angst vor tiefer emotionaler Nähe zu ihrem Mann

Wesley Franklin Smith

1. Selbstachtung 8
2. Wertvorstellung Es ist wichtig, daß man für andere Menschen, Dinge und für sich selbst Verantwortung übernimmt
3. Regeln positiv: Nimm auf andere Rücksicht
negativ: Denk immer zuerst an die anderen, dann erst an dich selbst
4. Bewältigungsstrategien Bücher lesen und supervernünftig werden
5. Beziehungsqualität gesellig und entgegenkommend, offen gegenüber Vertrauenspersonen, manchmal schüchtern

Achten Sie auf Ihre Gefühle und Gedanken bei dieser Arbeit. Vielleicht fällt es Ihnen leichter, sich Ihre Gefühle bewußtzumachen, wenn Sie die Augen schließen und sich im Stuhl zurücklehnen. Schreiben Sie Ihre Gedanken nieder.

Wenn Sie sich entspannt haben oder zum Weitermachen bereit sind, legen Sie alle drei Genogramme vor sich hin. Lassen Sie sie einfach auf sich einwirken. Lassen Sie alle Gedanken und Gefühle in sich zu, ohne einen bestimmten Gedankengang zu verfolgen. Betrachten Sie nur die Genogramme, und achten Sie auf alles, was Ihnen dazu einfällt. Vielleicht verspüren Sie dann das Bedürfnis, einige Gedanken oder Gefühle niederzuschreiben.

Nachdem Sie eine Weile ziellos Ihre Reaktionen auf die Genogramme zugelassen haben, möchte ich Ihnen nun ein zielgerichteteres Vorgehen vorschlagen. Wieder ist es dabei empfehlenswert, daß Sie Ihre Reaktionen auf diese Fragen schriftlich festhalten.

1. Wie entwickelten sich die Persönlichkeiten und Wertvorstellungen Ihrer Eltern aufgrund ihrer eigenen Kindheitserfahrungen? Was brachten sie zum Zeitpunkt ihrer Heirat mit in die Ehe? Wie durchdrangen sich im Laufe ihrer Ehe ihre Persönlichkeiten und Wertvorstellungen, und wie vermischten sich ihre positiven und negativen Anlagen? Wie veränderten sich ihre Persönlichkeiten durch den Einfluß ihres Partners?
2. Wie wurden Sie selbst nach der Geburt durch die Persönlichkeiten Ihrer Eltern geprägt? Wie wirkte sich die Art der Beziehung zwischen Ihren Eltern auf Sie aus? Veränderte sich ihr Verhalten Ihnen gegenüber, als Sie vom Kind zum Erwachsenen heranreiften, und wenn ja, wie?
3. Was war Ihnen an diesen drei Familien oder an bestimmten Familienmitgliedern immer ein Rätsel? Welche Fragen würden Sie Ihrer Mutter oder Ihrem Vater gerne stellen?
4. Was hätten Sie gerne von jeder dieser Familien oder einzelnen Mitgliedern mitbekommen?
5. Was gefällt Ihnen an diesen Familien und was nicht?

Achten Sie bei der Beantwortung dieser Fragen auf Ihre Gefühle.

Ihre Genogramme sind vielleicht voller Fragezeichen neben Namen und Daten. Über manche dieser Menschen wissen Sie möglicherweise überhaupt nichts. Vielleicht wollen Sie diese Informationen bei Verwandten einholen, die noch leben, oder aus anderen Quellen. Möglicherweise entwickeln sich aus Ihren Gedanken und Gefühlen Fragestellungen an Familienangehörige.

Es gibt noch eine andere Übung, die manchen hilft, nämlich der sogenannte Kreis der Beeinflussung. Malen Sie auf einem Stück Papier einen kleinen Kreis in die Mitte der Seite und setzen Sie Ihren Namen hinein. Zeichnen Sie dann von diesem Kreis ausgehend lange und kurze Linien ein. Am Ende der Linien tragen Sie die Namen all derer ein, die Sie, ob positiv oder negativ, von der Geburt bis ins Alter von 18 Jahren beeinflußt haben. Diejenigen, die den größten Einfluß auf Sie hatten, setzen Sie ans Ende der kurzen, dickeren Linien und diejenigen, deren Einfluß am geringsten war, ans Ende der längeren Linien. Der Kreis der Beeinflussung wird nicht nur die Namen von Angehörigen enthalten, sondern eventuell auch von Lehrern, Priestern, Trainern, Nachbarn, Freunden und Arbeitgebern. Oft werden bei dieser Arbeit alte Erinnerungen wach, man gewinnt neue Erkenntnisse über sich selbst, und die Jahre, in denen man besonders empfänglich für Eindrücke ist, füllen sich mit Erinnerungen. Manche stellen tief gerührt fest, wie reich ihr Leben dank der Einflüsse anderer Menschen war, während andere mit Überraschung konstatieren, wie wenige Menschen in ihrer Kindheit eine wichtige Rolle spielten.

Auf den Seiten 130 und 131 ist beispielhaft ein solcher Kreis der Beeinflussung dargestellt.

Beachten Sie, daß Sie zu jedem Namen hinzufügen müssen, wer der Betreffende war und wie er Sie im positiven oder negativen Sinne beeinflußte. Sie werden außerdem sehen, daß in unserem Beispiel eine Linie zu Lou Gehrig führt, dem berühmten Baseballspieler der New York Yankees Anfang der dreißiger Jahre. Auch Personen des öffentlichen Lebens aus Sport, Unterhaltung, Politik, Geschichte und Literatur können in Ihren jungen Jahren einen nachhaltigen Einfluß auf Sie ausgeübt haben.

Wenn Sie damit fertig sind, schreiben Sie wieder alle Gefühle und Gedanken auf, die Ihnen durch den Kopf gehen.

Die nächste und vielleicht schwierigere Aufgabe besteht darin, Chroniken der tatsächlichen Ereignisse in den Familien mütterli-

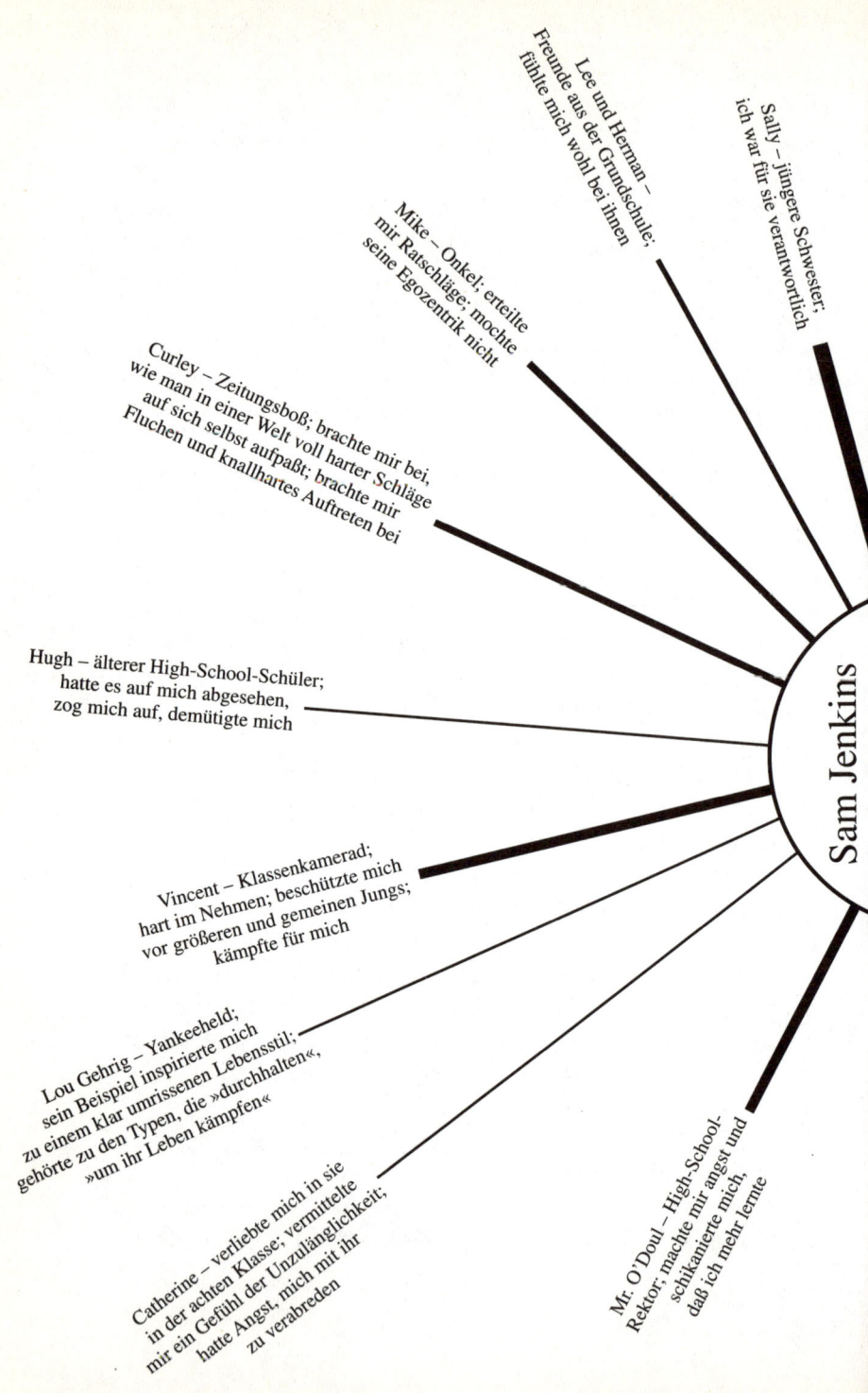

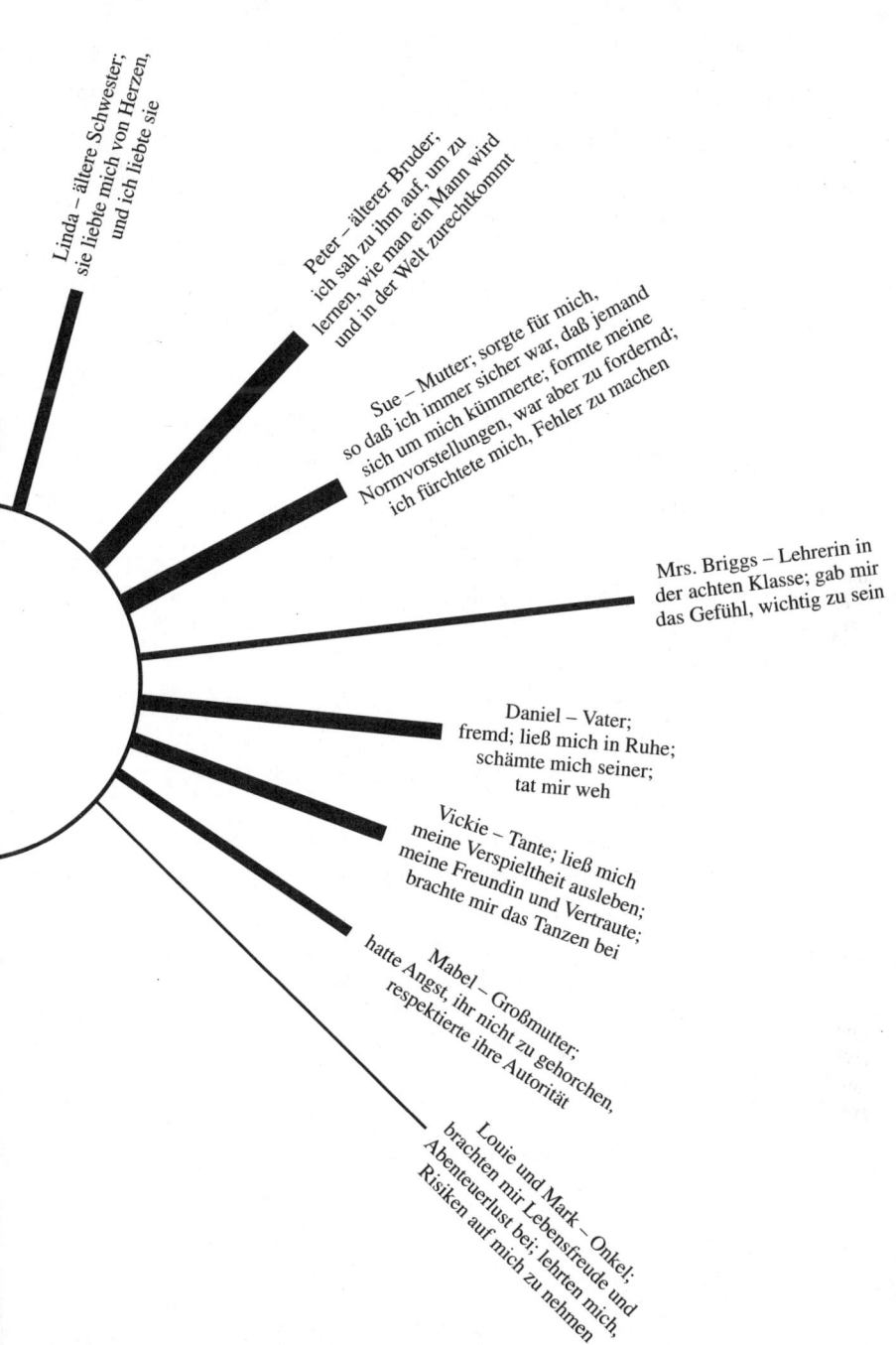

cher- und väterlicherseits sowie in der eigenen Familie aufzustellen. Dabei beginnt man am einfachsten mit der eigenen Familie. Als erstes Datum und Ereignis tragen Sie den Beginn der Beziehung ein, die schließlich in die Heirat Ihrer Eltern mündete. Wenn Ihre Eltern sich schon von Kindesbeinen an kannten, dann tragen Sie das Ereignis ein, das Ihres Wissens den Beginn jener Beziehung darstellt, die schließlich zur Hochzeit führte. Im folgenden sehen Sie ein Beispiel für die Chronik einer Herkunftsfamilie.

Chronik der Herkunftsfamilie von Robert Bronscom

1962	John Bronscom, 18 Jahre alt, lädt Sarah James, 17 Jahre alt, zum Abschlußball der High-School ein.
1962	John beginnt im September zu studieren; er schreibt an Sarah.
1963	Sarah macht ihren High-School-Abschluß und nimmt im Herbst das Studium an der Kansas-State-University auf; John ist im zweiten Studienjahr.
1963-66	John und Sarah sehen sich regelmäßig, haben eine feste Beziehung.
1966	John macht sein Diplom und möchte sich mit Sarah verloben, sie willigt ein.
1966	John bekommt eine Stelle bei Hallmark als Kartendesigner.
1967	29. Mai: Sarah besteht mit magna cum laude ihren Abschluß an der Kansas-State-University.
1967	22. Juli: John und Sarah heiraten in der First-Unitarian-Church in Kansas City.
1967	Juli: Sie mieten ein Haus in Kansas City, und Sarah tritt eine Stelle als Lehrerin für englische Literatur an einer öffentlichen High-School in Kansas City an.
1968	Sarah wird im Januar schwanger.
1968	15. Oktober: Robert Frost Bronscom, das erste Kind von John und Sarah, kommt im Methodist-Hospital von Kansas City zur Welt.

1969	John und Sarah engagieren sich in der Friedensbewegung.
1970	John wird von einem Nachbarn, dessen Sohn in Vietnam ist, tätlich angegriffen.
1971	22. September: Geburt von Anna Louise Bronscom.
1972	Die Familie zieht nach Palo Alto in Kalifornien um; John arbeitet für die Hewlett Packard Company, Sarah unterrichtet stundenweise.
1973	Robert stürzt vom Vordach und zieht sich eine Platzwunde am Kopf zu, er wird mit 22 Stichen genäht.
1974	Robert kommt in die Vorschule.
1975	Robert kommt in die erste Klasse; Sarah arbeitet wieder als Vollzeitkraft.
1976	Die Eltern kaufen ihr erstes Eigenheim mit drei Orangenbäumen im Vorgarten.
1976	John und Sarah unterziehen sich vier Monate lang einer Ehetherapie, die Ehe hält.
1976	Robert entwickelt sich zum schulischen Sorgenkind.
1977	Roberts schulische Leistungen verbessern sich; er »verliebt sich« in seine Lehrerin.

…
…
…
…

Die Chronik geht noch weiter, alle für Roberts Leben bedeutsamen Ereignisse und Daten werden darin aufgeführt. Sie endet mit dieser Eintragung:

1993	29. Januar: Robert beendet diese Chronik.

Ihre Chronik kann zwei bis fünf Seiten lang sein, wenn Sie jedes Ereignis aus Ihrem Leben, das Ihnen einfällt und eine gewisse Bedeutung für Sie hatte, aufzählen. Abgesehen von den oben aufgeführten Beispielen gehören dazu auch Krankheiten, Todesfälle, Haustiere und gesellschaftliche Ereignisse, sofern sie eine gewisse Auswirkung auf das Leben der einzelnen Familienmitglieder haben.

Verweilen Sie noch ein bißchen bei Ihrem Werk, wenn Sie damit fertig sind, und lassen Sie sich das Geschriebene durch den Kopf gehen. Machen Sie sich Ihre Gefühle bewußt. Schreiben Sie anschließend Ihre Gefühle und Gedanken auf.

Wenn Sie fertig sind, erstellen Sie die Chroniken der Familien Ihres Vaters und Ihrer Mutter. Diese Chroniken sollten mindestens mit dem Geburtsdatum des ältesten Großelternteils beginnen. Wenn Sie ein wenig Hintergrundinformation über jeden von ihnen haben oder bekommen können, sollten Sie diese hinzufügen. Nachfolgend sehen Sie ein Beispiel hierfür.

Väterliche Chronik – John Bronscoms Familie
(John ist der Vater von Robert, der diese Chronik erstellt)

1902	William Bronscom wurde am 23. Februar in Omaha, Nebraska, geboren; er war das fünfte Kind (und der dritte Sohn) von insgesamt sieben Kindern (vier Jungen, drei Mädchen); sein Vater war Farmer und Viehzüchter. Sie stammten von englischen Einwanderern ab und hatten eine nur schwache oder gar keine konfessionelle Bindung.
1904	Thelma Schneider wurde am ? Mai in Lincoln, Nebraska, geboren; sie war das erste von fünf oder sechs Kindern; ihr Vater war evangelischer Pastor in Lincoln; sie waren deutscher Abstammung.
1930	William und Thelma heiraten in Omaha in der Lutheranerkirche; sie pachten eine kleine Farm und arbeiten für den Besitzer der Farm.
1932	Luke Bronscom wird geboren.
1934	Mary Bronscom wird geboren.
1935	Williams Eltern ziehen wegen der Depression auf ihrer Farm ein; gemeinsame Bewirtschaftung der Familienfarm außerhalb von Omaha.
ab 1935	Die Familie besucht an allen hohen Feiertagen andere Verwandte.
1937	Lucille Bronscom wird als drittes Kind geboren.

1939	Luke kommt in die Grundschule.
1941	Pearl Harbor; Mary kommt in die Schule.
1942	William arbeitet für die Rüstungsindustrie in Omaha; die Familie zieht in ein Mietshaus in Omaha.
1943	Thelma ist schwanger mit dem vierten Kind.
1944	John Bronscom wird geboren; William ist 42 Jahre alt, Thelma 40.
1944	Lucille kommt in die Schule; Mary geht in die dritte, Luke in die fünfte Klasse.
1945	Kriegsende
1946	William wird Hauptgeschäftsführer eines Goodyear-Reifenvertriebs.
1947	Die Familie kauft ein Haus in einem guten Viertel von Omaha.
1948	Lucille erkrankt in der vierten Klasse an einer rätselhaften Krankheit, die schließlich als eine seltene Krebsart diagnostiziert wird.
1949	Lucille stirbt im Alter von zwölf Jahren an Krebs.
1950	John kommt in den Kindergarten; Luke ist in der Mittelstufe der High-School, Mary in der ersten High-School-Klasse.
1950	John bekommt einen Hund, einen Collie namens Sport.
1951	Luke macht mit Auszeichnung seinen High-School-Abschluß, er erhält ein Stipendium fürs College.
1951	John kommt in die Schule.
1953	Mary macht Abitur und geht an die Universität von Nebraska in Lincoln.
1955	Luke macht seinen College-Abschluß, er bekommt ein Stipendium an der juristischen Fakultät der Universität von Chicago.
1957	Mary macht ihr Diplom an der Universität von Nebraska, sie tritt eine Stelle als Chemikerin bei Dow Chemical an.
1958	John erhält zur Verbesserung seiner schulischen Leistungen in der siebten Klasse Nachhilfeunterricht.
1959	Johns Hund Sport wird von einem angetrunkenen Autofahrer überfahren.

1959   John kommt in die High-School; er ist ein hervorragender Football- und Baseballspieler, ansonsten ein durchschnittlicher Schüler.
1962   John lädt Sarah zur Abschlußfeier der High-School ein.

Beachten Sie, daß die Chroniken der Familien väterlicher- und mütterlicherseits jeweils mit dem Geburtsdatum des ältesten Großelternteils beginnen und mit dem Ereignis enden, das später zur Heirat der Eltern führt. Dieses Ereignis leitet die Chronik der eigenen Familie ein.
Schreiben Sie auf, welche Gedanken und Gefühle beim Erstellen der väterlichen Chronik in Ihnen aufsteigen.
Als nächstes erstellen Sie nach demselben Schema die mütterliche Chronik.
Im Vergleich zur Chronik Ihrer eigenen Familie sehen die Chroniken Ihrer Eltern vielleicht etwas mager aus. Möglicherweise motiviert Sie das dazu, mehr darüber in Erfahrung zu bringen, wie Ihre Mutter und Ihr Vater aufwuchsen. Ich hoffe, Sie verspüren genügend Lust dazu und bekommen diese Informationen auch. Je mehr Sie über Ihre Mutter und Ihren Vater herausfinden, sich vorstellen oder zusammenreimen können, um so mehr werden Sie in ihnen *Menschen* sehen. Es ist weit wichtiger, sie dazu zu bewegen, daß sie über *ihre* eigene Kindheit erzählen, als daß sie über die Ihre sprechen, so wichtig das auch sein mag. Natürlich wollen wir gerne mehr über unsere eigene frühe Kindheit erfahren. Doch um endgültig erwachsen zu werden, müssen wir fähig werden, unsere Eltern als menschliche Wesen wahrzunehmen und eine gleichberechtigte Beziehung zu Ihnen aufzubauen – deshalb ist es wichtiger, in Erfahrung zu bringen, was sie selbst als Kinder erlebt hatten! Wie fühlten sie sich, wie reagierten sie? Wie fühlte sich in John Bronscoms Beispiel Roberts Vater John während des Gefühlsaufruhrs zwischen seiner Mutter und seinem Vater, der sie schließlich zu einem Ehetherapeuten führte? Wieviel bedeutete John sein Hund? Wie fühlte er sich, als Sport getötet wurde? Wie war es für ihn, ältere Geschwister zu haben, die in der Schule so erfolgreich waren, während er selbst nur mittelmäßig war? Wie kam er sich dabei vor? Was förderte und was untergrub

sein Selbstwertgefühl? Kann Robert sich mit dem Gesagten irgendwie identifizieren? Wenn ja, dann kann sich seine Wahrnehmung von John als Vater verändern hin zu der von John als Person.

Die letzte, so ungeheuer wichtige Aufgabe besteht darin, eine Geburtsphantasie mit Ihnen selbst, Ihrer Mutter und Ihrem Vater aufzuschreiben. Diese Phantasie ist reine Phantasie, keine Aufzeichnung bekannter Tatsachen. Das heißt, Sie stützen sich auf die bekannten Fakten, und dann konstruieren Sie in Ihrer Phantasie die gesamte Geschichte, was bei Ihrer Geburt alles passierte. Ich möchte das anhand meiner eigenen Geburt veranschaulichen. 1975, als ich meine erste Geburtsphantasie machte, waren mir folgende Tatsachen bekannt: Ich wurde am 26. Januar 1926 als Sohn von Corinne und Bill Nerin im St. Vincent's Hospital in Indianapolis geboren. Zum Zeitpunkt dieser ersten Phantasie kannte ich die Geburtsdaten meiner Eltern nicht genau, so daß ich nicht sicher wußte, wie alt jeder von ihnen bei meiner Geburt war. Ich nahm also diese vier Fakten – wer meine Eltern waren, in welcher Stadt ich geboren wurde, in welchem Krankenhaus ich zur Welt kam und mein Geburtsdatum – und verleibte sie meiner Phantasie ein. Soweit ich mich entsinne, sah diese Phantasie folgendermaßen aus:

Es war ein kalter Tag in Indianapolis. Corinne war am 26. Januar frühmorgens von Bill in dem Vealey, den er gerade erst gekauft hatte, ins Krankenhaus gebracht worden. Es war sein erstes Kind, und er war Anfang 40. Er machte sich Sorgen um Corinne und um das Kind. Er liebte und vergötterte Corinne. Er wußte, daß sie eine patente Frau war und aus erster Ehe zwei Kinder hatte. Er hatte gesehen, was für eine gute und tüchtige Mutter sie Celeste und Nor war, doch trotz alledem machte er sich Sorgen. Sie war Ende 30 und hatte seit elf Jahren kein Kind mehr bekommen. Würde sie die Geburt heil überstehen?

Auch Corinne machte sich Sorgen, aber nicht in dem Ausmaß wie Bill. Sie verschwieg ihre Sorgen vor Bill. Sie hatte viel gebetet in den letzten Wochen und mehr als einmal täglich auf Französisch den Rosenkranz aufgesagt. Sie wußte, daß auch ihre Mutter gebetet hatte. Und wenn Gott überhaupt auf jemanden hörte, dann auf ihre Mutter!

Corinne wünschte sich ein gesundes und normales Kind, und süß sollte es außerdem sein. Sie wollte Bill ein ganz besonderes Geschenk machen. Er

hatte nie ein Kind gehabt. Würde es ein Junge sein? Die Nerin-Familie würde aussterben, wenn es kein Junge wäre, den Bill war der letzte lebende Nerin. Er hatte nur ein lebendes Geschwister, und das war eine Schwester, die nie geheiratet hatte. Damit war der Fall beendet. Sie glaubte nicht, daß sie noch ein Kind bekommen könnte, zumindest war ihr in ihrem Alter nicht mehr danach zumute. Sie war zuversichtlich, daß das Baby, ob Junge oder Mädchen, hübsch sein würde, denn Bill und sie sahen auch gut aus.
Bill und Corinne wollten, daß Jo und Harman bei ihnen wären. Jo war Corinnes Lieblingsschwester, und Bill war auch ganz hingerissen von ihr. Und beide liebten ihren gemeinsamen Freund Harman. Also waren Jo und Harman bei dem großen Ereignis zugegen, um Bill und Corinne zu unterstützen.
Die Wehen nahmen an Intensität und Häufigkeit zu, und Corinne wurde aus ihrem Zimmer in den hellen, sterilen Kreißsaal gebracht, in dem alle Kinder zur Welt kamen. Doc McDevitt war zur Entbindung anwesend. Er war mehr als ein Arzt; er war ein Freund der Familie.
Corinne erhielt ein Beruhigungsmittel. Das Baby kam schnell. Corinne hatte es geschafft und war froh, daß alles vorbei war. Das Baby war rundum gesund, und es war ein Junge! Jo und Harman jubelten. Sie hatten eine Flasche Champagner mitgebracht und öffneten sie nun zur Feier des Tages. Als Corinne wieder zu sich kam, freute sie sich noch halb benommen und lächelte. Man brachte ihr das Kind zum ersten Anlegen, und Corinne und Bill waren überglücklich. Natürlich würde es Bill heißen. Corinne hatte Bill ihr Geschenk gemacht, und Bill war ihr und Gott dankbar dafür (seine Beziehung zu Gott beschränkte sich nur auf besondere Anlässe). Corinne dankte ebenfalls Gott und erneuerte ihr Gelöbnis, nach besten Kräften eine gute Mutter zu sein.

Später rief ich meine Mutter an, und sie bestätigte, daß Jo und Harman tatsächlich dabei gewesen waren! Ja, sie sagte, es sei verblüffend, wie zutreffend die Phantasie wäre. Zwei Elemente korrigierte sie. Der Arzt war nicht Doc McDevitt, und sie war wirklich sehr müde und erschöpft gewesen.
Das Beispiel zeigt, was eine Phantasie ist. Ich hatte nur vier Fakten zur Verfügung und erfand alles andere. Ich erzählte eine Geschichte. Ich habe mir die Gefühle und Gedanken der Menschen vorgestellt, mir ausgemalt, wie das Wetter war, wie schnell oder langsam die Entbindung verlief und so weiter.

Ich möchte Sie eingehend dazu auffordern, ebenfalls eine Phantasie Ihrer eigenen Geburt, der Geburt Ihrer Mutter und Ihres Vaters aufzuschreiben. Vielen Menschen widerstrebt diese Aufgabe. Ich habe einige verbreitete Gründe herausgefunden, warum das so ist. Einer davon ist, daß es manchen Menschen schwerfällt, Geschichten zu erfinden; sie können nur mit Tatsachen umgehen. Es ist, als ob für sie nur Fakten zählten; die Phantasie ist für sie ein bloßes Trugbild und somit wertlos. Sie sind Opfer der westlichen Fixierung auf rein wissenschaftliches Denken. Falls auch Sie zu diesen Menschen gehören, dann hoffe ich, Sie lassen sich dadurch nicht davon abbringen, einen Versuch zu wagen. Kümmern Sie sich nicht darum, ob sie »recht« haben. Da Sie möglicherweise nur über wenige Fakten verfügen, kann man Sie für die Richtigkeit oder Falschheit Ihrer Phantasie nicht zur Verantwortung ziehen.
Nach jeder Phantasie sollten Sie eine Pause machen und sich Ihre Gefühle vergegenwärtigen. Schreiben Sie sie anschließend auf.
In diesem Kapitel wird Ihnen eine Menge Arbeit aufgebürdet. Manch einer fühlt sich nun vielleicht eingeschüchtert dadurch. Ich hoffe, daß diejenigen, die sich diesen Mühen unterziehen, reich belohnt werden.
Zum Abschluß möchte ich noch darauf eingehen, wie man von seinen Angehörigen Informationen einholt, ohne sie über Gebühr in die Enge zu treiben. Die meisten Menschen, die Informationen für ihre Genogramme und Chroniken gesucht haben, fanden diese Erfahrung sehr bereichernd. Die Eltern freuen sich darüber, wenn eines ihrer Kinder sich einmal für *ihr* Leben interessiert, besonders für ihre eigene Kindheit. Eine solche Neugier seitens eines Sohnes oder einer Tochter ehrt das Leben der Eltern und ihrer Familien. Deshalb stellen viele bei ihrer Suche nach Informationen mit Erstaunen fest, mit welcher Begeisterung ihre Mütter und Väter diese Fragen beantworten. Oftmals erzählen die Eltern stundenlang über ihre eigenen Eltern und ihre Familien. In vielen Fällen ist dies das erste Mal, daß die Eltern so offen über sich selbst sprechen.
Es gibt jedoch auch Eltern und Verwandte, die sich durch solche Fragen bedroht fühlen. Im Laufe der Jahre habe ich festgestellt, daß es vier Hauptgründe dafür gibt. Einer davon ist, daß sie eine schlim-

me Kindheit hatten. Infolgedessen haben sie Angst, die Erinnerung an diesen Schmerz wieder wachzurütteln. Der zweite Grund ist, daß Eltern sich einer diktatorischen Regel unterwerfen, die lautet: »Was in der Familie passiert, geht niemanden außerhalb etwas an.« Oder es gibt Familiengeheimnisse. Dann fürchten sie, diese könnten herauskommen, wenn sie die Fragen ihres Sohnes oder ihrer Tochter beantworten. Die dritte Form der Bedrohung resultiert daraus, daß die Eltern sich ausmalen, sie könnten nach diesen Informationen irgendwie als schlechte Eltern dastehen. »Warum interessiert dich das?« fragen sie. Hinter dieser Frage verbirgt sich der Argwohn, sie hätten als Eltern versagt, und der Sohn oder die Tochter müßte nach dieser beklagenswerten Kindheit erst einmal ins rechte Gleis kommen. Sie fürchten, sie würden wegen mangelhafter Erfüllung ihrer elterlichen Pflichten angeklagt werden. Manchmal ist diese Furcht durchaus realistisch, weil sie in der Tat bei der Erziehung ihrer Kinder versagt haben.

Die vierte und vielleicht subtilste Bedrohung wurzelt in der Art, wie der Sohn oder die Tochter Informationen zu gewinnen sucht. Häufig verfolgt er oder sie damit einen heimlichen Zweck, nämlich den betreffenden Elternteil zu verändern. Das heißt, der Fragende sehnt sich danach, vom Vater oder der Mutter akzeptiert und anerkannt zu werden, und benutzt unbewußt den Prozeß der Informationssammlung, um die Eltern zu ändern. Die Eltern spüren das. Wenn der Sohn oder die Tochter unmerklich den Vater oder die Mutter zurechtbiegen will, bedeutet das notwendigerweise, daß er oder sie mit dem Jetztzustand nicht zufrieden ist. Der Vater oder die Mutter stellt sich daher unbewußt und vage die Frage: »Was stimmt nicht mit mir, daß mein Kind mich ändern will?« Wenn ein Sohn oder eine Tochter unbewußt diesen verborgenen Zweck verfolgt, fühlen Eltern sich bedroht und reagieren auf Fragen ausweichend und mauernd.

Es gibt jedoch Mittel und Wege, um die Bedrohung abzuschwächen, auch wenn einer der hier genannten Gründe vorliegt. Wenn man die Eltern auf unbedrohliche Art anspricht, wird es ihnen leichter fallen, sich zu öffnen. Davon werden alle Beteiligten profitieren, denn es wird sie einander näherbringen.

Zunächst muß der erwachsene Sohn oder die Tochter sich selbst sorgfältig prüfen. »Verfolge ich irgendwelche verborgenen Zwecke? Erwarte ich noch immer etwas von meinen Eltern, das ich als Kind nicht bekommen habe? Sehne ich mich nach Zuwendung und Anerkennung von ihnen?« Eine andere Fragestellung wäre: »Kann ich meine Eltern wirklich so akzeptieren, wie sie sind, mit allen guten und schlechten Seiten? Kann ich sie akzeptieren, ohne von ihnen zu verlangen, daß sie sich ändern?«

Dann müssen Sie Ihren Eltern, um eine angstfreie Atmosphäre zu schaffen, deutlich machen, daß Sie davon überzeugt sind, sie hätten bei ihrer Erziehung nach bestem Wissen gehandelt. Das bedeutet nicht, daß sie Sie nicht verletzten oder als Eltern manchmal versagten. Niemand, auch Sie selbst nicht, ist ein perfekter Vater oder eine perfekte Mutter. Wir alle versagen manchmal beim anderen. Wenn wir das tun, dann liegt es hauptsächlich an unserer Unwissenheit oder daran, daß wir zu angespannt sind und unsere Fähigkeiten nicht richtig einsetzen können oder daß wir uns frustriert und machtlos fühlen. So erging es auch unseren Eltern. Selbst für eine Bösartigkeit von Eltern gibt es eine Erklärung, wenn man nur tief genug gräbt und nachvollziehen kann, wie diese selbst aufgewachsen sind. Wir müssen unseren Eltern also vermitteln, daß wir wirklich davon überzeugt sind, daß sie im Positiven wie im Negativen ihr Bestes gaben.

Weiterhin müssen Sie sie in dem Glauben bestärken, daß Sie ihr Leben und ihre Familie achten und respektieren und daß Sie die gewonnenen Informationen streng vertraulich behandeln werden.

Und schließlich müssen wir ihnen Mitgefühl entgegenbringen und ihnen zeigen, daß wir bereit sind, uns auf ihrem Schmerz einzulassen und ihn mit ihnen zu teilen. Wenn sie eine unglückliche Kindheit hatten, brauchen sie die Sicherheit, daß wir bereit sind, ihren Schmerz zu verstehen und uns damit zu identifizieren. Dann müssen sie mit diesem Schmerz nicht mehr allein fertig werden. Wir werden ihn mit ihnen teilen.

Wenn wir uns diese Haltungen aneignen, wie das Beispiel Jim Ryans bis zu einem gewissen Grad zeigt, dann fühlen Eltern sich durch unsere Fragen nach ihrer eigenen Vorgeschichte weniger bedroht. Wir interessieren uns für diese Informationen in erster Linie um unsertwillen, damit wir sie besser als Teil unserer Wurzeln integrieren und akzeptieren können. Wenn unsere Eltern diese Einstellung an uns wahrnehmen, werden sie sich uns öffnen und uns an ihrem Leben und ihrer Menschlichkeit teilhaben lassen. Auf der Grundlage unserer gemeinsamen Menschlichkeit können wir ihnen als Gleichberechtigte und Erwachsene begegnen.

18 Der erstaunliche Prozeß
der Familienrekonstruktion

Bis jetzt haben wir uns mit verschiedenen Methoden befaßt, wie man die Verbindung zu seinen familiären Wurzeln wiederherstellen kann. Dazu gehörten das Gespräch mit Angehörigen, die Erinnerung an Daten und Ereignisse der Vergangenheit, das Studium noch vorhandener Aufzeichnungen und die Mobilisierung der eigenen Vorstellungskraft zum freien Phantasieren.
Was aber können wir tun, um mit unseren Wurzeln wieder in Verbindung zu treten, wenn es keine lebenden Angehörigen mehr gibt? Wenn wir nichts über unsere Eltern wissen, wie es bei Adoptivkindern häufig der Fall ist? Wenn die Eltern oder Verwandten sich auf solche Gespräche nicht einlassen oder keine Informationen preisgeben? Wenn unsere Angehörigen so in ihre eigenen Gefühle verstrickt sind oder so davon überwältigt werden, daß sie tiefer liegende Gefühle und Gedanken nicht zulassen können? (Ein Vater kann zum Beispiel so wütend sein, daß er sich des zugrundeliegenden Gefühls der Einsamkeit nicht bewußt wird, oder eine Mutter kann durch ihre eigenen Eltern so verletzt sein, daß ihr die Angst vor Nähe zu ihren eigenen Kindern nicht klar wird.) Was können wir tun, wenn wir Angst davor haben oder zu tief verletzt sind, um einen Dialog mit unseren Eltern aufzunehmen? Wenn wir zu skeptisch sind, ob bei unseren Nachfragen etwas herauskommen wird? Wenn wir zu zornig sind, um direkt mit einem Elternteil oder Verwandten zu sprechen? Was können wir tun, wenn wir, obwohl wir viel über unsere Wurzeln in Erfahrung gebracht haben und zu Gesprächen mit unseren Angehörigen durchaus fähig sind, noch immer vor Rätseln stehen oder uns krank fühlen oder keine wirklich menschliche Bindung zu unseren

Eltern herstellen können? Was können wir tun, wenn eine dieser Bedingungen überwiegt?

Es gibt ein auf der Vorstellungskraft basierendes Verfahren, das uns erlaubt, unsere Eltern und Verwandten mehr als menschliche Wesen denn als Rolleninhaber in der Familie zu sehen. Dieses Verfahren wurde Ende der sechziger Jahre von Virginia Satir entwickelt. Sie nannte diese Verfahren »Familienrekonstruktion«. In meinem ersten Buch *Familienrekonstruktion in Aktion* (Junfermann Verlag, 1989) habe ich dieses Verfahren ebenso wie die Methoden, eine Familienrekonstruktion zu leiten, näher beschrieben.

Unglücklicherweise ist der Begriff »Familienrekonstruktion« mißverständlich. Viele Leute glauben, es handle sich dabei um einen Prozeß, in dem die gegenwärtige Familie funktionsfähig gemacht wird, anstatt um ein Verfahren, in dessen Mittelpunkt die Herkunftsfamilie steht. Virginia Satir wollte den Begriff so verstanden wissen, daß man die eigene Herkunftsfamilie anders, auf eine rekonstruierte Art sieht, das heißt, daß man die Familie, aus der man kommt, mehr mit den Augen eines Erwachsenen sieht. Ein heranwachsendes Kind mit seinen noch unentwickelten Fähigkeiten kann die Feinheiten, die Vielschichtigkeit und die Tiefe der menschlichen Existenz seiner Eltern und Vorfahren noch nicht verstehen. Um die menschliche Existenz eines Erwachsenen nachvollziehen zu können, muß man selbst zum Erwachsenen geworden sein und genügend Lebenserfahrung haben, um diese Feinheiten und Vielschichtigkeiten zu begreifen.

Es ist mir noch nicht gelungen, einen treffenderen, prägnanteren Begriff für dieses Verfahren zu finden. Vielleicht könnte man auch von einem »Wiederanknüpfen an die eigenen Wurzeln«, einer »Rekonstruktion der familiären Wurzeln« oder einer »Neudefinition der Familienwurzeln« sprechen – ich weiß es nicht. »Elternrekonstruktion« ist unzutreffend; dieser Begriff klingt, als wollte man einen Elternteil real verändern, und er bezieht sich nur auf Eltern. Es ist aber wichtig, *alle* Familienmitglieder, die entscheidenden Einfluß auf Sie ausgeübt haben, in ihrer Menschlichkeit zu verstehen, und dazu gehören auch Großeltern, Tanten und Onkel.

Wie funktioniert nun das Verfahren der Familienrekonstruktion? Eine Familienrekonstruktion findet innerhalb einer Gruppe von Menschen statt, in der Regel mit acht bis 15 Personen. Die erste Aufgabe besteht in der Schaffung einer Vertrauensbasis und eines Sicherheit vermittelnden Arbeitsklimas. Derjenige, der seine Familienrekonstruktion machen will – ich nenne ihn den Entdecker –, wählt, nachdem er die im vorhergehenden Kapitel beschriebenen Vorarbeiten geleistet hat, Gruppenteilnehmer aus, die die Rollen des Vaters, der Mutter, der Brüder und Schwestern seiner eigenen Familie, die Rollen der Mutter und des Vaters, der Brüder und Schwestern des Vaters (väterliche Familie) sowie die des Vaters und der Mutter, der Brüder und Schwestern mütterlicherseits (mütterliche Familie) übernehmen sollen. Anders gesagt, der Entdecker sucht sich Leute aus, die jede Person aus den drei vorbereiteten Genogrammen spielen sollen. Bevor ich nun fortfahre, möchte ich noch eine Bemerkung zum Rollenspiel machen. Die Rollen zu spielen, ist sehr einfach. Es ist das Gegenteil dessen, was ein Schauspieler oder eine Schauspielerin macht. Einer Schauspielerin beispielsweise wird vom Regisseur gesagt, wie sie eine Rolle spielen soll. Der Regisseur will seine Vorstellung, wie die Spieler handeln und spielen und wie die Szenen ablaufen sollen, verwirklichen. Das hat nichts mit dem Rollenspiel in einer Familienrekonstruktion gemein. Wenn die Informationen über die Familie gegeben werden, wenn die Rollenspieler in einer Art Körperskulptur plaziert werden, stellen sich automatisch verschiedenste Gedanken und Emotionen in den Köpfen und im Gefühlsleben der Rollenspieler ein. Das ist kaum zu glauben, aber genau so ist es. Je mehr der Rollenspieler einfach er selbst ist, um so besser wird er seine Aufgabe erfüllen. Je mehr er oder sie sich bemüht, herauszufinden, wie dieser Mann oder diese Frau war, um so schlechter wird sein oder ihr Rollenspiel werden. Sie werden später noch genauer sehen, wie das funktioniert.

Jede Familie, die väterliche und die mütterliche sowie die eigene Herkunftsfamilie, wird der Reihe nach nachgespielt, wobei die eigene Herkunftsfamilie den Abschluß bildet. Normalerweise dauert das Verfahren ungefähr sieben Stunden, einschließlich ein oder zwei Stunden zum Aufbau eines vertrauensvollen Klimas in der Gruppe.

Beim Nachspielen der Familienstrukturen kommen (zusätzlich zur Auswahl der Rollenspieler) drei Verfahren zum Einsatz, nämlich die Skulpturtechnik, das Darstellen einzelner Szenen (verbal und durch Pantomime) und das Phantasieren. Ich möchte nun jedes dieser Verfahren erläutern und anschließend erklären, warum sie so erfolgreich und treffsicher funktionieren.

Bevor ich fortfahre, möchte ich Sie beruhigen. Viele Menschen, die etwas über Familienrekonstruktion gelesen haben, reagieren darauf mit Skepsis. Sie sind skeptisch, ob die Familienrekonstruktion funktioniert wie beschrieben. Sie bezweifeln, daß die Rollenspieler sich verhalten wie geschildert. Sie bezweifeln, daß ein vollkommen Fremder die Gefühle, Gedanken, Handlungen und Reaktionen, die in der porträtierten Familie oft vorkamen, richtig darstellen kann. Sie fragen sich, wie ein Entdecker, der wenig oder nichts über ein bestimmtes Mitglied einer Familie weiß, einen passenden Rollenspieler auswählen oder eine solche Person in einer Skulptur festhalten kann. Machen Sie sich keine Gedanken, wenn auch Sie von Skepsis und Zweifeln erfüllt sind. Im Laufe der Jahre habe ich festgestellt, daß das eine weitverbreitete und normale Reaktion auf die mündliche oder schriftliche Schilderung von Familienrekonstruktionen ist. Es ist einfach sehr schwierig, dieses Verfahren auf glaubhafte Art zu beschreiben. Viele Menschen können erst daran glauben oder es akzeptieren, wenn sie es persönlich erlebt oder eine Videoaufzeichnung davon gesehen haben.

Nach der Auswahl der Rollenspieler folgt als nächster Schritt die Aufführung des Stücks. Das erste Verfahren, das dabei zum Einsatz kommt, ist die Skulpturmethode. Der Entdecker wird beispielsweise vom Leiter der Familienrekonstruktion, der auch Leiter genannt wird, gebeten, den Rollenspieler, der seinen Vater darstellt, in eine körperliche Position zu bringen, die ausdrückt, wie der Entdecker seinen Vater wahrgenommen hat. Der Entdecker läßt den Rollenspieler vielleicht mit gespreizten Beinen, die Hände auf den Hüften, dastehen und mit ernstem Gesichtsausdruck geradeaus schauen. Oder er läßt ihn sich auf einen Stuhl setzen, zusammengesackt mit einem Glas in der einen Hand, während die andere auf seinem Schoß liegt und ein niedergeschlagener Ausdruck sein Gesicht überzieht.

Der Leiter kann den Entdecker auffordern, die Großeltern väterlicherseits in einer Skulptur anzuordnen, die seine Wahrnehmung ihrer Beziehung zueinander widerspiegelt. Ich sage zum Beispiel oft: »John [der Entdecker], ich möchte, daß Sie Louis und Marge [die Großeltern väterlicherseits] in einer Skulptur oder körperlichen Position plazieren, die Ihrem Bild von der Beziehung entspricht, die sie miteinander hatten, bevor sie Kinder bekamen. Stellen Sie sich vor, Sie seien ein berühmter Bildhauer. Sie haben zwei Steinblöcke hier in diesen beiden Rollenspielern. Und Sie wollen daraus eine Skulptur formen, die im örtlichen Kunstmuseum ausgestellt werden soll, so daß die Besucher beim Anblick der Skulptur ausrufen: ›Aha, so also war die Beziehung zwischen Louis und Marge am Anfang ihrer Ehe.‹«

John, der Entdecker, setzt dann vielleicht Louis einen Hut auf, zieht in keck über die linke Braue, läßt ihn eine lange Schlüsselkette in der rechten Hand herumwirbeln und fröhlich mit der linken Hand in der Tasche auf seine Frau blicken. Vielleicht stellt er dann Marge mit zurückgeworfenem Kopf Louis zur Rechten, mit beiden Beinen fest auf dem Boden stehend, die linke Hand in die Hüfte gestemmt, und läßt sie Louis kokette Blicke zuwerfen.

Dann weist der Leiter Louis und Marge an, sie sollen in dieser Position erstarren und darauf achten, welche Gefühle und Gedanken in ihnen aufsteigen. Ich lasse die Spieler ein oder zwei Minuten in dieser Position verharren, damit sie die Möglichkeit haben, verschiedene Gefühlsschichten und Gedanken, die auftauchen, wahrzunehmen.

Gestützt auf die Informationen, die die vom Entdecker vorbereitete Chronik der väterlichen Familie liefert, wird der Leiter dann den Rollenspielern sagen, daß Marge kurz nach ihrer Heirat schwanger wurde. Der Leiter steckt dann ein zusammengefaltetes Handtuch oder einen Pulli unter das Hemd oder die Bluse von Marge. Er fordert die Spieler erneut dazu auf, auf die nun aufsteigenden Gedanken und Gefühle zu achten.

Nehmen Sie einmal versuchshalber selbst die Position von Louis ein (setzen Sie einen Hut auf), und bleiben Sie eine Minute lang stehen, wobei Sie sich vorstellen, Sie würden auf die in der geschilderten

Weise neben Ihnen stehende Marge schauen. Seien Sie sich der Gefühle und Gedanken bewußt, die in Ihnen auftauchen. Versetzen Sie sich dann an Marges Stelle, posieren Sie wie beschrieben, stellen Sie sich vor, sie sähen Louis an. Bleiben Sie eine Minute so. Achten Sie wieder auf Ihre Gedanken und Gefühle.

Fahren Sie nun mit dem Experiment fort: Stecken Sie sich als Marge ein kleines Handtuch unter Hemd oder Bluse, um die Schwangerschaft mit dem ersten Kind zu symbolisieren. Nehmen Sie die alte Position wieder ein und prüfen Sie, ob Ihre Gefühle oder Gedanken sich verändert haben. Wenn das der Fall ist, lassen Sie sich von Ihren Gefühlen leiten und nehmen Sie eine neue Position ein, die Ihre Gefühle zum Ausdruck bringt. Bleiben Sie einen Augenblick so, um zu sehen, ob noch andere Gefühle aufkommen.

Nehmen Sie nun wieder Louis' Stelle ein, und sehen Sie Marge in ihrer neuen Position als Schwangere an. Achten Sie auf die Veränderung Ihrer Gefühle und Gedanken. Verändern Sie dann Ihre Position so, daß sie Ihren neuen Gefühlen und Gedanken entspricht.

Nach diesem Experiment ist Ihnen wahrscheinlich klar, wie Ihre anfänglichen Gefühle und Gedanken waren, wie die Veränderung der Skulptur (die durch das Handtuch symbolisierte Schwangerschaft) die Gefühle verändert, wie die Einnahme einer neuen Position Gefühle und Gedanken beeinflußt. Sie können sich nun vorstellen, wie Bewegung in ein Familiensystem kommt. Eine Skulptur führt zur nächsten, die Veränderung einer Person zieht die Veränderung der anderen nach sich. Die reaktive Veränderung der zweiten Person wiederum hat Auswirkungen auf die erste und so weiter.

Stellen Sie sich nun einfach vor, was mit Marge und Louis geschieht, als das Baby geboren wird, und welche Haltungen sie als Reaktion auf dieses neue Wesen in ihrem Leben einnehmen könnten. Der Leiter kann an diesem Punkt zu Louis und Marge sagen: »Lassen Sie nun Ihren Regungen freien Lauf, und drücken Sie sich mit Ihren eigenen Worten aus.«

Marge beugt sich vielleicht nach vorn und umarmt das Baby, während Louis sich über Marge beugt und sie mit einer Hand stützt. Marge könnte sagen: »Schau nur, Liebling, es ist ein Junge. Er ist wunderbar. Wie sollen wir ihn nennen?«

Und Louis sagt vielleicht: »Du hast es geschafft, mein Liebes! Ich wußte, du würdest es schaffen. Er sieht aus wie ich!«
Marge: »Das finde ich auch. Sollen wir ihn Louis nennen?«
Louis: »Also, ich weiß nicht so recht. Ein Louis im Haus ist genug; warum nennen wir ihn nicht nach deinem Vater, Edward? Vielleicht wird unser Junge so ein erfolgreicher Rechtsanwalt wie dein Vater.«
Marge: »Oh, Louis, das wäre wundervoll – du magst meinen Vater so gern. Komm, nimm Edward in den Arm; du wirst ihm nicht weh tun.«
Die Handlungen und Äußerungen, die der ursprünglichen Skulptur entspringen, bilden den Inhalt der Darstellung, des zweiten verwendeten Verfahrens. Der Leiter wählt dazu Szenen aus der väterlichen Chronik zum Nachspielen aus. Dabei konzentriert er sich auf solche Szenen, die die Persönlichkeitsentwicklung des Sohns (der Vater des Entdeckers) nachhaltig beeinflußt haben.
So kann der Leiter zum Beispiel sagen: »Marge, Sie sind drei Jahre nach Edwards Geburt wieder schwanger [er steckt wieder ein Handtuch unter die Bluse]. Schauen wir einmal, wie ihr drei [Marge, Louis und Edward] auf dieses Ereignis reagiert.« Die drei werden daraufhin alle Gefühle und Gedanken, die sie bewegen, in Bewegungen und Äußerungen zum Ausdruck bringen. Edward könnte beispielsweise sagen: »Mama, warum wirst du so dick?«, und Marge würde ihm antworten. Marge und Louis tendieren vielleicht dazu, über die zweite Schwangerschaft zu diskutieren. Die Rollenspieler werden nach jedem Ereignis der Chronik, das ihnen offenbart wird, aufgefordert, zu sagen und zu tun, was ihnen dazu einfällt. Jede Handlung des einen löst eine Reaktion der anderen aus, und diese Reaktion löst ihrerseits wieder eine neue Abfolge von Reiz-Reaktions-Sequenzen aus. So entwickeln sich die Motive der Familie und die Persönlichkeiten der Individuen wie im Zeitraffer.
Nehmen wir einmal an, das zweite Kind würde auch ein Sohn, genannt Robert, der der Vater des Entdeckers werden wird. Welche Ereignisse, die bleibenden Einfluß auf Roberts Entwicklung hatten, werden nun szenisch dargestellt? Die Geburten, Totgeburten, Fehlgeburten und Todesfälle in der Familie sind alle von großer Bedeutung. Geburt oder Tod eines Familienmitglieds haben tiefgreifende

Auswirkungen auf das Familiensystem und lösen bei den Mitgliedern unterschiedliche Reaktionen aus. Die Reaktionen auf die Todesfälle und Geburten beeinflussen Roberts Persönlichkeitsentwicklung. In gewisser Weise kann man eine Familie als ein System definieren, das Leben in die Welt setzt, dieses Leben nährt, dann seine Mitglieder auf den Tod vorbereitet und so den Kreis wieder schließt.

Es gibt noch weitere, der vorbereiteten Chronik entnommene Ereignisse, die für die Persönlichkeitsentwicklung der Familienmitglieder eine wichtige Rolle gespielt haben und ebenfalls zur Darstellung kommen müssen. Dazu gehören Umzüge in eine andere Stadt, Schulwechsel, Krankheiten, die Aufnahme eines Verwandten, Naturkatastrophen, Kriege, Brände, kriminelle Ereignisse. Erfolg und Mißerfolg sind von großer Bedeutung für die Persönlichkeitsentwicklung. Wie jeder einzelne mit diesen Siegen und Niederlagen umgeht, beeinflußt das Familiensystem ebenso wie Robert als Individuum. Beispiele dafür sind Louis' Verlust des Arbeitsplatzes während der Depression, Edwards schulisches Versagen, der Tod von Roberts Hund oder, auf der anderen Seite, Louis' Beförderung und der Erwerb eines Eigenheims, die Rettung des Nachbarkinds aus dem brennenden Haus durch Marge, Roberts Erfolge als Spielmacher der Footballmannschaft und Edwards Erwerb des Motorradführerscheins.

Der Leiter kann die Rollenspieler dann auffordern, einige Alltagssituationen nachzuspielen, die vielleicht gar nicht in der Chronik aufgeführt waren, aber Teil des Familienlebens waren. Dazu kann Weihnachten gehören, ein Geburtstag, ein Abendessen oder das Abliefern des Zeugnisses. Die Rollenspieler werden angewiesen, den Eingebungen zu folgen, die sie haben.

Wichtig ist, daß Ereignisse der Chronik, in denen geschildert wird, wie ein Familienmitglied in Schwierigkeiten gerät, szenisch dargestellt werden. Darunter fällt beispielsweise, daß Edward aus der Schule verwiesen wurde, daß Marge sich in einer Nacht betrank, daß Robert aus seiner Mannschaft ausgesperrt wurde, daß Louis entlassen wurde. Die Reaktionen der Familie auf diese Streßfaktoren beeinflussen Robert. Wenn die Chronik keine derartigen Ereignisse beinhaltet, wird der Leiter ein krisenhaftes Ereignis konstruieren. Es gibt keine Familie, in der es nicht irgendwann eine Krise gab. Es ist von entscheidender Bedeutung, daß der Entdecker durch die Rekonstruktion ein ausgewogenes Bild von seiner Familie entwickelt. Lustige oder spielerische Ereignisse müssen den ernsthaften die Waage halten.

Von Zeit zu Zeit unterbricht der Leiter diesen Prozeß, um nachzufragen, was der Entdecker und die Rollenspieler denken und fühlen. Der Leiter kann die Handlung auch gleichsam anhalten und die Spieler auffordern, die Augen zu schließen und sich bewußtzumachen, welche Bedürfnisse erfüllt werden und welche nicht. Der Leiter kann die Spieler dann auffordern, durch nonverbale Bewegungen eine Befriedigung ihrer Bedürfnisse zu erreichen. Diese Pantomime ist ein sehr wirkungsvolles Instrument, denn sie zwingt die Spieler, noch deutlicher aus sich herauszugehen, weil sie ihre Stimmen und ihre Sprache nicht einsetzen können.

Das sind Beispiele für einige der Ereignisse, durch die der Leiter die Familie hindurchsteuern kann. Der Leiter sagt den Rollenspielern *nie*, wie sie handeln, was sie sagen, was sie fühlen oder denken sollen. Das bleibt vollkommen den Spielern überlassen. Sie haben sich genügend in die Person, die sie verkörpern, hineinversetzt, um zu einer angemessenen Reaktion fähig zu sein.

Drei Faktoren tragen dazu bei, daß der Rollenspieler sich in die Person hineinversetzen kann, die er oder sie verkörpert: die Wahl des Rollenspielers, die ursprüngliche Skulptur, die der Entdecker gestaltet, und die daraus folgende spielerische Darstellung.

Die Auswahl der Rollenspieler ist von großer Bedeutung. Warum wählte der Entdecker unter den 15 Gruppenmitgliedern genau diese eine Person als Darsteller von Louis aus? Warum keine andere? Diese bestimmte Person hat etwas an sich, das den Entdecker glauben macht, sie hätte mehr Ähnlichkeit mit Louis' Charakter als die anderen 14.

Warum gestaltete der Entdecker die Skulptur genau so, wie er es tat, warum legte er die Haltung der Füße, Beine, Arme, Hände und Finger, den Gesichtsausdruck und die Blickrichtung genau so fest? Der Entdecker hätte tausend verschiedene Skulpturen machen können.

Warum genau diese? Weil diese eine im Unbewußten des Entdeckers mehr Ähnlichkeit als alle anderen mit Louis hat. Der Entdecker kann nicht genau sagen, warum er oder sie dieser einen Skulptur den Vorzug gegenüber allen anderen gibt. Die Wahl der Rollenspieler und die Haltung der Skulptur erklärt sich mehr aus dem unbewußten Wissen des Entdeckers als aus seinem bewußten Denken.

Das unbewußte Wissen des Entdeckers wird aktiviert, wenn er die Person, die Louis darstellen soll, auswählt und sie eine bestimmte Haltung einnehmen läßt. Das genügt, um den Rollenspieler in die Gefühle und Gedanken der Person, die er verkörpert, einzuführen. Im weiteren agiert der Rolleninhaber auf der Basis dieser ursprünglichen Gefühls- und Gedankenkonstellation, die durch die erste Skulptur ausgelöst wurde, und stellt die Ereignisse im Leben dieser Person und ihrer Familie dar. Selbstverständlich erweitert und entwickelt sich diese ursprüngliche Gefühlskonstellation mit dem Ablauf der verschiedenen Szenen und den zusätzlichen Informationen, die die Rollenspieler über ihren Hintergrund und ihr Leben erhalten. Das ist auch der Grund, weshalb es dem Rollenspieler freisteht, auf jede beliebige Art, die seinen Gefühlen entspricht, zu reagieren, anstatt daß der Leiter vorschreibt, wie jemand fühlen oder denken sollte.

Haben sich die Rollenspieler erst einmal genügend in ihre Rollen hineinversetzt, kann der Leiter die Phantasie einsetzen, um die Geschichte der Familie zu vervollständigen. Kehren wir noch einmal zu Louis, Marge, Edward und Robert zurück. Nehmen wir einmal an, die fiktive Familie hätte Ereignisse bis zu Roberts zehntem Geburtstag gespielt und Robert hätte nach Einschätzung des Leiters gut in seine Rolle hineingefunden, dann könnte der Leiter beispielsweise sagen: »Ich möchte nun, daß Sie alle vier die Augen schließen und in sich aufnehmen, was ich aus der Chronik vorlese. Sie werden spontan auf das Gehörte reagieren. Lassen Sie Ihrer Phantasie freien Lauf bei den Reaktionen auf das Gehörte.

1960 – Als Robert elf und Edward 14 ist, wird Edward, ein guter Sportler, von einem Baseball an der Stirn getroffen und liegt fünf Tage lang bewußtlos im Krankenhaus. Er wird schließlich wieder gesund, trägt jedoch bleibende Behinderungen davon. Er, der vorher ein Einserschüler war, ist nun auf Zusatzförderung angewiesen.

1964 – Robert wird mit 14 Klassensprecher in der ersten Klasse der High-School.
1964 – Robert weigert sich, in der Leichtathletikmannschaft seiner Schule anzutreten, obwohl er ein begabter Sportler ist; statt dessen tritt er der Laienspielgruppe bei.
1965 – Edward beendet die High-School und findet eine Anstellung als Schreinergehilfe.
1966 – Robert bringt nur noch mittelmäßige Noten nach Hause und wird ständig von Marge und Louis, die wissen, daß er mühelos Einser schreiben könnte, mit Vorwürfen überhäuft.
1968 – Robert macht mit 18 Abitur und weigert sich, aufs College zu gehen; er nimmt eine Stelle in einer Fabrik an und geht seinen schauspielerischen Neigungen im örtlichen Amateurtheater nach.
1970 – Robert lernt mit 20 Jahren bei den Proben für ein neues Stück Mary kennen; sie gehen miteinander aus und verlieben sich ineinander.
1972 – Robert und Mary heiraten.
Öffnen Sie nun alle vier wieder die Augen und schildern Sie dem Entdecker, welche Phantasien, Gefühle und Gedanken bei der Erzählung dieser Elemente aus der Chronik in Ihnen wach wurden.«
Louis, Marge, Edward und Robert beschreiben der Reihe nach ihre Reaktionen auf das Gehörte. Robert sagt zum Beispiel: »Nach Edwards Unfall war ich so unglücklich, daß ich glaubte, ich verdiente es nicht, besser als mein Bruder zu sein, deswegen stellte ich mein Licht unter den Scheffel. Ich wollte ihn nicht überflügeln, wollte nicht, daß er unglücklich wurde. Deshalb trat ich der Schulmannschaft nicht bei. Auch schulisch hielt ich mit meinen Fähigkeiten hinter dem Berg. Das Theaterspielen machte mir Spaß, aber irgend etwas fehlte in meinem Leben. Ich fühlte mich nur halb lebendig. Dann lernte ich Mary kennen. Sie akzeptierte mich, so wie ich bin. Ich klammerte mich an sie; sie wurde mein ein und alles. Endlich konnte ich Edward aus meinen Gedanken verbannen.«
Das zeigt, wie die Phantasie in einer Familienrekonstruktion zum Einsatz kommen kann.
Während Roberts Leben von der Geburt bis zu dem Zeitpunkt, da er Mary kennenlernt und sie heiratet, am Entdecker John vorüberzieht,

kann er einige Aspekte im Leben seines Vaters Robert nachvollziehen, von denen er bis dahin keine Ahnung gehabt hat. John beginnt zu verstehen, warum sein Vater Robert so sehr an seiner Mutter Mary hing und später so von ihr abhängig wurde. Robert hatte als Jugendlicher das Gefühl, daß er seinen behinderten Bruder Edward nie übertreffen durfte, damit Edward sich nicht unglücklich fühlte – das war Roberts Interpretation der Ereignisse. Als Robert älter wurde, konnten seine Eltern nicht begreifen, warum er in der Schule so nachließ und sich weigerte, an Leichtathletik teilzunehmen. Robert fühlte sich durch diesen Mangel an Verständnis von seiten seiner Eltern tief getroffen. Tatsächlich übten seine Eltern nur Druck auf ihn aus, damit er sich mehr anstrengte. So fühlte Robert sich außerdem von ihnen nicht akzeptiert. Er hatte das Gefühl, er sei nur halb lebendig, und seine Selbstachtung war schwer in Mitleidenschaft gezogen.

Dann tritt Mary in sein Leben, und sie akzeptiert ihn so, wie er war, ohne die Bedeutung von Roberts Vorgeschichte und die Interpretation, die er Edwards Unfall unterlegte, zu kennen. Sie spielte am Laientheater mit wie er. Das verband sie miteinander. Mary spürte auch Roberts Empfindsamkeit und fühlte sich davon angezogen. Sie sah seine Fürsorge für die Schwächeren, und das war ein weiterer Anziehungspunkt. Je mehr Mary dann zeigte, daß sie Robert akzeptierte, schätzte und anziehend fand, um so mehr verliebte er sich in sie. Er brauchte verzweifelt jemanden, der ihn liebte und akzeptierte.

Als John, der Entdecker, all das zum erstenmal erkennt, versteht er plötzlich vieles, was ihm an seinem Vater bislang unbegreiflich war. Vor allem aber sieht John das verletzbare Wesen, das Robert ist, und beginnt auf der Basis dieser neuen Wahrnehmung eine Beziehung zu Robert aufzunehmen. Er nimmt ihn mehr als gleichberechtigten Mitmenschen denn als überlegenen Vater wahr. Dank der Familienrekonstruktion kann John eine ganz neue Art der Bindung zu seinem Vater herstellen. Er kann ihn nun als menschliches Wesen akzeptieren und nicht nur in der *Rolle* des Vaters, die er in seinem Leben gespielt hatte. Selbst wenn Robert mit seinem Vater über dessen Kindheit hätte sprechen können, wären seinem Vater diese unbewußten Lebensentscheidungen, die er aufgrund der Verletzung seines Bruders getroffen hatte, vielleicht nicht klar gewesen. Also hätte er sie auch seinem Sohn nicht erklären können.

Dieses Beispiel veranschaulicht das Verfahren der Familienrekonstruktion und den Nutzen, den jeder, der seine eigene Familienrekonstruktion macht, daraus ziehen kann. Worauf es letztlich vor allem ankommt, ist, daß der Entdecker, indem er seine Mutter, seinen Vater und andere als menschliche Wesen wahrzunehmen lernt, fähig wird, *diese Wurzeln als Teil seiner selbst zu akzeptieren.* Wenn wir in unseren Eltern in erster Linie Mutter und Vater sehen, fällt es uns schwer, sie als Teil unser selbst zu akzeptieren. Zwischen Eltern und Kindern hat es oft stürmische Zeiten und Gefühlsverhärtungen gegeben. Wenn wir jedoch unsere Eltern als Menschen wie uns selbst sehen, fällt es uns viel leichter, sie als Teil unser selbst zu akzeptieren. In dem Maße, wie wir sie als Teil von uns akzeptieren, erlangen wir selbst Ganzheit. Wir integrieren unsere Wurzeln in unser Selbst. Diesem Gefühl der Ganzheit, des Angenommenseins entspringen alle anderen positiven Effekte wie wachsende Energie, zunehmendes Selbstvertrauen, größere Selbstachtung und ein gestärktes Identitätsgefühl.

Ich habe in diesem Beispiel nur die Entwicklung der väterlichen Familie beschrieben. Egal, mit welcher Familie der Leiter beginnt, die Entwicklung und szenische Darstellung aller anderen Familien schließt sich daran an, in unserem Fall der mütterlichen und der eigenen Herkunftsfamilie. *Bei weitem am wichtigsten ist jedoch die szenische Darstellung der väterlichen und der mütterlichen Familie.* In diesen Familien wird dem Entdecker die Entwicklung seiner Eltern von der Geburt bis zur Heirat deutlich. Wenn wir auf die Welt kommen, treffen wir auf unsere Eltern als Erwachsene, und unser Wissen und unsere Wahrnehmung von ihnen beginnt sich von diesem Zeitpunkt an auszubilden. Daher erleben wir sie als groß und uns selbst als klein; wir erleben sie als mächtig und uns als schwach; wir sehen sie als allwissend und erleben uns als wißbegierig; wir erfahren sie als kompetent und vollkommen und uns selbst als fehlerhaft und zu häufigem Scheitern verurteilt. Indem wir zu den Familien unserer Väter und Mütter zurückgehen, können wir auch unsere

Eltern als klein, schwach, abhängig, bedürftig, unwissend und fehlerhaft wahrnehmen und erfahren. Das bedeutet eine tiefgreifende Veränderung unserer Wahrnehmung. Es befähigt uns, sie als gleichwertig, als Menschen wie du und ich zu erfahren. Diese Erfahrung bliebe uns verwehrt, wenn wir nur unsere eigene Herkunftsfamilie nachspielen würden.

Dieses Beispiel zeigt auch, wie durch das Rollenspiel bei einer Familienrekonstruktion psychische Mechanismen des Vaters oder der Mutter freigelegt werden können, die die Eltern real vielleicht gar nicht offenbaren könnten. Robert ist sich in unserem Beispiel möglicherweise gar nicht dessen bewußt, wie abhängig er von Mary ist und wie sehr die Furcht, sie könnte sich von ihm abwenden, ihn dazu verleitete, seine Selbstachtung zu sehr an ihre Zuwendung zu binden. Vielleicht würde Robert sogar abstreiten, daß er zu abhängig von ihr war.

Und dieses Beispiel zeigt uns zudem, wie die Familienrekonstruktion zur Heilung von Wunden zwischen dem Entdecker John und seinem Vater beitragen kann. Nehmen wir einmal an, daß Johns Mutter in seiner Kindheit übermäßig fordernd und dominant war. Wenn John bei seinem Vater Hilfe im Kampf um mehr Unabhängigkeit von seiner Mutter suchte, dann fand er bei ihm nie Unterstützung. Robert gab Mary aus Angst, sie könnte ihm ihre Zuneigung entziehen, immer Rückendeckung, selbst dann, wenn er fühlte, daß John seiner Hilfe bedurfte. So entwickelte John im Laufe der Jahre einen verborgenen Groll gegen seinen Vater und ging zu ihm auf Distanz. Er hatte das Gefühl, er müßte ohne jegliche Unterstützung durch seinen Vater zu sich selbst finden.

Was bewirkt nun dieses Nachspielen der Familienmitglieder bei John? Nach seiner Familienrekonstruktion ist John in der Lage, die tiefer liegenden Motive für den Kampf seines Vaters um die eigene Selbstachtung nachzuvollziehen, den Sinn, den er in Edwards tragischen Unglücksfall hineininterpretierte, die Regel, die er befolgte, nämlich nie jemanden zu verletzen, seine Methode, all das zu bewältigen, indem er sich aus Studium und Sport zurückzog und den Einfluß dieser Faktoren auf seine Beziehung zu Mary, seine heimliche Retterin, zu begreifen. John kann nunmehr verstehen, warum Robert

Angst hatte, Mary zu widersprechen und nie zusammen mit ihm Partei gegen sie ergriff. John kann sich teilweise mit diesen Minderwertigkeitsgefühlen und dem Kampf um höhere Selbstachtung identifizieren. Johns Groll gegenüber Robert schwindet, sein Mitgefühl wächst, und er kann nun mehr Nähe zu ihm zulassen und die Entfremdung, die jahrelang zwischen ihnen herrschte, überbrücken.

Die Familienrekonstruktion ist somit ein höchst effektives und relativ schnelles Verfahren, durch das wir zu einer neuen und ausgeglicheneren Wahrnehmung unserer Eltern, Großeltern, Tanten und Onkel gelangen können und das alte Wunden und Narben aus unserer Kindheit verheilen läßt.

An den Schluß dieses Kapitels möchte ich einige Briefe stellen, die ich von Teilnehmern einiger von mir geleiteter Familienrekonstruktionen erhalten habe. Und ich möchte am Beispiel einer bemerkenswerten, von einer Gruppe von Studenten in der therapeutischen Ausbildung geleiteten Familienrekonstruktion aufzeigen, wie zutreffend die Ergebnisses dieses Verfahren sein können. Im folgenden lesen Sie zunächst Ausschnitte aus einem Brief, den ich von einem Entdecker vier Monate nach seiner Familienrekonstruktion erhalten habe.

Irgend etwas gärte in mir, aber ich konnte es die ganze Zeit über nicht recht zu fassen bekommen. Ich habe einen Freund, der mich immer wieder daran erinnerte, daß Veränderungen langsam, schmerzvoll und undramatisch zustande kommen. Vermutlich war es *das*, was so in mir gegärt hat. Möglicherweise habe ich mich unbewußt darauf vorbereitet, ein lebenslanges Muster selbstzerstörerischer Verhaltensweisen zu verlernen. Wie dem auch sei, auch wenn ich es zu diesem Zeitpunkt noch nicht so sah, im November gab ich das Rauchen auf. Manchmal wandelt mich noch die Lust an, aber ich will mir selbst nicht mehr so schaden. Einen Monat, nachdem ich zu rauchen aufgehört hatte, begann mein ständiges Hinauszögern mich ernstlich zu stören. Ich muß zugeben, daß ich mir durch keinen anderen Charakterzug so viel schade. Ich schiebe Dinge hinaus, bis sie entweder gar nicht mehr oder nur noch schlampig erledigt werden können. Es war eine quälende Angewohnheit, die ich offensichtlich einfach nicht ablegen konnte. Sie hatte solche Ausmaße angenommen, daß ich sogar Dinge hinausschob, von denen ich wußte, daß sie mir Spaß machten, nur weil ich

mich zu ihrer Erledigung verpflichtet hatte. Das hängt alles mit aufgestautem Ärger zusammen. Hauptsächlich mit Ärger über meine Eltern. Ich dachte nicht, daß ich mich noch immer über sie ärgerte, aber so war es. Dumm und kindisch, aber genau so fühlte ich mich all die Jahre. Wie ein Kind, das so tut, als sei es erwachsen. Ich hatte eine ziemlich genaue Vorstellung davon, wie reifes Verhalten auszusehen hatte, und die meiste Zeit über schaffte ich es, mich entsprechend zu benehmen. Doch innerlich fühlte ich mich wie ein Kind, und in mancher Hinsicht bin ich noch immer 14. Die Demut zwingt mich, das zuzugeben.
Ich muß jedoch sagen, daß ich langsam Land in Sicht sehe. Immer öfter erledige ich Dinge, ohne sie wie früher erst hinauszuschieben. Ich fühle mich nicht mehr so, als müßte ich mich vor einer Strapaze oder einer lästigen Pflicht drücken. Ich empfinde nicht mehr die gewohnte kindliche Wut darüber, daß ich das Geschirr abspülen oder die Betten machen muß. Ich fange an, Dinge tun zu *wollen*, weil ich mich wohl dabei fühle. Es ist kaum zu glauben, ich bin nun 42 Jahre alt und schlage mich noch immer mit solchem Unfug herum. Und es ist ebenso kaum zu glauben, daß ich diesem Unfug eine solche negative Macht über mich habe gewinnen lassen. Ich bin zwar noch nicht ganz in Ordnung, aber ich funktioniere schon besser. Ich bin davon überzeugt, daß ich ohne die Familienrekonstruktion nicht solche Fortschritte gemacht hätte. Sie hat mir wirklich die Augen geöffnet. Es war eine große Überraschung für mich, zu erfahren, daß ich mich immer selbst gebremst habe, um meinen Bruder nicht »zu verletzen«. Ich glaube, das ist ein Dreh- und Angelpunkt meines Lebens ...

(Es ist Zufall, daß in diesem Brief die gleiche Angst, den Bruder zu verletzen, als zentrales Motiv angesprochen wird wie in der fiktiven Erzählung Edwards zuvor.)
Dieser Brief schildert die Veränderungen im Leben dieser Person, die sich vier Monate nach der Familienrekonstruktion einstellten. Abgesehen von dem Hinweis auf seinen Bruder bietet der Schreiber keine Erklärung dafür, inwiefern die Familienrekonstruktion in ihm diese Veränderungen bewirkte. Alles, was er sagt, ist, daß die Rekonstruktion ihm bei seiner Weiterentwicklung half. Das ist ein weiteres Beispiel dafür, wie durch eine bessere Integration der eigenen Wurzeln Energien für die Bewältigung aktueller Anforderungen freigesetzt werden. Das schenkte ihm mehr Kraft, Selbstachtung und Reife. Seine »Rückkehr nach Hause« half ihm, erwachsen zu werden.

Ungefähr einen Monat später erhielt ich einen zweiten Brief von diesem Mann. Darin schildert er auf wunderbar symbolische Art die tieferen Motive, die einer Wahrnehmung der Eltern als menschliche Wesen zugrunde liegen. Der Brief ist zudem bedeutsam, weil sich heute so viele Menschen mit irgendeiner Art von Sucht herumschlagen.

Ich habe Ihnen damals nichts davon erzählt, aber heute scheint es mir angemessen und vielleicht auch nützlich, Ihnen davon zu berichten. Ich bin Alkoholiker. Ich befand mich im siebten Monat meiner Genesung, als ich die Familienrekonstruktion machte. Das ist nun ungefähr ein Jahr her. Ich glaube, daß die Rekonstruktion mir sehr geholfen hat. Ich kann sie jedem nur empfehlen. Tatsächlich glaube ich, daß alle Teilnehmer einer Entzugstherapie davon profitieren würden, besonders bevor sie den vierten und fünften Schritt [des Zwölf-Schritte-Programms der Anonymen Alkoholiker; Anm.d.Ü.] machen. Das ist der Zeitpunkt, an dem wir uns auf die Suche nach unserer Vergangenheit machen und alle Verletzungen, die wir selbst erlitten oder anderen zufügten, von uns abwerfen. Ich versuche nicht das Therapieprogramm umzuschreiben, aber es scheint so, als ob diejenigen unter uns, die das Programm der Anonymen Alkoholiker mit einer Therapie außerhalb kombinieren, ein wenig schneller wieder auf die Beine kommen als die, die das nicht tun. Ich glaube, daß die Familienrekonstruktion eine große Hilfe dabei sein könnte.
Meine Familienrekonstruktion befreite mich von einer Menge aufgestautem Ärger, zu dem ich im vierten und fünften Schritt nicht vorgedrungen war. Je mehr ich meine Eltern in ihrer menschlichen Unzulänglichkeit akzeptieren konnte, um so mehr konnte ich auch ihre Fehler akzeptieren. Und dadurch erschienen mir auch meine eigenen Fehler weniger schrecklich. Was anfangs nur eine allmähliche Veränderung war, gewinnt nun anscheinend an Tempo, wie ein Ballon, der aufsteigt, wenn er aus seiner Verankerung gelöst wird. Der Unterschied ist allerdings, daß ich für den Fortschritt arbeiten muß, aber das ist nicht so schwierig. Es kommt mir nicht so vor, als würde ich einen aussichtslosen Kampf führen. Vielmehr habe ich das Gefühl, eine positive Richtung eingeschlagen zu haben, und ich muß nicht mehr an meinen Ausgangspunkt zurückkehren. Früher lebte ich immer mit diesem niederdrückenden Gefühl, daß eine unsichtbare Kraft mich in jenen Zustand zurückzuziehen suchte, aus dem ich mich gerade mühsam befreit hatte. Und dieses Gefühl war durchaus realistisch.

Immer wieder erging es mir genauso. Heute habe ich dieses Gefühl nicht mehr. Ich weiß, ich kann zurückgehen, aber ich muß nicht. Früher fühlte ich mich immer ohnmächtig. Immer kam es mir so vor, als würde ich früher oder später wieder einen Rückfall erleiden, egal, wie sehr ich mich auch anstrengte. Heute weiß ich, daß ich eine Chance habe.

Ab dem Moment, wo dieser Mann seine Eltern als menschliche Wesen mit ihren eigenen Unzulänglichkeiten wahrnahm, konnte er auch »ihre Fehler akzeptieren«. Indem er ihre Fehler akzeptierte, akzeptierte er sie als Teil seiner selbst. Und dadurch *akzeptiert er sich selbst*. Deshalb kann er nun sagen: »Ich fand meine eigenen Fehler weniger schrecklich.«
Beachten Sie diese wichtige Aussage: »Früher lebte ich immer mit diesem niederdrückenden Gefühl, daß eine unsichtbare Kraft mich in jenen Zustand zurückzuziehen suchte, aus dem ich mich gerade mühsam befreit hatte. Und dieses Gefühl war durchaus realistisch... Früher fühlte ich mich immer ohnmächtig.« Was ist diese unsichtbare Kraft? Ich glaube, es ist die Macht seiner Eltern, die ihm eine Ansammlung von Wertvorstellungen, Regeln und Bewältigungsstrategien mitgaben, die er tief verinnerlichte, als er so verwundbar wie ein Kind war. Indem er seine Eltern in der Rekonstruktion als gleichberechtigte Menschen *erlebte*, löste er sich aus der absoluten Gewalt, die aus diesen erworbenen Vorstellungen resultierte. Die Macht seiner gottähnlichen Eltern wurde auf ein menschliches Maß reduziert. Seine Bindung an seine Eltern glich nun nicht mehr der eines Kindes an seine Eltern, sondern der einer Bindung zwischen Erwachsenen. Die Ohnmacht des Kindes wird ersetzt durch die Macht eines Erwachsenen, die er gewann, *als er sich die neue Wahrnehmung seiner Eltern als Menschen wie du und ich zu eigen machte.*
Die nächsten Auszüge stammen aus dem Brief einer Frau, die einen sehr gestörten und verwirrenden familiären Hintergrund hatte. Sie litt unter einem Inzesttrauma. Sie hatte sehr verworrene Vorstellungen über den Inhalt ihrer Genogramme und Chroniken. Sie waren voller Fragezeichen, weil sie die meisten Daten nur raten konnte. Nachdem sie in jungen Jahren ihre Familie verlassen hatte, hatte sie

kaum noch Kontakt zu ihr aufrechterhalten. Sie steckte voller Wut, hatte Angst vor ihrer Familie und war tief verletzt. Nichtsdestoweniger beschäftigte sie sich viel mit ihren familiären Wurzeln, ja, sie war geradezu besessen davon. Sie wirkte sehr emotional, doch ich entdeckte in ihr eine bemerkenswerte Widerstandsfähigkeit. Sie wollte ihre Familienrekonstruktion machen. Ich willigte ein. Ich konnte nicht nur ihre Widerstandskraft sehen, sondern auch, wie sehr sie in ihrer Entwicklung festgefahren war und daß es ihr sehr helfen würde, wenn sie sich von ihrer Familie lösen könnte. Also schritten wir ohne viel gesicherte Information zur Tat. Es war eine wunderbare Erfahrung für sie. Es motivierte sie und gab ihr den Mut, in ihre Heimat zurückzukehren und mit den noch lebenden Mitgliedern ihrer weitverzweigten Familie Kontakt aufzunehmen. Hier einige Auszüge aus einem ihrer Briefe:

Ich bin soeben von dem Treffen mit meinen Tanten und meiner Großmutter zurückgekommen. Der Prozeß meiner Familienrekonstruktion dauert an. Ich bin glücklich, daß ich freundlich empfangen wurde. Ich habe vieles über meine Familie erfahren. Es hat wohl auf beiden Seiten Störungen gegeben. Ich habe erfahren, daß mein Vater gestorben ist ... Ich versuche noch immer herauszukriegen, wer wem was antat. Alle möglichen Gefühle stiegen in mir auf, als ich dorthin zurückfuhr und jeden traf, der noch am Leben ist. Ärger über das, was mir entgangen ist; Befriedigung, weil ich mehr über das Haus meiner Erinnerung erfahren habe; Traurigkeit über das, was nicht war und nie sein wird; Fragen. Was hoffe ich durch all dieses Suchen und Nachforschen zu finden? Ist es der Mühe wert? Ist die Familie so wichtig, daß wir unser Leben unterbrechen, um uns auf die Suche nach diesem Unbekannten zu machen? Seit meiner Rückkehr beschäftigen mich diese Fragen, und langsam komme ich zu einigen Schlüssen. Ich habe erkannt, daß ich, so sehr ich mich auch angestrengt habe, kläglich gescheitert bin, diese Person zu sein, die niemanden und nichts wirklich braucht. Ganz egal, wie sehr ich mich bemüht habe, mir selbst eine Insel zu sein, ich habe es nicht geschafft. *Was ich auf meiner Suche gefunden habe, ist ein Gefühl der Zugehörigkeit.* Ganz egal, wie diese Familien sind, egal, was sie mir angetan haben, und egal, wie wenig Kontakt ich zu ihnen hatte, jetzt habe und in Zukunft haben werde, ich gehöre zu ihnen. Und weil ich sagen und spüren kann, daß ich zu ihnen gehöre und zu allem, was hinter mir liegt, kann ich nun auch sehen, daß ich mir selbst gehöre und daß es einzig meine

Sache ist, was ich von nun an tue. Es ist meine Sache, zu entscheiden, was ich mit dem anstellen werde, was mir von diesen Familien mitgegeben wurde, von dieser Vielzahl von Menschen, die ich brauchte, um diesen Brief zu schreiben. Sie alle stehen hinter mir, und irgendwie kommt mir das nun so ehrfurchtgebietend vor, und ich fühle mich so ganz, weil ich das jetzt weiß. Ja, es ist der Mühe wert. Die Familie ist so wichtig. Ich bin Ihnen so dankbar für meine Familienrekonstruktion; ich kann gar nicht sagen, wie wichtig sie für mich war.

Drei Monate später erhielt ich einen weiteren Brief von ihr. Hier noch einige Auszüge daraus:

Heute nacht hat mich mein Bruder besucht. Es ist das erste Mal seit 20 Jahren, daß er das tat. Ich habe ihm geschrieben und ihn gebeten, sich mit mir in Verbindung zu setzen, aber ich habe nichts von ihm gehört. Bis heute hat er keine Ahnung davon, wie traurig mich dieses Fehlen einer Beziehung gemacht hat. Wir sprachen hauptsächlich über seine Kinder und seine Arbeit; aber das Gespräch kam auch kurz auf die Geheimnisse, die es uns unmöglich machten, aufeinander zuzugehen ... Er sagte mir, er sei noch immer erschüttert durch diese Information und daß wir später darüber sprechen würden, aber jetzt fiele es ihm noch zu schwer ... Jedenfalls bedeutete mir seine Anwesenheit sehr viel. Es bestärkt mich in meiner Erkenntnis, daß das meiste, was ich mir selbst vorgeworfen habe, nichts mit mir zu tun hatte – es hatte vor allem damit zu tun, wo die Leute zu diesem Zeitpunkt waren. Das Beste, was ich tun kann, ist, die Tür offenzuhalten und mein eigenes Leben weiterzuleben. Noch immer macht es mich traurig, daß so viele andere es nicht schaffen, Frieden mit sich selbst zu schließen, von einem Frieden mit den anderen Mitgliedern ihrer Familie ganz zu schweigen.

Diese Ausführungen zeigen, wie diese Frau durch die Familienrekonstruktion in die Lage versetzt wurde, wieder eine Bindung zu ihrer Familie herzustellen, wie positiv sich das auf sie auswirkte, wie sie dadurch fähig wurde, sich »ganz« zu fühlen. Sie zeigen auch, wie ihr Zorn nachließ, wie sie fähig wurde, zu verstehen, daß jeder im Rahmen seiner einzigartigen Ausstattung und Erfahrungen sein Leben gestaltet, und wie sie die Verantwortung für sich und ihr Leben übernehmen konnte.

Beachten Sie den Inhalt ihrer Aussage: »Und weil ich sagen und spüren kann, daß ich zu ihnen gehöre und zu allem, was hinter mir liegt, kann ich nun auch sehen, *daß ich mir selbst gehöre und daß es einzig meine Sache ist, was ich von nun an tue*« (Hervorhebung von mir). Indem man seine Wurzeln akzeptiert, akzeptiert man sich selbst. Wie viele Menschen gibt es, die nicht fähig sind, die Verantwortung für ihre Handlungen und ihr Leben zu übernehmen. Entweder machen sie anderen Vorwürfe, oder sie fühlen sich hilflos. Ich habe den Verdacht, daß ihnen eine adäquate Integration ihrer Wurzeln nicht gelungen ist!

Ich sprach mit einem jungen Mann Mitte 30, der fünf Monate zuvor seine Familienrekonstruktion gemacht hatte. Er erzählte mir, er käme soeben vom ersten, fünftägigen Aufenthalt bei seinen Eltern seit seiner Rekonstruktion zurück. Während er bei ihnen war, wurde ihm schnell bewußt, wieviel ruhiger er im Vergleich zu früheren Besuchen war. Ihm wurde bewußt, wieviel von seiner Wut sich aufgelöst hatte, obwohl er während seines Besuchs manchmal wütend auf sie wurde. Er sah sie »mit milderen Augen«. Während seines Besuches hatte er immer wieder in Rückblenden seine Familienrekonstruktion vor Augen, und das half ihm, sein neugewonnenes Verständnis für seine Eltern als Gleichgestellte aufrechtzuerhalten.

Er fuhr fort mit der Bemerkung, daß die Familienrekonstruktion ihm helfe, weitreichende Veränderungen in seinem Leben vorzunehmen. »Welche Veränderungen?« fragte ich ihn. Seine Antwort überraschte mich einigermaßen. Ich erwartete Äußerungen, die ich schon öfter gehört hatte, zum Beispiel: »Ich fühle mich meiner Frau und meinen Kindern näher«, »Ich habe abgenommen«, »Ich habe mit dem Rauchen aufgehört« oder: »Ich habe eine andere Stelle angenommen.« Statt dessen sagte er: »Ich fand es tief beeindruckend, daß meine Genogramme in aller Öffentlichkeit ausgebreitet wurden und die Gruppe darauf reagierte. *Es machte meine Familie lebendig.* Vorher war meine Familie irgendwie – unwirklich. Ich wußte, daß sie existierte! Irgendwie sieht meine Familie nun wie eine Familie aus; ich spüre mit einer gewissen Ehrfurcht, daß ich zu einer Familie gehöre. Die Familienrekonstruktion hat mich von einem Gefühl befreit, das ich mein ganzes Leben lang empfunden habe, etwas wie: ›Ich gehöre nicht hierher, ich habe keinen Platz hier ... Nun fühle ich, daß ich wohin gehöre und daß ich einen Platz habe.‹«

Das war die einschneidende Veränderung in seinem Alltagsleben, von der er gesprochen hatte. Diese Veränderung geht viel tiefer als eine Gewichtsabnahme oder ein Stellenwechsel. In seinen Aussagen kommt eine bemerkenswerte Steigerung seiner Selbstachtung zum Ausdruck – »Ich gehöre wohin; ich habe meinen Platz.« Das war die Aussage einc festverwurzelten Mannes.

Dies waren drei Beispiele für Familienrekonstruktionen im besten Sinne. Nicht alle Rekonstruktionen tragen so großartige Früchte. Ich vermute, daß unter den 800 oder mehr Rekonstruktionen, die ich geleitet habe, fünf oder sechs waren, bei denen ich mich gefragt habe, ob der Entdecker viel davon hatte. Selbstverständlich zieht jeder Mensch unterschiedlich Nutzen daraus. Manche profitieren ungeheuer davon, andere weniger. Ich kann nur darüber spekulieren, warum bei diesen fünf oder sechs so wenig dabei herauskam. Ich weiß, wie es ist, wenn man eine Person zwei- oder dreimal durch eine Familienrekonstruktion führt. In diesen Fällen ist es eindeutig so, daß sich bei jeder Rekonstruktion ein anderes Resultat ergibt. Der Entdecker befindet sich in jedem Fall in einer unterschiedlichen Phase seiner Entwicklung, was das unterschiedliche Ergebnis erklärt. Entweder waren diese fünf oder sechs nicht bereit zu großen Veränderungen, oder ich lag in meiner Anleitung wirklich daneben. Wer etwas über Familienrekonstruktion hört, ohne selbst damit Erfahrungen zu haben, fragt sich oft, ob das Nachspielen von bestimmten Szenen und die zur Schau getragenen Haltungen der Familienmitglieder die Realität treffen oder reine Fiktion sind. Meiner Erfahrung nach stimmen 80 bis 90 Prozent der Darstellungen mit der Realität überein. Wenn die Entdecker ihre Eltern oder Tanten oder Onkel mit dem in der Familienrekonstruktion gewonnenen Wissen konfrontieren, stellt sich meist heraus, daß vieles davon wahrheitsgetreu ist.

Ich möchte nun einen so gelagerten Fall schildern und anschließend darauf eingehen, was geschieht, wenn die in der Rekonstruktion enthüllten Informationen nicht zutreffen.

Vor mehreren Jahren machte eine Frau ihre Rekonstruktion unter der Anleitung dreier unserer Studenten, die zur Leitung von Familienrekonstruktionen ausgebildet wurden. Gewöhnlich nehmen wir die Rekonstruktionen in unseren Gruppen auf Video auf und geben das Band dann dem Entdecker. Später kann dieser das Band wieder ansehen, um die Erfahrung noch einmal zu durchleben, sowie sein Augenmerk auf bestimmte Aspekte richten, die ihm während der Rekonstruktion selbst entgangen waren.
Diese Frau, ich will sie hier Marie nennen, zeigte die Videoaufnahme ihrer 65 Jahre alten Mutter und ihrer Schwester. In einem Brief schilderte sie mir dieses Experiment. Ich zitiere hier einen Abschnitt daraus.

Diesen Juli besuchten mich meine Mutter und meine Schwester zu Hause. Ich muß vorausschicken, daß ich sehr beklommen war, als ich ihnen vorschlug, das Rekonstruktionsband mit mir zusammen anzusehen. Ich fragte mich, wie sie darauf reagieren würden. Wir sahen die ungeschnittene Aufnahme meiner Rekonstruktion zusammen an. Es war alles andere als ein professionelles Werk! Manchmal sah man nur den Rücken eines Teilnehmers oder den Fußboden, und man mußte sich mit unverständlichen Stellen herumschlagen. Aber wir sahen das ganze Band an, Stunde um Stunde, bis um drei Uhr morgens. Am Ende quoll der Tisch vor uns über mit nassen Taschentüchern, weil wir uns quasi zusammen durch das Experiment geweint hatten.
Sie werden sich erinnern, daß Velma, die Frau, die die Rolle meiner Mutter gespielt hatte, berichtete, daß sie nie jemanden verkörpert hätte, der so viel Schmerz und so viel Angst erfahren hätte wie meine Mutter, obwohl sie bereits an mindestens 20 Rekonstruktionen teilgenommen hätte. Tatsächlich ging sie an diesem Abend nach Hause und erlitt einen Asthmaanfall. Genau das hat meine Mutter ihr ganzes Leben lang getan – sie hat ihr Leid körperlich ausgedrückt ...
Die spontane, tränenreiche Reaktion meiner Mutter war, daß die ganze Rekonstruktion vollkommen zutreffend und sehr aufschlußreich sei. In einem Brief schrieb sie später,»wie überwältigt mein Vater gewesen sein muß (er wuchs in einem Waisenhaus auf) ... die Qualen, die er wegen seiner Verfehlung durchgemacht haben muß«. Sie wünschte sich nichts sehnlicher, als daß die Versöhnungsszene auch im wirklichen Leben stattgefunden hätte. »Ich glaube wirklich, ich könnte die Aufnahme immer

wieder ansehen, und jedesmal würde ich etwas Neues darin entdecken«, schreibt sie.

In diesem Fall wurden die erhaltenen Informationen durch Maries Mutter bestätigt.

Nehmen wir aber nun einmal den Fall, daß die Informationen und die Darstellungen der Rollenspieler nicht zutreffen. Dann kann man zwei Überlegungen anstellen. Die erste betrifft den Fall, daß die Eltern des Entdeckers noch leben und bereit sind, über die Ergebnisse der Rekonstruktion zu sprechen. Indem die Eltern oder Großeltern die in der Rekonstruktion nachgespielten Informationen und Einstellungen korrigieren, erklären sie ihre realen Gefühle und Einstellungen. Dadurch nehmen sie für den Entdecker menschlichere Züge an als vor seiner Familienrekonstruktion. Die Eltern erzählen dem Entdecker als Reaktion auf die Erfahrung der Rollenspieler, wie ihre Kindheit wirklich war, während sie davor solche Gedanken und Empfindungen nicht preisgaben. Häufig lösen die Vorgänge im Rollenspieler in einem Elternteil Erinnerungen an einschneidende Erlebnisse aus, an die der Betreffende sich ohne die stimulierende Wirkung der Äußerungen des Rollenspielers nicht erinnert hätte.

Die zweite Überlegung betrifft den Fall, daß der Entdecker keine Möglichkeit hat, mit Angehörigen Verbindung aufzunehmen, die den Wahrheitsgehalt in den Reaktionen der Rollenspieler überprüfen könnten. Was dann? Der Entdecker kann nicht mit Bestimmtheit sagen, ob diese Ereignisse und Einstellungen zutreffen oder nicht. Aber das ist nicht der springende Punkt. Das Entscheidende ist, daß diese Menschen, die später Vater und Mutter des Entdeckers wurden, als verwundbare menschliche Wesen wahrgenommen werden. In 98 Prozent der Fälle spürt der Entdecker, ob die zutage geförderten Enthüllungen in seinen Augen einen Sinn machen oder nicht. Wenn nicht, dann wird dem Entdecker zumindest ein Szenario geboten, auf das er mit seiner Phantasie reagieren kann, um sich eine nachvollziehbare Situation vorzustellen. Und eben dadurch sieht der Entdecker in seiner Phantasie seine Eltern als Menschen wie du und ich.

Das Wesentliche ist also, daß ich meine Mutter und meinen Vater als menschliche Wesen wahrnehme. Dann kann ich mich auf gleicher Stufe mit ihnen akzeptieren, was bedeutet, daß ich »an sie heranreiche«. Es macht keinen Unterschied, ob die Art, wie ich sie als Menschen sehe, mit der Realität übereinstimmt oder nicht. In mir hat eine tiefgreifende Veränderung stattgefunden. Meine Wahrnehmung und meine emotionale Haltung ihnen gegenüber ist eine andere geworden. Während ich sie zuerst als Eltern *über mir* wahrgenommen habe, sehe ich sie nun als Menschen *auf einer Ebene mit mir*. Eines nämlich wissen wir mit Bestimmtheit: Sie sind ebenso menschlich wie ich, denn sie werden von den gleichen zentralen Motiven geleitet, die ich weiter oben aufgeführt habe: von dem Wunsch, geliebt zu werden und mit sich in Einklang zu sein, vom Bedürfnis, ihrem Leben einen Sinn zu geben, vom Bedürfnis, ihre inneren Regeln zu befolgen, um gut zu sein und von den eigenen Eltern akzeptiert zu werden, von dem Wunsch, mit Bedrohungen durch Bewältigungsstrategien fertig zu werden, und von der Sehnsucht nach befriedigenden Beziehungen mit wichtigen Menschen und nach menschlicher Nähe. Wie diese grundlegenden Motive im Leben ausagiert werden, unterscheidet sich von Individuum zu Individuum; die Beweggründe jedoch sind die gleichen. Denn wirklich, Mama und Papa sind Mary und Robert.

19 Warum die Familienrekonstruktion funktioniert

Woran liegt es, daß den Menschen, die sich einer Familienrekonstruktion unterziehen, das, was dabei ans Licht kommt, so einleuchtend erscheint? Woran liegt es, daß die Tatsachen und Grundeinstellungen, die von den Rollenspielern zur Schau getragen werden, sich größtenteils als wahrheitsgetreu erweisen, wenn der Entdecker sie überprüft? Anders gesagt, wie können die Rollenspieler so authentische Porträts von den Menschen zeichnen, die sie spielen sollen?

Die Leute wundern sich oft darüber, wie treffsicher ein Entdecker die jeweiligen Rollenspieler auswählt. Ich habe Rekonstruktionen unter vielen unterschiedlichen Rahmenbedingungen geleitet. Zwar ist der gängigste Rahmen eine laufende Gruppe mit acht bis 15 Teilnehmern, von denen jeder etwa einen Monat lang seine Rekonstruktion macht, doch häufig leite ich auch Familienrekonstruktionen in Großgruppen mit 40 bis 150 Menschen, in denen sich ein Teilnehmer als Entdecker zur Verfügung stellt. Unter solchen Umständen grenzt die extreme Treffsicherheit, mit der die Rollenspieler ausgewählt werden, ans Wunderbare, weil der Entdecker die Person, die seine Mutter, seinen Vater oder seine Großeltern verkörpern soll, nie zuvor gesehen hat. Häufig machen Rollenspieler am Ende der Familienrekonstruktion Bemerkungen wie: »Es ist komisch, daß Sie ausgerechnet mich ausgewählt haben; auch ich komme aus einer Familie skandinavischen Ursprungs, und ich habe meine Mutter mit sechs Jahren verloren, so wie Sie die Ihre mit sieben« oder: »Wußten Sie, daß ich in Iowa aufgewachsen bin, nur 15 Kilometer vom Haus Ihrer Großeltern entfernt? Tatsächlich kannten wir einige dieser Leute« oder: »Ich bin verblüfft; auch ich

habe einen eineiigen Zwillingsbruder, genau wie Ihr Vater. Wie sind Sie gerade auf mich gekommen?«
Sind all das rein zufällige Übereinstimmungen? Ich weiß es nicht. Vielleicht steckt weiter nichts dahinter. Jedenfalls kommt dergleichen ziemlich häufig vor.

Weit beeindruckender und dramatischer ist jedoch das, was in beinahe 95 Prozent der Fälle geschieht, daß nämlich der Entdecker Rollenspieler auswählt, die sich so bedingungslos in ihre Rolle hineinversetzen, daß der Entdecker immer wieder Bemerkungen macht wie:»Meine Mutter würde genau das gleiche sagen«,»Sie bewegen sogar Ihre Hände wie mein Onkel«,»Sie haben eine so große Ähnlichkeit mit meiner Großmutter, ich kann es einfach nicht fassen!« Während der Entdecker sieht und hört, wie eine Szene sich abspielt oder wie das Leben seiner Mutter und seines Vaters vor seinen Augen abrollt, sagt er etwa:»Das stimmt haargenau«,»Das leuchtet mir ein«,»Das ist meine Mutter, wie sie leibt und lebt!«

Der Entdecker ist fähig, sich mit den grundlegenden Gefühlen, Gedanken, Reaktionen und Einstellungen der Rollenspieler als getreue Wiedergabe dessen zu identifizieren, was er über die realen Familienmitglieder weiß. Es ist dieses »Das stimmt haargenau«, das die Rekonstruktion für den Entdecker so glaubwürdig macht, so daß ihm auch die Elemente der Rekonstruktion, über die er selbst nichts weiß, einleuchtend erscheinen, wenn sie ihm offenbart werden. Rätsel lösen sich auf, Geheimnisse werden gelüftet, und die Handlungen der Familienmitglieder werden verständlicher.

Beispiele für solche ungelösten Rätsel sind:
– Warum ließ Mutter die Kinder im Stich?
– Warum beging Vater Selbstmord?
– Warum fing Onkel Mike zu trinken an?
– Warum wurde Mutter als Kind in ein Waisenheim gebracht?
– Warum ging Vater so früh von zu Hause weg?
– Warum schliefen die Großeltern in verschiedenen Zimmern?
– Warum war mein älterer Bruder so erfolgsfixiert?
– Warum heiratete Tante Mary nie?
– Warum wurde ich adoptiert?
– Liebte meine Mutter mich wirklich nicht?

- Hätte mein Vater lieber einen Jungen an meiner Stelle gehabt?
- Warum war Mutter so deprimiert?
- Warum war Vater so wütend?

Noch erstaunlicher ist, daß der Entdecker in der Mehrheit der Fälle feststellt, daß die in der Rekonstruktion dargestellten Ereignisse und insbesondere die grundlegenden Gefühle und Einstellungen tatsächlich der Realität entsprechen. Ich möchte dazu auf das Beispiel am Ende des vorhergehenden Kapitels verweisen.

Ist das alles ein zufälliges Zusammentreffen? Ich glaube nicht. Wie erklärt es sich dann, daß der Entdecker unter 100 Fremden genau die Person auswählt, die das Familienmitglied, das sie spielt, so treffend darstellen kann?

Ich denke, daß zwei Faktoren dieses Phänomen zumindest teilweise erklären können. Der eine ist, daß jeder von uns eine ungeheure Menge an Wissen über die Mitglieder seiner Familie in seinem Unbewußten gespeichert hat. Und zum anderen verfügt jeder von uns über eine beeindruckende Fähigkeit, intuitiv in anderen Menschen »zu lesen«. Da beide Faktoren im Unbewußten wirksam sind, ist uns logischerweise nicht bewußt, wieviel wir über unsere Familie wissen und wie weit unsere Fähigkeit, andere Menschen einzuschätzen, geht.

Aus neurobiologischen Untersuchungen weiß man, daß das Gehirn die unzähligen Sinneseindrücke, die über die Haut oder den Tastsinn auf unseren Körper einwirken, ebenso speichert wie die Sinneseindrücke, die über den Gehörsinn, den Geruchssinn oder die visuelle Wahrnehmung eintreffen. Dieser Prozeß setzt bereits vor der Geburt im Fötus ein. Erst jetzt werden wir uns stärker des Einflusses bewußt, den die Ernährung, der Drogenkonsum, der Alkohol- und Nikotinmißbrauch der Mutter sowie ihre emotionale Verfassung auf den Fötus in ihrem Bauch haben kann. Diese Faktoren haben vor allem Auswirkungen auf unser Unbewußtes. Wir wissen außerdem, daß unsere Chromosomen, Gene und die DNS in einer Art Mosaik Menschen und Einflüsse aus der Vergangenheit speichern.

Wieviel Informationen wir unbewußt aufnehmen, läßt sich an manchen Träumen veranschaulichen, die praktische Hinweise beinhalten. Ich kann beispielsweise träumen, ich wäre mit dem Auto unterwegs und hätte einen Unfall. Nach dem Erwachen wird mir klar, daß ich tatsächlich vor einer Reise stehe und zum Flughafen fahren muß. Vor dem Start werfe ich noch einen prüfenden Blick auf das Auto und stelle fest, daß mein linker Hinterreifen beinahe platt ist. Der Grund dafür ist, daß meine Augen am vorhergehenden Tag diesen Eindruck aufgenommen haben, ohne daß ich bewußt darauf geachtet hätte. In meinem Traum lenkte mein Unbewußtes meine Aufmerksamkeit auf diese praktische Einzelheit. Vielleicht hatten Sie selbst schon ähnliche Träume. Das soll selbstverständlich nicht bedeuten, daß alle Träume von solch praktischer Natur sind.

Im Laufe der Jahre haben wir also, beginnend mit der Vereinigung von Eizelle und Sperma im Mutterleib, alle möglichen Informationen aufgenommen, einschließlich der Informationen über unsere Familie. Wir haben bewußt und unbewußt registriert, wie das Verhältnis unserer Eltern untereinander war, welche Gefühle sie sich gegenseitig und uns entgegenbrachten. Wir haben unserem Unbewußten Fakten, Einzelheiten, Ereignisse und Geschichten über unsere familiären Wurzeln einverleibt. Auch wenn wir uns kaum an die Zeit vor dem Alter von drei, vier oder fünf Jahren erinnern können, so ist dieses Wissen dennoch gespeichert. Wenn wir es für wichtig erachten, können wir uns zu vielem Zugang verschaffen.

Forschung und Experimente der letzten 30 Jahre haben bestätigt, wieviel Wissen wir mit uns herumtragen. Ich möchte hier auf die Arbeiten eines in diesem Bereich tätigen Forschers hinweisen, nämlich auf Dr. Stanislav Grof. Er ist Psychiater und befaßt sich seit mehr als 30 Jahren mit der Erforschung anormaler Bewußtseinszustände, angefangen mit Experimenten mit LSD in der Tschechoslowakei 1957. Nach seiner Auswanderung in die Vereinigten Staaten wurde er Leiter der psychiatrischen Forschungsabteilung des Maryland Psychiatric Research Center und Assistenzprofessor an der John Hopkins University School of Medicine. Später entwickelte er eine Atemtechnik, die er als holotropes Atmen (holotropic breathwork ®) bezeichnete und die tatsächlich bis ins Unbewußte vordringt.

Grof berichtet, daß viele seiner Versuchspersonen in einem anomalen Bewußtseinszustand in der Lage waren, Erinnerungen aus den ersten Tagen und Wochen ihres Lebens mit beinahe photographischer Genauigkeit abzurufen. Noch erstaunlicher ist sein Befund, daß die Versuchspersonen »Elemente ihrer biologischen Geburt in all ihrer Komplexität und manchmal mit erstaunlichen, objektiv nachweisbaren Einzelheiten wiedererleben. Ich konnte die Richtigkeit vieler solcher Erlebnisse bestätigen, wenn die Bedingungen dafür günstig waren, und zwar häufig bei Personen, die vorher keine Kenntnisse von den Umständen ihrer Geburt besessen hatten. Sie konnten Eigenheiten und Anomalien ihrer fötalen Lage, Einzelheiten der Entbindung, geburtshelferische Maßnahmen und Details der nachgeburtlichen Pflege erkennen. Dazu gehörten beispielsweise wiedergeweckte Erinnerungen an eine Steißlage, an eine placenta previa, an eine um den Hals geschlungene Nabelschnur, an während der Geburt verwendetes Rizinusöl, an Geburtszangen, an verschiedene Manipulationen mit den Händen, an verschiedene Betäubungsmittel sowie an spezielle Wiederbelebungsmaßnahmen« (*Geburt, Tod und Transzendenz*, Kösel-Verlag, 1985, Seite 49).

Und weiter: »Ähnlich bringen Erlebnisse aus dem Leben der Vorfahren, Elemente des kollektiven und rassischen Unbewußten im Jungschen Sinn und Erinnerungen an ›frühere Inkarnationen‹ recht bemerkenswerte Einzelheiten über bestimmte historische Ereignisse und Kostüme sowie über Architektur, Waffen, Kunst oder religiöse Praktiken der jeweiligen Kulturen ans Tageslicht. Diejenigen, die im LSD-Rausch Ereignisse aus der Phylogenese wiedererlebten oder das Bewußtsein von Tieren lebender Arten hatten, empfanden diese Erlebnisse nicht nur als ungewöhnlich authentisch und überzeugend, sondern gewannen auch außerordentliche Einblicke in die Psychologie, Ethologie, in spezielle Verhaltensweisen, komplexe Reproduktionszyklen und Werbetänze verschiedener Spezies« (ebd., Seite 53).

Diese Forschungsergebnisse belegen, wie phänomenal groß unser gespeichertes Wissen ist. Doch der größte Teil davon ist uns nicht bewußt. Meiner Meinung nach schöpft der Entdecker bei der Festlegung der Rollenspieler aus diesem riesigen, im Unbewußten angesiedelten Wissensspeicher.

Die geeignete Wahl des Darstellers hängt aber auch von der Fähigkeit des Entdeckers ab, die Persönlichkeit eines Spielers richtig einzuschätzen. Wie gelingt ihm das?

Unsere Körper speichern und manifestieren, auch wenn uns das unheimlich erscheinen mag, auf vielerlei Art die Geschichte unseres Lebens und die Wurzeln unserer Abstammung. In gewisser Weise ähneln wir aufgeschlagenen Büchern, unabhängig davon, wie sehr wir uns anstrengen, ein »Pokerface« aufzusetzen. Vielleicht ist es unser Glück, daß ein normaler Mensch in einem normalen Bewußtseinszustand nicht in diesem aufgeschlagenen Buch lesen kann. So können wir die meiste Zeit über unsere Abgeschirmtheit bewahren und unser wahres Selbst vor anderen verbergen. Ein außergewöhnlicher Mensch jedoch, wie der fiktive scharfe Beobachter Sherlock Holmes oder ein Hellseher oder ein normaler Mensch in einem anomalen Bewußtseinszustand, kann im offenen Buch eines anderen Menschen lesen.

Die moderne Wissenschaft erbringt auch den Beweis dafür, daß unser Körper unsere Vergangenheit in sich bewahrt. Anscheinend löst jeder Gedanke, den ein Mensch hat, eine emotionale und körperliche Reaktion aus; jede Emotion, die ein Mensch verspürt, löst eine mentale und physische Reaktion aus; jeder physische Reiz löst eine mentale und emotionale Reaktion aus.

Immer mehr Wissenschaftler sind heute der Auffassung, daß es keine Trennung zwischen Geist und Körper gibt. Geist und Körper sind ein und dasselbe. *Wenn das zutrifft, dann hat jede Erfahrung, die wir machen, auch ein physisches Korrelat und wird Teil unserer körperlichen Verfassung.* Unsere persönliche Geschichte menschlicher Erfahrung wird in unserem Körper gespeichert. Ernest Rossi, Doktor der Philosophie, schreibt dazu: »Wo ist die Verbindung zwischen Geist und Körper? Können wir sie unter einem Mikroskop sehen? Können wir sie in einem Reagenzglas untersuchen?

Es war ein harter Kampf, der viel Zähigkeit und Beharrlichkeit erforderte, bis ich mich durch die neueren medizinischen und psychophysiologischen Texte hindurchgearbeitet hatte, in denen es nur so wimmelt von Begriffen wie Leib-Seele-Dualismus, Streß, Psychoneuroimmunologie, Neuroendokrinologie, Molekulargenetik und Neurobiologie des Gedächtnisses und des Lernens. Alle diese Richtungen befassen sich mit Begriffen und Daten, von denen die meisten von uns, die seit mehr als zehn Jahren nicht mehr die Schulbank drücken, noch nie etwas gehört haben.

Was mich bei meinen Nachforschungen am meisten irritierte, war die Erkenntnis, daß keiner dieser Spezialisten, die etwas zu wissen schienen, es je der Mühe für wert befand, sein Wissen mit Menschen jenseits der engen Grenzen seines Sachgebiets zu teilen. Während ich die Fakten und Schlußfolgerungen der verschiedenen Spezialgebiete zusammentrug, stieß ich immer wieder auf scheinbar bizarre Begriffe, die anscheinend auf handfesten Untersuchungen beruhten, die jedoch niemand zu akzeptieren bereit war.

Zum Beispiel: Gibt es wirklich eine Verbindung zwischen Denken und Genen? Steuert das Gehirn nicht nur unsere Emotionen und den Blutdruck, sondern auch die Bildung der Gene und Moleküle selbst, die in den mikroskopisch kleinen Zellen unseres Körpers entstehen? Gibt es einen echten Beweis dafür? Nun, wenn man einen Endokrinologen hartnäckig genug bedrängt, dann wird er oder sie zugeben: ›Ja, so ist es wirklich!‹ Unter mentalem Streß wandelt das limbisch-hypothalamische System im Gehirn die neuronalen Botschaften des Gehirns in die neurohormonalen Botenmoleküle des Körpers um. Diese wiederum können das endokrine System zur Produktion von Steroiden anregen, die in die Kerne verschiedener Körperzellen eindringen können, um die Expression der Gene zu modulieren. Diese Gene regen dann die Zellen zur Produktion der verschiedenen Moleküle an, die den Stoffwechsel, das Wachstum, das Aktivationsniveau, die Sexualität und die Immunantwort bei Krankheit und Gesundheit regulieren. Es gibt wirklich eine Verbindung zwischen Bewußtsein und Körper! Das Bewußtsein variiert letztendlich die Entstehung und Expression der Lebensmoleküle!« (*The Psychobiology of Mind-Body-Healing*, W.W. Norton, 1986, Seite XIII f.)

Ein weiteres Indiz dafür, daß das Denken den Körper verändert, liefern die Ergebnisse der Placeboforschung. Ein Placebo ist ein Präparat, das keine Arzneiwirkstoffe enthält, von einem Arzt jedoch mit der Behauptung verabreicht wird, es handle sich um ein bestimmtes Medikament mit einer umschriebenen Wirkung. Das Pla-

cebo weist keinerlei chemische Eigenschaften auf, die die vorhergesagten Wirkungen hervorrufen könnten. Dennoch findet man bei Menschen, die ein Placebo einnehmen, aufgrund des bloßen Glaubens, daß es sich dabei um ein Medikament handle, eine chemische Veränderung in ihrem Körper und einen Heilungseffekt. Es gibt beispielsweise etwa 30 Doppelblindversuche, in denen nachgewiesen wurde, daß Valium bei der Behandlung von Angst nicht effektiver als ein Placebo ist.
Wie oft haben Sie zum Beispiel im Supermarkt einen Fremden angesehen und gesagt: »Der ist aber wütend«, »Der sieht deprimiert aus«, »Der Mann hat keine Energie«, »Die Frau ist traurig«, »Das ist ein glücklicher Mensch«. Wie kamen Sie auf diese Gedanken? Wahrscheinlich haben Sie im Körper dieses Menschen gelesen. Der Mensch mag ein Fremder sein, doch der Körper hat zusammengepreßte Lippen und »zornige Augen«, oder er ist gebeugt und schleppt sich mühsam dahin, oder die Augen sind »traurig«, oder der Körper bewegt sich federnd, und auf dem Gesicht liegt ein Lächeln. Die entscheidenden Bedeutungen, die wir aus den Ereignissen unseres Lebens herausgefiltert haben, sind in unserem Körper gespeichert. Die Regeln, nach denen wir unser Leben gestalten, die Methoden, mit denen wir Streß bewältigen, wie wir uns auf andere beziehen oder nicht, all das ist in unserem Körper gespeichert.
Ich möchte dazu einige Beispiele zitieren. An der University of Chicago wurde eine Untersuchung durchgeführt, über deren Ergebnisse Dr. Norman Shealy und Carolyne Myss in *Auch Du kannst Dich heilen* schreiben. Die Untersuchungspersonen waren 200 leitende Angestellte der Illinois Bell Telephone. Ungefähr die Hälfte der Probanden wies als Folge von einschneidenden Lebensveränderungen körperliche Streßsymptome auf, die andere Hälfte dagegen kaum. Es stellte sich heraus, daß die 100 Personen, die kaum Streßsymptome zeigten, Veränderungen als Chance zur Weiterentwicklung begriffen, während die anderen Veränderungen als Bedrohung ihrer Sicherheit erlebten.
Die Bedeutung, die man dem Leben gibt, hat also einen Einfluß auf Vorgänge im Körper. Shealy und Myss berichten dazu: »Selbst bei Rauchern, Übergewichtigen und Menschen mit sonstigen gesund-

heitsschädlichen Gewohnheiten ist das Krankheitsrisiko geringer, wenn die Betroffenen über ein verläßliches soziales Auffangnetz verfügen. In der Tat spricht vieles dafür, daß ›Liebe wichtiger ist als eine gesunde Lebensführung‹. Dazu führte ich eigens eine Studie an hundert pensionierten Klosterschwestern durch. Sechsundachtzig Nonnen waren über achtzig Jahre alt und etwa achtzehn über neunzig Jahre alt. Alle bis auf eine, die über hundert Jahre alt war, schienen in einigermaßen guter gesundheitlicher Verfassung zu sein. Die Ordensfrauen neigten zu Übergewicht, hatten zu wenig körperliche Bewegung und zeigten eine besondere Vorliebe für Kaffee, Schokolade und Süßigkeiten. Sie waren jedoch mit ihrer klösterlichen Lebensweise über die Maßen zufrieden und lebten offensichtlich länger als Laienfrauen« (*Auch Du kannst Dich heilen*, Laredo Verlag, 1994).

Das ist nur ein weiteres überzeugendes Beispiel dafür, wie die Interpretation, die ein Mensch seinem Leben gibt, im Körper gespeichert wird. Eine übergewichtige, naschende Nonne hat einen Körper mit einem perfekten Immunsystem.

Diese Forschungsergebnisse verdeutlichen zwei wichtige Aspekte unserer Persönlichkeit: Der eine ist, daß wir in uns, und zwar in erster Linie in unserem Unbewußten, riesige Informationsmengen über unser Leben, unsere Familie und unsere Vorgeschichte gespeichert haben, und der andere ist, daß unser Körper unser Leben widerspiegelt, weil alles, was uns widerfährt, sich in unserer physischen Verfassung niederschlägt.

Der Entdecker kann also in einer Familienrekonstruktion jenen unbewußten Speicher an Informationen über seine Familie und Geschichte anzapfen. Außerdem kann er aus dem Körper und den Handlungen eines anderen auf die Einstellungen, Gefühle und auf die Lebensgeschichte des Betreffenden schließen. Diese Informationsaufnahme geschieht meist nicht wirklich bewußt. Das heißt, der Entdecker sieht nicht etwa einen Menschen an und denkt dann: »Aha, der Vater dieses Menschen kommt auch aus Schweden und war der Älteste in der Familie wie mein Vater, also werde ich ihn auswählen.« Die Information wird auf eine unbewußte Weise aufgenommen, eher so: »Ich weiß nicht recht, warum ich möchte, daß du meinen Vater spielst, aber irgend etwas sagt mir, daß du der Richtige dafür bist.«

Wenn ich eine Rekonstruktion leite, begleite ich oft die Auswahl der Rollenspieler durch den Entdecker mit Kommentaren wie: »Vertrauen Sie auf Ihren Bauch«, »Lassen Sie sich von Ihrem Gefühl leiten«, »Warten Sie, bis sich Ihnen die Person, die Sie wollen, aufdrängt«, »Versuchen Sie nicht, das Richtige zu tun«, »Überlegen Sie nicht lange, sondern achten Sie darauf, ob Sie zu Ihrer Wahl stehen«. All diese Kommentare helfen dem Entdecker, Zugang zu seinem Unbewußten zu finden.

Abgesehen von einem veränderten Bewußtseinszustand ist der *Glaube*, daß alle diese Informationen im Unbewußten gespeichert sind und daß wir sie dort abrufen können, eine weitere wichtige Bedingung, um zum Unbewußten Zugang zu finden. Ich möchte dieses Phänomen am Beispiel von Träumen veranschaulichen. Oft erzählen mir Leute, sie würden nie träumen. Doch aus der Gehirnforschung weiß man, daß alle Menschen träumen. Am häufigsten träumen wir in der Phase des leichten Schlafs vor dem Aufwachen. Manche Menschen wollen aufgrund von Erinnerungen an kindliche Alpträume nicht »träumen«, das heißt sich an Träume erinnern. Wenn ich Menschen, die »nie träumen«, davon überzeuge, daß Träume Freunde sind, daß sie de facto sehr wohl träumen und daß sie sich an ihre Träume erinnern können, wenn sie nur wollen, dann beginnen diese Menschen sich oft zum erstenmal in ihrem Leben an ihre Träume zu erinnern. Manche werden so gut darin, daß sie sich beinahe jede Nacht an einen Traum erinnern und sogar ein Traumtagebuch führen. Sie mußten erst daran *glauben*, daß sie träumen und sich an ihre Träume erinnern können, und sie mußten sich diese Erinnerung *wünschen*, um es dann auch zu tun.

Zusammenfassend kann man sagen, daß der Entdecker die Rollenspieler so treffend auswählt, weil er erstens unbewußte Informationen über seine Herkunftsfamilie und seine Vorfahren hat, zweitens weil er glaubt, daß er sich Zugang zu diesem Wissen verschaffen kann, und drittens, weil er sich in einem veränderten Bewußtseinszustand befindet und über das Unbewußte Zugang zu diesem Wissen finden kann.

Das beeindruckendste Beispiel für diese Vorgänge bieten Erwachsene, die als Kinder adoptiert wurden und nichts oder nur wenig über ihre biologischen Eltern »wissen«. Es ist erstaunlich, wie diese Adoptivkinder ihre Rekonstruktion machen können, obwohl sie glauben, sie wüßten nichts über ihre Herkunft. Die Situation von Adoptivkindern ist so bedeutsam, daß ich im nächsten Kapitel eigens darauf eingehen werde.

Auch bei der Schaffung einer Skulptur greift der Entdecker größtenteils auf dieses unbewußte Wissen zurück. Meistens bitte ich den Entdecker, die verschiedenen Körperskulpturen von Individuen und Familienkonstellationen schweigend zu formen. Das nonverbale künstlerische Gestalten von Skulpturen ist eine andere Art, sich in einen anderen Bewußtseinszustand hineinzuversetzen. Künstlerische Ausdrucksformen wie Musik, Poesie, Malerei und Bildhauerei sind möglicherweise mehr Ausdruck wie auch Stimuli des Unbewußten als des Bewußtseins.

Die Entdecker gehen daher sowohl bei der Wahl der Rollenspieler wie auch beim Formen von Körperskulpturen über ihr bewußtes Wissen hinaus und machen sich neue Informationen über ihre Eltern und Familienangehörigen zugänglich.

Geht man nun davon aus, daß der Entdecker sich bei der Wahl der Darsteller und bei der Gestaltung der Skulpturen auf sein bewußtes wie unbewußtes Wissen über die Familie stützt, so erhebt sich allerdings noch die Frage, wie die Spieler ihre Rollen so gut ausfüllen können. Unabhängig davon, wie sehr wir uns als Individuen unterscheiden, ob wir alt oder jung sind, reich oder arm, gebildet oder nicht, schwarz oder weiß, Indianer oder Araber, Stadt- oder Landkinder, Einzelkind oder mit vielen Geschwistern gesegnet – uns allen ist die gleiche grundlegende menschliche Natur gemeinsam. Wir wollen geliebt, verstanden, anerkannt werden. Wir denken, phantasieren, fühlen, träumen. Wir alle haben schon Wut, Enttäuschung, Trauer, Freude, Erregung, Angst empfunden. Wir alle haben eine Mutter und einen Vater. Wir alle hatten eine Nabelschnur.

Weil uns die gleiche menschliche Natur gemeinsam ist, kann ein Mensch die grundlegenden Gefühle eines anderen, seine Art, Sinn zu stiften, seine Einstellungen, seine Methode der Bewältigung von Bedrohung und sein Verlangen, in Einklang mit sich zu sein, nachvollziehen. Manchmal werde ich gefragt, kann ein Amerikaner wirklich die Rollen eines Chinesen, Indianers oder Afrikaners spielen? Aus meinen Erfahrungen bei der Leitung von Familienrekonstruktionen eines Chinesen, Japaners, Franzosen, Deutschen oder Inders ergaben sich keine Probleme, wenn die Darsteller weiße Amerikaner waren. Auch wenn sich die Wertvorstellungen und Regeln, die ein Individuum mit einer anderen Kultur hat, von denen eines weißen Mittelschichtamerikaners unterscheiden, so versteht der Amerikaner doch, was es bedeutet, einen Sinn in den Dingen zu suchen und nach bestimmten Regeln zu leben. Und wenn er in den familiären Hintergrund eingeweiht wird, als Skulptur geformt wird und im Kontext der Familienchronik agiert, dann wird er in gewisser Weise selbst zum Chinesen oder Inder.

Diese Erfahrung ist natürlich nicht identisch mit der Erfahrung der realen Person, die verkörpert wird, aber sie stellt eine analoge Entsprechung dazu dar. So macht auch jeder einzelne von eineiigen Zwillingen, die in derselben Familie aufwachsen, seine oder ihre einzigartige menschliche Erfahrung. Die Zwillinge verstehen einander auf analoge Art.

Ein anderer Faktor, der erklärt, warum ein Darsteller eine Rolle so authentisch ausfüllen kann, ist die Einheit von Körper und Seele. Das bedeutet, daß mein Körper, wenn er auf eine bestimmte Art skulptiert wird, ein bestimmtes Konglomerat von Gefühlen, Wünschen und Gedanken auslöst. Wenn ich beispielsweise so aufgestellt werde, daß meine Füße fest auf dem Boden stehen, der rechte Arm, die Hand und der ausgestreckte Zeigefinger starr auf jemanden zeigen und mein Gesicht einen bösen Ausdruck annimmt, dann werde ich anfangen, Wut, aufgestaute Energie und Anspannung in meinem Körper zu fühlen. Verharre ich einige Minuten in dieser Position, werde ich mich vereinzelt fühlen. Verächtliche oder haßerfüllte Gedanken steigen in mir auf. Wenn ich dagegen so aufgebaut werde, daß ich mit der Hand auf meinem Herzen auf dem rechten Knie knie und mit einem flehenden Gesichtsausdruck zu einer vor mir stehenden Person aufsehe, dann beginne ich mich schwach, zittrig, hilflos, niedergeschlagen zu fühlen, und Gedanken wie »Es tut mir leid, es war mein Fehler, ich werde alles tun, um es wiedergutzumachen« steigen in mir auf. Wenn ich lange genug so verharren muß, empfinde ich vielleicht wachsende Wut.

So wie jedem Gedanken und jedem Gefühl eine physische Reaktion des Körpers entspricht, so kann man auch eine bestimmte Gefühlskonstellation auslösen, wenn der Körper entsprechend skulptiert wird.

Zusammenfassend sind Körperskulpturen aufgrund unserer gemeinsamen menschlichen Natur und der Einheit von Körper und Seele ein höchst effektives Instrument, um Zugang zum Unbewußten zu finden, und ein wirksames Mittel, um das Spiel eines Darstellers lebendig zu machen. In Verbindung mit der Wahl eines geeigneten Darstellers kann dadurch das authentische Porträt der Mutter oder des Vaters oder der Großeltern eines Entdeckers entstehen. Sind die grundlegenden Gefühle und Gedanken erst einmal stimuliert, bieten die Szenen dem Entdecker ein hervorragendes Mittel zum tieferen Verständnis der Persönlichkeit seiner Eltern – besonders im Rahmen der mütterlichen und väterlichen Familien.

Es gibt noch einen weiteren Faktor, der als Erklärung für die Effektivität von Familienrekonstruktionen dienen kann. Ich meine die Tatsache, daß dabei Rollenspieler anstelle von realen Familienmitgliedern zum Einsatz kommen. Man könnte sich ja fragen, warum die tatsächlichen Familienmitglieder ihre Rollen nicht selbst spielen sollten, wenn sie bei einer Rekonstruktion dabei wären?

Der Grund dafür ist subtil. Eltern tendieren dazu, ihre Kinder zu beschützen, auch wenn sie schon erwachsen sind. Deshalb schrecken sie möglicherweise davor zurück, ihre negativen Gedanken und Gefühle oder die leidvollen Ereignisse in ihren eigenen Familien mütterlicher- oder väterlicherseits zu offenbaren. Zudem sind Eltern oft durch ihre eigenen inneren Regeln wie »Familiengeheimnisse behält man für sich« oder »Was du nicht weißt, macht dich nicht heiß« und das Inzesttabu blockiert. Diese Normen hindern Eltern daran, offen über negative, schmerzliche und sexuelle Elemente ihres persönlichen Lebens zu sprechen. Rollenspieler sind in dieser Hinsicht nicht so gehemmt.

Doch es gibt noch zwei weitere Gründe, warum Rollenspieler besser geeignet sind als leibliche Familienangehörige. Erstens hat jedes Familienmitglied seine eigene Wahrnehmung der Familiengeschichte und der Familienangehörigen, die sich in gewisser Weise von der des Entdeckers unterscheidet. Familienmitglieder könnten deshalb versucht sein, die Rekonstruktion so zu manipulieren, daß sie ihrer eigenen Wahrnehmung entspricht. Mitten in der Rekonstruktion könnte dies den Entdecker, der die Freiheit braucht, sich in seinem eigenen Tempo eine neue Wahrnehmung aus der alten zu entwickeln, irritieren. Außerdem besteht zwischen dem Entdecker und dem Darsteller keine emotionale Bindung, und der Entdecker weiß, daß der Rollenspieler im Gegensatz zu einem realen Familienmitglied kein persönliches Interesse am Ergebnis hat. Das ermöglicht ihm, sich mit größerer Offenheit auf eine neue Wahrnehmung einzulassen.

Zweitens sind Familienmitglieder so in ihre Gefühle verstrickt, daß sie unfähig sind, die zarteren Gefühle, die unter den auffälligsten Emotionen verborgen liegen, zu sehen. Es sind jedoch eben diese zarten Gefühle, die die wahre Menschlichkeit eines Familienmitglieds offenbaren. Ein Schauspieler kann sich dieser zarten Gefühle leichter bewußt werden.

Nehmen wir beispielsweise einen Vater, der seine ganze Identität daran festmacht, daß er der Ernährer der Familie ist. Seine Selbstachtung ruht auf seiner Fähigkeit, geschäftlich erfolgreich zu sein und für Frau und Kinder zu sorgen. Also arbeitet er viel und denkt nur noch ans Geschäft. Er fühlt sich gut, weil er seine Vorstellungen vom idealen Ehemann und Vater erfüllt, und so entgeht ihm vielleicht eine gewisse Einsamkeit, die in ihm lauert. Er merkt nicht, daß er sich nach Zuneigung von seiner Familie und seiner Frau sehnt. Der echte Vater hat vielleicht keinen Zugang zu diesem Verlangen und wäre deswegen unfähig, es in einer Familienrekonstruktion zu offenbaren. Ein Rollenspieler könnte aber Zugang zu diesem fehlenden Teil finden. Wenn der Rollenspieler das aufdecken kann, kann der Entdecker ein zärtlicheres Verhältnis zu seinem Vater entwickeln.

Ein weiterer Grund für die außerordentliche Effektivität der Familienrekonstruktion ist, daß sie lebendige Menschen in lebendigen

Szenen benutzt und so dem eigenen Wissen eine dreidimensionale Qualität verleiht. Die Familienrekonstruktion wirkt auf Augen, Ohren und Körper; sie bezieht alle Sinne mit ein, nicht nur den Intellekt. Daher ist sie bestens geeignet, holistisch zu wirken, das heißt Körper, Emotionen, Bewußtsein und Geist mit einzuschließen.

Es gibt noch einige weitere Faktoren, die einen Einfluß auf die Wirksamkeit der Familienrekonstruktion haben. Der bedeutsamste ist der Grad an Motivation, die der Entdecker mitbringt, um eine neue Wahrnehmung seiner Familienangehörigen zu gewinnen. Je größer die Motivation des Entdeckers ist, um so weniger Abwehr wird er gegen eine Veränderung seiner Wahrnehmung bezüglich seiner Mutter oder seines Vaters mobilisieren. Je größer die Motivation ist, um so gründlicher wird er sich in den Genogrammen, Chroniken und Geburtsphantasien auf die Rekonstruktion vorbereiten. Manche hochmotivierten Entdecker sprechen praktisch mit sämtlichen lebenden Angehörigen und sammeln Daten und Informationen über die frühe Geschichte der Familie.

Ein weiterer wichtiger Faktor ist, wieviel Vertrauen der Entdecker der Gruppe und dem Leiter oder den Co-Leitern entgegenbringt. Die Familienrekonstruktion kann vielen Menschen Angst einflößen. Diese Angst wird gemindert, wenn der Entdecker dem Geschick und der Fürsorge des Leiters und dem Schutz der Gruppe vertraut.

Im Laufe der Jahre habe ich festgestellt, daß noch ein weiteres Element starken Einfluß auf die Qualität der Rekonstruktion hat, nämlich der Grad an Sympathie zwischen den Gruppenmitgliedern. Ich beziehe mich hier auf eine fortlaufende Gruppe, die sich für die Dauer von zehn oder zwölf Monaten einmal monatlich trifft, in der jedes Mitglied seine Rekonstruktion macht. In manchen Gruppen wächst offenbar die Sympathie und Fürsorge unter den Gruppenmitgliedern mehr als in anderen. Ich weiß nicht, warum das so ist, aber es ist so. Wenn die Sympathie so groß ist, daß man sie spüren kann, ziehen nicht nur die Entdecker, sondern alle Gruppenmitglieder großen Nutzen aus den Rekonstruktionen. Die monatliche Gruppenerfahrung wird selbst zu einem Katalysator, der die gegenseitige Sympathie wachsen läßt und die Gruppenmitglieder befähigt, andere mit mehr Einfühlungsvermögen und Verständnis zu sehen und sie mehr so zu akzeptieren, wie sie sind. Die Gruppenerfahrung trägt dazu bei, daß die Teilnehmer fähiger werden zu lieben. Die Familienrekonstruktionsgruppe kann sich zu einem wahren Sog der Zuneigung entwickeln. Wenn das geschieht, dann erlebe ich zumindest sie als eine spirituelle Erfahrung.

In einem gewissen Sinn wird die Gruppe zu einer funktionsfähigen Ersatzfamilie. Mit großer Offenheit werden Verständnis wie auch Ärger gezeigt (wie etwa über das Zuspätkommen zur Gruppensitzung), werden Fragen und eigene Wünsche oder Bedürfnisse ausgesprochen. Diese funktionsfähige Ersatzfamilie kompensiert die Erfahrung der gestörten Familie, aus der einige der Gruppenmitglieder vielleicht kommen. Daraus ergibt sich noch ein weiterer Grund, die Menschlichkeit der eigenen Angehörigen zu sehen: Wenn sie in ihrer Familie nicht so unterdrückt worden wären, wären sie selbst fürsorglicher gewesen. Die Familienrekonstruktion zeigt häufig, wie die eigenen Eltern durch ihre eigene Erziehung, ihre Normen und Erfahrungen daran gehindert wurden, ihre tieferen menschlichen Regungen zum Ausdruck zu bringen. Die Familienrekonstruktion kann zeigen, wie die Familie hätte sein können, wenn den Eltern ein liebevolles, verständnisvolles und offenes Verhalten freigestanden hätte. Eine funktionsfähige Gruppe macht dies sichtbar.

Eine weitere Erklärung für die Effektivität von Familienrekonstruktionen liefern die Forschungen von James W. Pennebaker von der psychologischen Fakultät der Southern Methodist University. Er hat Individuen mit traumatischen Erfahrungen untersucht. Aus seinen Studien geht hervor, daß der psychische wie physische Zustand von Menschen sich bessert, wenn sie die Konfrontation mit ihren traumatischen Erlebnissen wagen und darüber sprechen. Dagegen erkranken Personen, die ihre traumatischen Erfahrungen verheimlichen und nicht darüber sprechen, häufiger und haben mehr emotionale Probleme.

In Pennebakers Untersuchung sollten die Versuchspersonen unter anderem ihre traumatischen Erlebnisse schriftlich schildern (veröffentlicht wurde die Studie im Beitrag »Confession, Inhibition and Disease«, in: *Advances in Experimental Social Psychology*, Heft 22, 1989). Zwei seiner Untersuchungsergebnisse haben auch bei Familienrekonstruktionen Gültigkeit. Bedenken Sie, daß dabei häufig traumatische Erlebnisse ans Tageslicht kommen oder wieder durchlebt werden. Beispiele dafür sind der Tod eines Elternteils, wenn das Kind noch sehr klein ist, eine Scheidung oder der Weggang eines Elternteils, Alkoholismus, eine schwere Krankheit, der Unfalltod eines Geschwisters, ein Unfall mit beinahe tödlichem Ausgang und körperliche oder seelische Mißhandlung. Außerdem werden traumatische Erlebnisse häufig in Familienrekonstruktionen zum erstenmal von einem Entdecker öffentlich preisgegeben. Oder der Entdecker erinnert sich an ein Ereignis, das in seiner Erinnerung verschüttet war, und stellt sich nun erstmals dieser Erfahrung.

Das Faszinierende an Pennebakers Untersuchung ist, daß sich die Handschrift der Versuchspersonen veränderte, wenn sie nach Jahren der Geheimhaltung zum erstenmal über diese Vorfälle schrieben! Einige wechselten von Kursiv- zu Blockschrift, manche setzten den Kugelschreiber anders auf oder veränderten die Neigung der Buchstaben, wenn sie über ihre traumatische Erfahrung berichteten. Das ist ein Anzeichen dafür, daß sie in einen veränderten Bewußtseinszustand gerieten, wenn sie sich mit der bis dahin verborgenen traumatischen Erfahrung auseinandersetzten. Ich sehe darin einen Beleg für meine Ansicht, daß Menschen auch in einem veränderten Bewußtseinszustand sind, wenn sie ihre Familienrekonstruktion machen.

Pennebaker glaubt, daß ein Mensch in einen veränderten Bewußtseinszustand versetzt wird, wenn er eine Regel durchbricht, die ihn an einem bestimmten Verhalten hindert, in diesem Fall die Regel, diese Erfahrung zu verheimlichen. Das stimmt überein mit der Erfahrung so vieler Entdecker, die die Regel durchbrechen, daß man »Familiengeheimnisse bewahren muß«, daß man »seine schmutzige Wäsche nicht in der Öffentlichkeit wäscht« oder daß das »niemanden außer uns etwas angeht«. Das bloße Durchbrechen einer solchen Regel genügt, um den Entdecker in einen außergewöhnlichen Bewußtseinszustand zu versetzen.

Das zweite Forschungsergebnis, das die Familienrekonstruktion betrifft, bezieht sich auf die Auswirkung, die das bloße Niederschreiben einer traumatischen Erfahrung hat. Ganz im Gegensatz zur gängigen Auffassung hatte es *keine* negativen Folgen für das Individuum, wenn unangenehme Erfahrungen ans Licht befördert wurden, sondern einen sehr positiven Effekt.

Die Studenten aus Pennebakers Versuchsgruppe wurden aufgefordert, an vier aufeinanderfolgenden Tagen 20 Minuten lang über ihre traumatischen Erlebnisse und die damit verbundenen Gefühle zu schreiben. Die Kontrollgruppe schrieb dagegen ihre Gefühle und die mit dem traumatischen Erlebnis verbundenen Umstände nicht auf. Es wurde festgestellt, daß sich die Versuchsgruppe zwar nach dem Schreiben aufgeregt fühlte und einen erhöhten Blutdruck aufwies, doch in den sechs Monaten nach der viertägigen Versuchsreihe suchten sie das Ärztezentrum für Studenten signifikant seltener auf als die Studenten der Kontrollgruppe.

Außerdem wurde in den Blutproben der Versuchsgruppe festgestellt, daß diese Studenten eine verbesserte Immunabwehr zeigten. Diejenigen, die ihre traumatische Erfahrung zum erstenmal veröffentlicht hatten, wiesen eine deutlichere Steigerung der Immunabwehr auf als die, die bereits früher ihre traumatischen Erlebnisse offenbart hatten. Kein Wunder, daß sie in den darauffolgenden Monaten weniger häufig krank wurden.

Wenn aber bereits das bloße 20minütige Niederschreiben eines traumatischen Erlebnisses an vier aufeinanderfolgenden Tagen in einer anonymen Umgebung so positive Auswirkungen auf das Individuum hat, wie ungleich weitreichender mögen dann wohl die Folgen einer Familienrekonstruktion sein? Vor der Rekonstruktion selbst verbringt der Betreffende Stunden mit der Suche nach dem erforderlichen Material; die Familienrekonstruktion ermöglicht dem Entdecker durch den Einsatz von Rollenspielern eine sehr realistische und lebendige Erfahrung; der Entdecker gibt die Verhältnisse in seiner eigenen sowie in den Familien seines Vaters und seiner Mutter mit allen damit verbundenen schmerzlichen Erfahrungen nicht anonym preis, sondern er offenbart sie einer Gruppe von Menschen, denen er vertraut; das alles findet in einer Gruppe statt, die den Entdecker bei seiner Arbeit unterstützt. Meiner Meinung nach liefert Pennebakers Untersuchung einen weiteren Beweis für den großen Nutzen, den die Familienrekonstruktion all denjenigen bietet, die bereit sind, sich darauf einzulassen. Soweit ich weiß, hat noch niemand das Immunsystem vor und nach der Durchführung einer Familienrekonstruktion getestet. Vielleicht wird eine solche Untersuchung eines Tages durchgeführt.

Zusammenfassend kann man also sagen, daß die Familienrekonstruktion aufgrund folgender Faktoren wirkt:
- Die Entdecker verfügen in ihrem Unbewußten über ein ungeheures Wissen in bezug auf ihre familiären Wurzeln.
- Dieses unbewußte Wissen wird bei der Wahl der Darsteller abgerufen.
- Aufgrund der Einheit von Körper und Geist sind die Entdecker fähig, die Personen ausfindig zu machen, die als Rollenspieler am besten den unbewußten (wie auch bewußten) Kenntnissen der Entdecker von seinen Familienangehörigen entsprechen.
- Auch durch das Gestalten von Körperskulpturen wird diese unbewußte Information zugänglich.
- Die Einheit von Körper und Seele bewirkt weiterhin, daß die Skulpturen Gefühle und Gedanken hervorrufen, die auf den Verwandten, den der Darsteller verkörpert, zutreffen.
- Rollenspieler sind weitaus hilfreicher bei einer Familienrekonstruktion als reale Familienangehörige.
- Die Familienrekonstruktion bietet eine dreidimensionale Vorstellung, die Körper, Sinne und Intellekt anspricht. Andere Methoden zur Wiederherstellung einer Verbindung zu den eigenen Wurzeln beschränken sich (mit Ausnahme des Gesprächs mit Angehörigen) auf einen rein intellektuellen Ansatz.

Die Familienrekonstruktion ist am erfolgreichsten, wenn
- der Entdecker hoch motiviert ist,
- der Entdecker dem Leiter und den Gruppenmitgliedern vertraut,
- ein hohes Maß an Sympathie und Zuneigung in der Gruppe herrscht und
- mit traumatischen Erfahrungen offen umgegangen wird.

20 Familienrekonstruktion bei Adoptivkindern

Die Familienrekonstruktion von adoptierten Personen bietet, wie ich bereits erwähnte, ein überzeugendes Beispiel dafür, welchen persönlichen Gewinn man aus der Wiederherstellung einer Verbindung zu den eigenen Wurzeln und ihrer Integration in das eigene Selbst ziehen kann. Wenn ich eine Familienrekonstruktion bei einem erwachsenen Adoptivkind leite, führe ich den Entdecker durch seine biologische Herkunftsfamilie und die biologischen Familien seiner Mutter und seines Vaters. Das Adoptivkind glaubt vielleicht, es wüßte nichts über seine leiblichen Eltern, doch im Verlauf der Rekonstruktion stellt man mit Erstaunen fest, daß das erwachsene Adoptivkind sich so verhält, als ob es eine ganze Menge über seinen familiären Hintergrund wüßte.

Anfangs wollen viele dieser Menschen die Genogramme ihrer Adoptiveltern und deren Familien machen und dafür Rollenspieler auswählen anstatt für ihre biologischen Eltern. Ich bestehe jedoch darauf, daß es weitaus wichtiger ist, die Familien der leiblichen Eltern nachzuspielen. Bis jetzt hat sich meine Hartnäckigkeit immer bezahlt gemacht. Das liegt möglicherweise auch an der Art von Menschen, die sich für eine Familienrekonstruktion interessiert.

Ich dränge den Adoptierten deswegen, sich mit den leiblichen Eltern zu befassen, weil sie seine realen Eltern und Wurzeln sind. Ich habe festgestellt, daß die Gedanken vieler adoptierter Männer und Frauen ihr ganzes Leben lang um einige spezielle Fragen kreisen. Ich vermute, daß eine Vielzahl von Faktoren dafür verantwortlich ist, ob ein Individuum sich mit diesen Fragen beschäftigt, wie beispielsweise das Alter, als die Adoption erfolgte, und die Art und Weise, wie die Adoptiveltern mit der Realität der biologischen Eltern umgehen.

Der erste zentrale Punkt betrifft das Gefühl, »nirgends hinzugehören«. Bei manchen, nicht bei allen, erhält es noch den Beigeschmack der Ablehnung. Die abrupte Trennung von der leiblichen Mutter wird als primärer Verlust erfahren. Dieser primäre Verlust der eigenen Wurzeln ruft ein Gefühl fehlender Zugehörigkeit hervor und läßt im Adoptivkind das Gefühl entstehen, daß es als Person von Grund auf abgelehnt wird. Das ist so, obwohl die leiblichen Eltern in den meisten Fällen weniger von der Ablehnung eines Kindes als vielmehr von der Sorge für es geleitet werden; sie kommen nämlich zu dem Schluß, daß sie selbst nicht angemessen für es sorgen können. Die Folge ist, daß viele Adoptivkinder hochempfindlich auf alles reagieren, was irgendwie nach Ablehnung aussieht. Viele von ihnen fürchten sich nach dieser frühzeitigen und grundlegenden Verletzung und trotz aller Liebe, die ihnen von den Adoptiveltern entgegengebracht wurde, auch als Erwachsene vor Zurückweisung und haben Angst vor dem Alleinsein. Wenn beispielsweise jemand den Blick von ihnen abwendet, so interpretieren sie das schnell als: »Der mag mich nicht«, während jemand anders darauf nicht einmal achten würde.

Die zweite Vorstellung, die ich bei vielen Adoptierten herausgefunden habe, ist ein tiefsitzendes, beinahe unbewußtes Gefühl, daß mit ihnen »etwas nicht stimmt«. Ich glaube, daß dieses Gefühl seinen Ursprung darin hat, daß der Adoptierte als »Mitglied« der Adoptivfamilie wahrgenommen wird, während das Gefühl der biologischen Nicht-Zugehörigkeit unterdrückt wird. Ich habe dieses Phänomen erst bemerkt, nachdem ich Familienrekonstruktionen mit Adoptierten durchzuführen begann. Am Ende einer Rekonstruktion höre ich vom Entdecker oft Äußerungen wie: »Na ja, eigentlich bin ich wohl doch ganz normal.« Das heißt, nachdem der Entdecker in der Rekonstruktion seine Geburt in einem Krankenhaus, die Wehen seiner Mutter und ihre Qualen bei der Entbindung erlebt hat, nachdem er ihr Glück gesehen hat, als sie feststellte, daß das Baby gesund ist, und ihren Schmerz, als ihr klar wurde, daß sie das Kind nicht behalten würde, weiß er aus dem Bauch heraus: »Ich bin genau so auf die Welt gekommen wie alle anderen! Ich gehöre biologisch zu jemandem – auch wenn ich diese Zugehörigkeit nur eine kurze Zeitspanne erleben durfte!«

Andere Adoptivkinder stehen nicht unter diesem Eindruck, »nicht normal zu sein«. Sie erleben sich nur als andersartig. Das muß nicht unbedingt negativ sein. Es kann auch eine positive Erfahrung sein, wenn die Einzigartigkeit des Individuums respektiert wird, so daß die eigene Andersartigkeit akzeptiert wird.

Das dritte, von dem manche Adoptivpersonen nicht loskommen, ist das Gefühl »Ich bin schlecht« oder »Meine Eltern sind schlecht«, was natürlich wieder in den Satz »Ich bin schlecht« münden kann. Dahinter steckt folgende Überlegung: »Wenn meine Eltern mich zur Adoption freigegeben haben, dann muß mit ihnen und/oder mit mir etwas nicht stimmen. Schließlich bin ich ihr Kind.« Natürlich können auch Kinder, die von ihren biologischen Eltern aufgezogen werden, unter diesem Gefühl leiden, wenn sie vernachlässigt oder mißhandelt werden.

Ein viertes Thema, das viele Adoptivkinder beschäftigt, ist das starke Bedürfnis, die eigene Identität zu entdecken. Das gilt selbstverständlich auch für viele Menschen, die ihre Familienrekonstruktion machen oder sich eingehender mit ihren Wurzeln beschäftigen. Doch diese Frage nach dem »Wer bin ich?« ist für Menschen, die ihre biologischen Eltern nicht einmal kennen, von noch größerer Tragweite. »Woher ich komme« sagt mir vieles darüber, wer ich bin. Adoptierte müssen etwas über ihre biologischen Eltern und Vorfahren erfahren, um einen Ausgangspunkt zu haben, wer sie sind, was sie sind und wie sie in ihre Lebensumstände hineinpassen. Schließlich hat das Adoptivkind die Chromosomen seiner leiblichen Eltern mitbekommen und nicht die seiner Adoptiveltern. Wenn ich weiß, daß ich braune Augen habe wie meine biologische Mutter, fühle ich mich ganzer.

Wenn der Entdecker in einer Familienrekonstruktion sieht, wie die biologischen Eltern, häufig unterstützt und beraten von den eigenen Eltern, mit der Entscheidung kämpfen, ob sie das Baby behalten oder weggeben sollen, dann begreift er in vielen Fällen gefühlsmäßig, daß er oder sie nicht als Person abgelehnt wurde. Zumindest sieht er oder sie, daß seine oder ihre charakterlichen Mängel nicht der Grund für die Adoptionsfreigabe waren. Die meisten Adoptierten wissen das zwar verstandesmäßig, doch die frühe gefühlsmäßige Interpretation, daß dieses Weggeben einer Ablehnung gleichkommt, ist auch im Erwachsenen noch tief verwurzelt. Die dreidimensionale Familienrekonstruktion mit realen Menschen, die diese Rollen darstellen, hat eine tiefgehende gefühlsmäßige Wirkung auf den Entdecker und neutralisiert das frühere Gefühl der Zurückweisung.

Es ist daher sinnvoll, darauf zu bestehen, daß bei der Familienrekonstruktion die biologischen Eltern und deren Familien mütterlicher- und väterlicherseits behandelt werden, damit diesem Gefühl, nirgends dazuzugehören, fremd oder im negativen Sinn anders oder schlecht zu sein und die eigene Identität erst finden zu müssen, etwas entgegengesetzt werden kann.

Wie ich bereits erwähnte, zeigt sich bei Adoptierten besonders drastisch, daß wir uns ungeheure Mengen von Wissen in unserem Unbewußten zugänglich machen können. Man muß den Entdecker darin unterstützen, daß er das Syndrom »Ich kenne meine biologische Familie nicht, wie soll ich also Rollenspieler auswählen?« überwindet. Nach anfänglichem Zögern beginnt er sich auf die Rekonstruktion einzustimmen, wählt Darsteller aus, gibt ihnen Namen, versucht sich Geburtsdaten auszudenken und so weiter. Er denkt intensiv über Fragen nach wie: »Hatte Ihre Mutter Brüder oder Schwestern?« »An welcher Stelle stand Ihre Mutter in der eigenen Geschwisterreihe?« »Wie alt, glauben Sie, waren Ihre Eltern bei Ihrer Zeugung?« Es ist immer wieder verblüffend, wie der Entdecker dann innehält, vielleicht die Finger auf den Mund legt, grübelt und dann hervorstößt: »Sie waren 17 oder 18«, oder: »Meine Mutter war das jüngste von sechs Kindern und mein Vater der mittlere von fünfen«, oder: »Meine Mutter heißt Jane, mein Vater Chris; ihre Eltern heißen Thelma und George, und seine Eltern heißen, warten Sie mal, Max und Susan.« All das geschieht nachdenklich und bedächtig, als ob der Entdecker tief in sich hineinhorchen würde, um diese Antworten ans Licht zu befördern.

Wenn der Entdecker dann aufgefordert wird, beispielsweise die Familie, in der seine Mutter aufwuchs, in einer Skulptur aufzubauen, dann sieht man verwundert, wieviel Zeit er darauf verwendet, wieviel Mühe er sich gibt, wie viele Veränderungen er im Laufe der Entstehung der Skulptur vornimmt, was er dabei äußert, zum Bei-

spiel: »Nein, das sieht nicht richtig aus«, »Das ist es!«, »Nein, du mußt dein Gesicht ein wenig senken!«, »Nein, nicht soviel Druck mit der Hand auf der Schulter ausüben« und so weiter.
Ich frage mich, woher kommt das alles? Warum formt der Entdecker die Skulptur so und nicht auf tausend andere mögliche Arten? Warum besteht er so auf diesen kleinen Verbesserungen? Warum sieht dies oder das »nicht richtig« aus? Womit vergleicht der Entdecker diese Skulptur? Die einzige Antwort, die ich dazu beisteuern kann, ist, daß der Entdecker auf ein Wissen zurückgreift, das tief in seinem Unbewußten und/oder in seinem genetischen Erbe verborgen liegt.
Im Verlauf der Familienrekonstruktion kann man beobachten, wie der Entdecker immer wieder zustimmend zu den Ereignissen mit dem Kopf nickt. Langsam fügt sich eins zum anderen, ergibt einen Sinn. Oft fällt dem Entdecker während der Rekonstruktion wieder eine Anekdote oder ein Erinnerungsfetzchen ein, das er vollkommen vergessen hatte.
Am Ende der Rekonstruktion eines adoptierten Menschen steht häufig ein befriedigendes Gefühl des Wirklichseins, der Erleichterung und oft auch der Freude. Hinzu kommt eine gewisse Traurigkeit, weil man diese Eltern nicht in Fleisch und Blut kennt. Die Rekonstruktion der biologischen Familien hat gewaltige Auswirkungen auf den Entdecker. Er ist ein großes Stück vorangekommen auf dem Weg, sein Gefühl, nirgends hinzugehören und seltsam oder schlecht zu sein, zu korrigieren. Er geht mit einem gestärkten Identitätsgefühl daraus hervor.
Ich erinnere mich an einen entsprechenden Fall. Ein Mann Ende 30 wollte seine Familienrekonstruktion machen. Er war gleich nach der Geburt adoptiert worden. Er wußte wenig über seine leiblichen Eltern, außer daß sie irgendwo in Arkansas gelebt hatten, wo er adoptiert worden war. Er hatte das starke Gefühl, daß seine Eltern bei seiner Geburt noch Teenager gewesen waren.
Seine Genogramme, das seiner biologischen Eltern und die von deren Familien väterlicher- und mütterlicherseits, basierten ausschließlich auf seiner Phantasie. Er wählte Gruppenteilnehmer aus, die all diese Menschen darstellen sollten. Er ging dabei langsam und überlegt vor und sah sich jede Person genau an. Er verwandte viel

Zeit und Mühe auf die Gestaltung der Skulpturen. Er brauchte etwa vier Stunden, um die leiblichen Familien seiner Mutter und seines Vaters sowie seine eigene zu entwickeln. Seine besondere Aufmerksamkeit galt der Geburtsszene und dem Drama, ob das Baby zur Adoption freigegeben werden sollte oder nicht.

Zu den interessanten Phänomenen dieser Rekonstruktion gehört, daß die Frau, die er als Darstellerin seiner Mutter auswählte, eine vollkommen Fremde für ihn war. Diese Rekonstruktion fand im Rahmen eines eintägigen Workshops statt und nicht in einer fortlaufenden Gruppe. Nach Beendigung der Rekonstruktion erzählte die Frau der Gruppe, sie hätte Probleme, Kinder auszutragen und zu behalten! Sie hatte bereits mehrere Fehlgeburten und eine Eileiterschwangerschaft hinter sich.

Dieser Mensch, dessen eigene Mutter ihn nicht behalten hatte, hatte also aus einer Gruppe von 25 Leuten genau die Frau ausgewählt, die selbst keine Kinder hatte behalten können. Welch passende Darstellerin! War das ein zufälliges Auswählen? Oder waren die im letzten Kapitel angeführten Erklärungen dafür verantwortlich?

Am Ende des Tages erzählte der Entdecker der Gruppe, wie dankbar er für diese Erfahrung war. Sie hätte ihn tief bewegt. (Das wußten wir bereits, denn er hatte mehrmals während der Rekonstruktion geweint.) Er sagte, diese Erfahrung sei für ihn so bereichernd und wahrhaftig gewesen, daß er nun seine echten Eltern suchen wollte.

Zwei Monate später erzählte er einem Freund, er könne nun ohne Vorwürfe an seine Eltern denken und wolle seine Stelle aufgeben, um in den Bundesstaat zu ziehen, in dem er seinen Vater vermutete. Er hatte in der Zwischenzeit einige Nachforschungen angestellt und war sehr gespannt darauf, seine Eltern ausfindig zu machen.

Die Familienrekonstruktion eines Adoptierten offenbart in der Tat auf eindringliche Weise, wieviel Wissen wir in uns tragen, ohne daß wir uns dessen bewußt sind, und wie wir uns dieses Wissen verfügbar machen können. Sie bestätigt einen der zentralen Gründe für die Wirksamkeit der Familienrekonstruktion. Sie zeigt, wie entscheidend eine adäquate Verbindung zu den eigenen Wurzeln ist.

21 Wie man sein eigenes Kind auf ein gleichberechtigtes Miteinander vorbereitet – der Rückzug von der Elternschaft

Bis jetzt habe ich mich in diesem Buch mit der Notwendigkeit befaßt, daß Erwachsene ihre Eltern wie auch andere Mitglieder der Familie mit anderen Augen sehen lernen und nicht mehr so sehr in den Rollen, die sie in unserem Leben bisher gespielt haben. Meine These war, daß Erwachsene ihre Angehörigen in erster Linie auf gleicher Ebene als Menschen und Freunde sehen sollten, sofern das möglich ist. Der Schwerpunkt lag auf der Frage, wie man Eltern anders wahrnehmen kann, nämlich beispielsweise als Jane und Howard.

In diesem Kapitel möchte ich das Augenmerk weg von den Eltern und hin auf die eigenen Kinder richten. So wie es für Erwachsene von entscheidender Bedeutung ist, echte Reife zu erlangen, indem sie ihre Eltern als Menschen wahrnehmen, so wichtig ist es, daß Erwachsene, die selbst Kinder haben, ihre Söhne und Töchter als Menschen sehen. Das heißt, wir sollten unsere erwachsenen Söhne und Töchter nicht mehr vorrangig als unsere Kinder wahrnehmen, sondern als gleichberechtigte Erwachsene. Was können Eltern also tun, ihre Kinder auf dem Weg zu einem gleichberechtigten Dasein zu unterstützen?

Wenn Eltern ihren Kindern dabei helfen, ein gleichwertiges Leben an ihrer Seite zu führen, vollbringen sie damit den letzten Akt der Elternschaft. Sie stehen ihren Nachkommen beim Durchlaufen dieses letzten Stadiums der Persönlichkeitsentwicklung bei. Das ist der letzte Teil der Elternliebe, der in eine neue, erweiterte Form der

Liebe mündet – in eine Liebe unter Freunden und Gleichberechtigten. Wenn dieser Wandel vollzogen wird, profitieren davon auch die Eltern selbst. Sie beenden ihre Aufgabe als Eltern. Sie ziehen sich von einer Aufgabe zurück, die sie 20 oder 30 Jahre lang beschäftigt hat. Ich will diese beiden Aspekte anhand einiger Beispiele erläutern.

Im Laufe der Jahre habe ich von Eltern, meistens nachdem sie sich auf den Weg gemacht hatten, ihre eigenen Eltern als Menschen zu entdecken, oft die Frage gehört: »Was kann ich tun, damit meine Kinder schließlich den Menschen in mir sehen?« Oder: »Ich werde von nun an Daten, Bilder und Erinnerungsstücke für meine Kinder sammeln, damit sie ihre Familiengeschichte kennenlernen.« »Ich werde anfangen, Tagebuch über meine Gedanken und Gefühle zu führen, damit meine Kinder erfahren, was in mir vorging, als sie noch klein waren.«

Abgesehen davon, wie wir unseren erwachsenen Kindern dabei helfen können, uns als ihresgleichen zu sehen, müssen wir uns auch damit beschäftigen, wie wir unser Elterndasein beenden. Ein 49jähriger Mann namens Doug drückte das vor kurzem so aus: »Bill, sagen Sie mir, wie schaffe ich es, daß meine Kinder mit mir wie mit einem Erwachsenen umgehen und nicht wie mit ihrem Vater. Sie sind nun Mitte 20, aber ich schwöre, manchmal benehmen sie sich, als wären sie 14. Sie werden trotzig, wütend, verletzend. Und ein andermal sind sie verdammt unabhängig. Es ist Zeit, daß sie auf ihren eigenen Füßen stehen.«

Dieser Vater lebt in einer etwas ungewöhnlichen Situation, auch wenn Ähnliches heute häufiger zu finden ist. Er ist geschieden. Seiner Ex-Frau, der Mutter seiner Kinder, liegt noch an der Mutterrolle, sie hält die erwachsenen Kinder weiter in der Abhängigkeit von sich. Er will sich zwar von der Rolle des Vaters befreien, doch er hat nicht so viel Einfluß auf das Verhalten der Kinder wie die Mutter. Außerdem vermute ich, daß die Kinder Doug noch immer nachtragen, daß er es ihnen gegenüber entweder vor oder nach der Scheidung an väterlicher Zuwendung fehlen ließ. Wie dem auch sei, Dougs Frage – Wie kann ich aufhören, Vater zu sein? – ist eine Frage, die sich viele Eltern stellen.

Ich fürchte allerdings, daß nur allzu viele Eltern sich unbewußt noch lange, nachdem die Kinder aus dem Haus sind, an ihre Elternrolle klammern. Sie beklagen sich vielleicht sogar darüber, daß ihre Kinder zu abhängig von ihnen seien, doch hinter dieser Klage steht das übermächtige Bedürfnis, als Eltern gebraucht zu werden. Solche Eltern bauen ihre Selbstachtung und ihren Wert darauf auf, daß sie »gute Eltern« sind. Ihre Selbstachtung ruht ausschließlich darauf. Das ist aber ungünstig. Es bedeutet, daß solche Eltern keine anderen Quellen der Selbstachtung haben, und das ist durchaus verständlich. Es ist schwierig, wenn man 20 oder 30 Jahre lang den größten Teil seiner Energie und seiner Zeit auf die Wahrnehmung der Elternfunktion verwendet hat, die Elternrolle plötzlich aufzugeben.

Ich glaube, das erste, was Eltern aufbringen müssen, damit ihre Kinder sie als gleichwertige Mitmenschen sehen und sie selbst die Funktion der Elternschaft aufgeben können, ist Ehrlichkeit sich selbst gegenüber. Will ich mich wirklich aus meiner Elternrolle lösen? Will ich auf die Befriedigung verzichten, die ich daraus ziehe, daß ich so gebraucht und geliebt werde? Will ich wirklich, daß meine Kinder sich nicht mehr auf mich verlassen? Will ich sie wirklich so sein lassen, wie sie sind, und darauf verzichten, sie nach meinen Vorstellungen umzuformen? Hängt meine Selbstachtung, mein inneres Wohlbefinden zu sehr davon ab, wie gut, anständig und erfolgreich meine Kinder sind? Bin auch ich tief getroffen, wenn eines meiner Kinder scheitert – persönlich, in der eigenen Elternschaft oder in seiner Ehe? Wenn ich beunruhigt, traurig oder enttäuscht bin, und wenn ich jede Unterstützung anbiete, die ich zu geben vermag, kann ich dann trotzdem meine Fassung bewahren, wenn die Kinder erst einmal über 20 sind? Falls ja, dann kann ich darauf verzichten, über ihr Leben, ihre Ehen, ihre Kinder und alles andere bestimmen zu wollen.

Eine andere Methode, sich ehrlich mit den eigenen Wünschen auseinanderzusetzen, besteht darin, daß man sich die Kehrseite der Medaille vorstellt. Will ich wirklich, daß meine Kinder in mir etwas anderes als den Vater oder die Mutter sehen? Will ich, daß sie mich in meiner uneingeschränkten Menschlichkeit wahrnehmen, das heißt, will ich, daß sie meine Fehler und Schwächen ebenso sehen wie meine Stärken und Erfolge? Als sie klein waren, präsentierte ich mich ihnen als stark, allwissend, fähig und für sie zuständig. Will ich nun, wo sie älter werden, daß sie auch meine schwache, negative, ängstliche Seite sehen?

Bin ich bereit, ihnen von den Ängsten zu erzählen, die mich in meiner Kindheit, bei meinen ersten Verabredungen, bei meiner Einberufung und in den ersten Jahren meiner Ehe und Elternschaft bewegten? Bin ich bereit, ihnen von den Schwierigkeiten mit meinen Eltern zu erzählen? Wie weit reicht meine Bereitschaft, ihnen Taten und Situationen zu offenbaren, deren ich mich schäme, wenn mir das sinnvoll erscheint? Bin ich bereit, ihnen zu gestehen, wann und wie ich in meiner Jugend und als Erwachsener versagt habe? Bin ich bereit, zu erzählen, wie ich mit meiner aufkeimenden Sexualität fertig geworden bin? Bin ich bereit, ihnen zu erzählen, was mich traurig machte, welche Verluste ich als Kind erlitten habe? Kann ich ihnen von meinen unerfüllten Träumen und Wünschen erzählen? Kann ich ihnen erzählen, welche positiven und negativen Gefühle ihre Geburt und ihr Heranwachsen in mir auslösten?

Wenn ich fürchte, daß mein Sohn oder meine Tochter meine negative, unangenehme Seite nicht annehmen kann, betrachte ich sie dann nicht immer noch mehr als Kinder denn als Erwachsene, die so stark sind wie ich?

Doch auch die positiven Aspekte dürfen dabei nicht vernachlässigt werden. Kann ich ihnen von meiner Aufregung und den Träumen erzählen, die mich erfüllten, als ich meine zukünftige Frau zum erstenmal traf? Kann ich ihnen von den Freuden meiner Kindheit erzählen, wie ich meine Eltern sah, was ich an ihnen liebte? Kann ich ihnen von den besonderen Augenblicken meines Lebens erzählen? Von meinen spirituellen Erlebnissen? Kann ich ihnen erzählen, welche Erfahrungen in meinem Leben ich für wertvoll halte?

Wenn Eltern ihren Kindern helfen wollen, sie als ebenbürtig zu sehen, müssen sie also vor allem anderen ehrlich in den Spiegel schauen. Sie müssen sich der Frage stellen: Will ich aufhören, Vater oder Muter zu sein, und zulassen, daß das heranwachsende Kind mich als Menschen sieht? Wenn die Eltern das wirklich tun, haben sie den entscheidensten Schritt in diese Richtung getan, den letzten Schritt in ihrer Rolle als gute Eltern. Dieser Schritt ist es, der dem heranwachsenden Kind zur Erlangung voller Reife verhilft. Wenn das geschieht, dann fühlt der Sohn oder die Tochter sich innerlich erwachsen und aus der unterlegenen Beziehung zu seinen Eltern befreit. Er oder sie hat sich nun auf eine gleichberechtigte Ebene mit dem von seiner Elternrolle befreiten Elternteil begeben. Ich meine, daß dieser doppelte Wandel, daß nämlich Eltern ihre Kinder und Kinder ihre Eltern als gleichwertig wahrnehmen, durch ein Ritual symbolisiert werden sollte.

All das mag manchem als selbstverständlich erscheinen. Aber ich glaube nicht, daß dem so ist, und zudem glaube ich nicht, daß dieser Punkt unter historischen, kulturellen und entwicklungspsychologischen Aspekten bisher genügend berücksichtigt worden ist. Der vielleicht schlagendste Beweis dafür ist die englische Sprache. Ist Ihnen je in den Sinn gekommen, daß es im Englischen kein eigenes Wort für ein erwachsenes Kind gibt oder für einen biologischen Elternteil, der diese Funktion nicht mehr ausübt? Und soweit ich feststellen konnte, gibt es auch in keiner anderen Sprache einen Begriff dafür! In dem Buch *They Have a Word for It* (Jeremy Tarcher, 1988) führt Howard Rheingold Wörter aus anderen Sprachen auf, für die es im Englischen kein Äquivalent gibt. Ich konnte kein entsprechendes Wort darin finden.

Ich mußte auf Begriffe wie »erwachsenes Kind«, »erwachsener Sohn« und »erwachsene Tochter« zurückgreifen. Ich mußte jedesmal beschreibende Aussagen verwenden, wenn ich über den »Elternteil, der nicht mehr Elternfunktion ausübt«, über den »Elternteil, der nun eine Beziehung von gleich zu gleich zu seinem erwachsenen Kind unterhält«, »das erwachsene Kind, das seine Eltern nun mehr als Freunde denn als Eltern wahrnimmt«, sprechen wollte. Wieviel einfacher wäre alles, wenn es ein Wort für diesen Sachverhalt gäbe.

In der heutigen Literatur wimmelt es vor »erwachsenen Kindern«, beispielsweise dem »erwachsenen Kind eines Alkoholikers«, den »erwachsenen Kindern geschiedener Eltern«, »Erwachsenen, die als Kinder sexuell mißbraucht wurden«. Das Problem an dieser Begrifflichkeit ist, daß das Wort »Kind« immer noch verwendet werden muß. Die bloße Formulierung »erwachsenes Kind« suggeriert eine Eltern-Kind-Beziehung und nicht eine Beziehung unter Erwachsenen.

Ebenso verhält es sich mit dem Wort »Eltern«. Verwendet man es in einem Kontext, in dem es um die Gleichrangigkeit zu einem erwachsenen Kind geht, dann suggeriert es ebenfalls Elternschaft. Es ist so, als würde man sagen: einmal Eltern, immer Eltern. Natürlich bleibt man immer Elternteil insofern, als man an der Zeugung eines Kindes mitgewirkt hat. Aber man bleibt nicht immer Elternteil in der zweiten Bedeutung des Wortes, die ausdrückt, daß man ein Kind aufzieht. Es gibt kein Wort für einen Mann oder eine Frau, die die Aufgabe der Elternschaft abgeschlossen haben.

Also wollen wir unsere eigenen Begriffe mit angelsächsischen oder lateinischen Wurzeln kreieren. Das Wort für den erwachsenen Sohn, der seine Eltern nun als gleichberechtigte Menschen wahrnimmt, ist »Parsu«; das Wort für die erwachsene Tochter ist »Parlia«. Der Vater, der keine Vateraufgaben mehr erfüllt, soll »Viramecus« heißen; und die Mutter »Winameca«. Zur Veranschaulichung dient folgendes Genogramm:

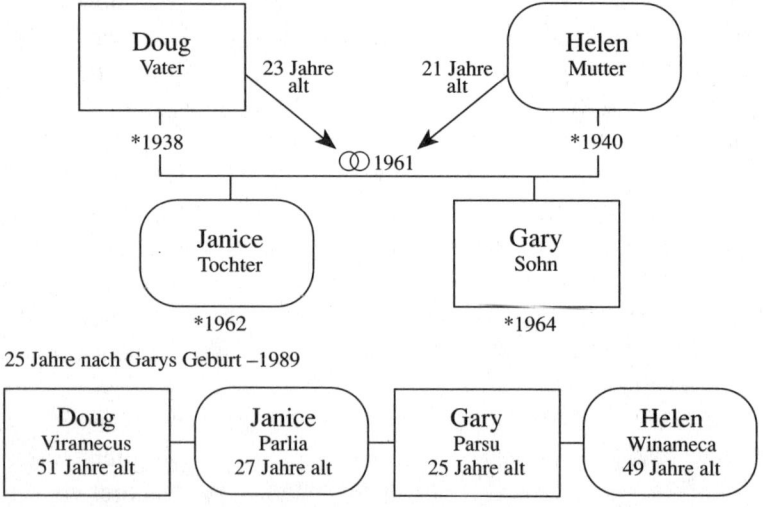

Eine Erzählung über einen Campingausflug würde sich zum Beispiel folgendermaßen anhören: »Janice, die Parlia, und Gary, der

Parsu, unternahmen zusammen mit Doug, dem Viramecus, und Helen, der Winameca, einen Campingausflug zu den Wasserfällen. Die vier verbrachten eine herrliche Zeit miteinander, in der sie alle Aufgaben gemeinsam erledigten und sich Geschichten aus ihrem Leben erzählten. Doug erzählte viele Geschichten über seinen Viramecus, Thomas Edward ...«

Wenn wir Begriffe wie »erwachsenes Kind« benutzen und immer wieder von Helen und Doug als Vater und Mutter sprechen müssen, verstärken wir ständig den Beiklang der Eltern-Kind-Beziehung. Wir brauchen Begriffe, die eine Beziehung unter Erwachsenen assoziieren lassen und betonen. Nun bezweifle ich allerdings, daß »Viramecus«, »Winameca«, »Parlia« und »Parsu« in die Alltagssprache eingehen werden. Dennoch frage ich mich, ob wir eines Tages angemessene Bezeichnungen für diese Realitäten schaffen werden. Es könnte ein Zeichen dafür sein, daß wir die Bedeutung dieses Entwicklungsschritts für unsere Kultur und für das Verständnis der Entwicklungspsychologie begriffen haben.

Die Psychologie beginnt sich langsam mit der Notwendigkeit auseinanderzusetzen, daß wir unsere Eltern als Menschen sehen und infolgedessen zu ihnen eine Beziehung von Erwachsenen zu Erwachsenen aufbauen müssen. Dr. Don Williamson schrieb im *Journal of Marital and Family Therapy* im Oktober 1981: »Vor kurzem erschien ein Überblicksartikel über die Literatur zum Zyklus des Familienlebens. Dabei stellte sich heraus, daß eine nach Ansicht des Verfassers zentrale Phase oder Aufgabe des Familienlebens unerwähnt blieb ... Diese Aufgabe besteht darin, daß die hierarchische Bindung zwischen den Erwachsenen oder jungen Eltern und den älteren Eltern oder nunmehrigen Großeltern aufgehoben wird.« Er meint damit nichts anderes, als daß die Eltern-Kind-Beziehung in eine Beziehung zwischen Erwachsenen transformiert werden muß. Er fährt fort: »Vielleicht hat die Psychologie zu lange gebraucht, um diese Phase oder Aufgabe zu erkennen und sich der nackten Machtfrage direkt zu stellen.« Möglicherweise gewinnt diese Idee nun an Boden. Heute nennen bereits mehr erwachsene Kinder ihre Eltern mit Vornamen, als daß sie sie mit Vater oder Mutter ansprechen.

Eltern, die ihren Kindern dabei helfen wollen, sich auf sie als Individuen auf der Grundlage der gemeinsamen Menschlichkeit und nicht mehr auf der ihrer Erziehungsfunktion zu beziehen, können viel zur Erreichung dieses Ziels beitragen. Wie ich bereits sagte, besteht der erste Schritt darin, daß man sich wirklich dazu entschließt.
Die nächste wichtige Aufgabe ist, daß man sein Kind in die eigenen Schwächen und Fehler einweiht. Während der Entwicklung des Kindes von der Kindheit über die Pubertät bis zum Erwachsenenleben verändert sich die Sichtweise des Kindes von den Eltern als allwissenden und allmächtigen Wesen hin zur Wahrnehmung ihrer Verletzlichkeit und Fehlbarkeit.
Ich habe viele denkwürdige Beratungsstunden mit Eltern verbracht, die sich durch das Ausagieren ihrer Teenager irritiert fühlten. Ich frage in solchen Fällen die Eltern vor den Teenagern, ob sie selbst als Teenager je gelogen haben oder in Schwierigkeiten gerieten. Wenn das der Fall ist, dann bitte ich sie, dem Pubertierenden den Vorfall zu schildern. Oft steckt der Teenager in genau der gleichen Schwierigkeit wie der betreffende Elternteil, als er im gleichen Alter war. Durch diese Enthüllung verändert sich das Klima im Raum auf der Stelle. Zwischen Heranwachsendem und Eltern entsteht eine Verbindung, während zuvor nur Wut und Distanz herrschten. Ich frage dann die Mutter oder den Vater, wie ihre oder seine Eltern auf die Angelegenheit reagierten und welche Gefühle diese Reaktion in ihnen auslöste. Von diesem Zeitpunkt an steuert die Beratung meistens einer Lösung zu.
Wenn Sie glauben, daß Ihr Kind alt genug dafür ist, können Sie ihm schwierigere Gefühle und Situationen der Verwundbarkeit wie Angst, Traurigkeit, Verletzung, Enttäuschung, Frustration, Demütigung, Wut, Scham und Verlegenheit offenbaren. Sie können es in Gedanken und Gefühle einweihen, die Sie als Kind hatten, wie etwa den Drang, wegzulaufen, zu fliehen, um sich zu schlagen, zu hassen. Es ist nichts Ungewöhnliches dabei, daß ein junger Mensch Haß und den Wunsch zu töten spürt, wenn er tief gedemütigt, herabgesetzt oder ernstlich bedroht wurde. Solche Gefühle, die einer tiefgehenden Bedrohung oder Demütigung entspringen, sind bei einem jungen Menschen keine Anzeichen einer seelischen Stö-

rung. Sie sind einzig ein Zeichen für das Ausmaß an Bedrohung, das er empfindet. Es ist ein Unterschied, ob man spontan Haß oder Rachegelüste empfindet, oder ob man vorhat, diese Gefühle tatsächlich auszuagieren.

Wenn die Eltern dem heranwachsenden Kind solche Gefühle offenbaren, dürfen sie dabei keine verborgenen Ziele verfolgen, wie zum Beispiel, daß das Kind sich ihren Vorstellungen gemäß verhält oder sie mag oder ihre Ansichten teilt. Das einzige Ziel besteht darin, aufrichtig zu sein, das heißt, daß man das eigene Leben mit seinem Auf und Ab mitteilt, so daß die Kinder ein ausgewogeneres und wahrhaftigeres Bild von uns als Menschen bekommen.

Ein weiterer hilfreicher Punkt ist, daß man den Kindern eine abweichende Meinung läßt, höflich mit ihnen diskutiert, wie man es auch mit erwachsenen Freunden machen würde. Das bedeutet nicht, daß man auf seine elterliche Autorität verzichtet. Doch je älter ein Kind wird, um so mehr nehmen Meinungsverschiedenheiten die Form einer Auseinandersetzung unter Freunden an.

Wichtig ist, daß Sie Ihre persönliche Toleranzgrenze für Meinungsverschiedenheiten testen. Manche Menschen haben eine sehr niedrige Toleranzgrenze. Das sind diejenigen, die sich mit »Ja-Sagern« umgeben müssen. Diejenigen, die im Berufs- und Privatleben von Menschen mit gegensätzlichen Ansichten umgeben sind, haben eine hohe Toleranzgrenze für Meinungsverschiedenheiten. Wie schätzen Sie sich selbst auf einer Skala von eins bis zehn ein? Wenn Sie andere Meinungen nur schwer akzeptieren können, wird es Ihnen vermutlich schwerfallen, in freundlichem Ton eine Auseinandersetzung mit einem Kind, einem Teenager oder einem jungen Erwachsenen zu führen.

Eltern sind in Gesprächen mit ihren Kindern große Inquisitoren: »Wie war es in der Schule heute?« »Was hast du auf der Party gestern nacht gemacht?« »Was für ein Mensch ist Sally?« »Wie war das Footballspiel gestern abend?« »Wohin gehst du?« Die Eltern fragen, die Kinder antworten. Die Eltern hoffen durch diese Antworten Anteil am Leben ihrer Kinder nehmen zu können. Die Eltern wünschen zwar, ihre Kinder würden sie an ihrem Leben teilhaben lassen, doch inwieweit wollen sie die Kinder an ihrem eigenen Leben teilhaben

lassen? Und zwar einfach nur teilhaben lassen, ohne etwas beweisen zu wollen oder zu belehren! Anders gesagt, wieviel Zeit verbringen die Eltern in einer durchschnittlichen Woche damit, die Kinder in ihr Leben einzubeziehen? Steht diese Zeit in einem ausgewogenen Verhältnis dazu, wieviel Zeit die Kinder ihren Eltern zugestehen sollen?
Eine weitere Aufgabe für Eltern könnte das Führen eines Tagebuchs sein. Ich hatte einmal eine Schwangere in meinem Seminar über Familienrekonstruktion an der Universität. Am Ende der Veranstaltung verkündete sie fröhlich, sie würde noch in derselben Nacht ein Tagebuch anfangen, in das sie ihre Gedanken und Gefühle während der Schwangerschaft, Geburt und in den Jahren der Kindererziehung aufschreiben würde. Wenn das Kind dann erwachsen wäre und das Tagebuch verstehen könnte, würde sie es ihm zeigen. Diese Studentin wollte sehr ehrlich sein in ihrem Tagebuch und die negativen wie auch die positiven Seiten ihres Lebens aufzeichnen. Ich glaube, das ist von entscheidender Bedeutung. Ein Mensch kann sich nicht in seiner vollen Menschlichkeit offenbaren, wenn er nur seine guten Seiten veröffentlicht. Manchmal, so vermute ich, wird es dieser jungen Mutter schwerfallen, ihre wahren Gefühle niederzuschreiben.
Ich glaube, daß ein Tagebuch für die »Parlias« und »Parsus« nützlich ist, wenn es vom Verfasser, der Mutter oder dem Vater, in erster Linie um ihrer oder seiner selbst willen geführt wird. Das heißt, wenn der Vater oder die Mutter seine oder ihre Gedanken und Gefühle täglich oder wöchentlich niederschreibt, sich mit allen wichtigen Ereignissen seines Lebens beschäftigt, um sich selbst auszudrücken, nachzudenken und zu meditieren, dann steht das Tagebuch im Dienste des Verfassers.
Meine Frau und ich leiteten einmal die Rekonstruktion eines Mannes, der seinen Vater nie gesehen hatte. Sein Vater hatte seine Mutter nicht geheiratet, weil er bereits verheiratet war, auch wenn er schon seit vielen Jahren von seiner angetrauten Frau getrennt lebte. Sein katholischer Glaube verbot ihm eine Wiederverheiratung. Der Vater schickte der Familie Geld von seinem Wohnsitz in Europa. Er stand auch vor der Geburt des Sohnes, den er nicht kannte, und viele Jahre danach in regem Briefkontakt mit der Mutter. Nach dem Tod seiner

Mutter entdeckte der Sohn einen dicken Stoß Briefe, den sein Vater geschrieben hatte. Der Fund vermittelte ihm einen direkten Kontakt zu seinem Vater und machte ihm deutlich, wie menschlich dieser war. Dieser Mann erzählte uns mit zärtlicher Stimme, daß die Briefe sehr romantisch und voller Liebe waren.

Dieses Beispiel zeigt, wie wertvoll Aufzeichnungen, Briefe, Tagebücher, Zeitungsartikel oder Bilder sind, die man später den erwachsenen Kindern geben kann.

Eltern können auch ihre Gedanken und Erinnerungen an ihre Kindheit mit ihren Eltern und Geschwistern auf Band aufnehmen. Wichtig wäre auch, daß sie die Informationen, die sie über die Familien ihrer Eltern haben, und auch die Geschichten, die sie über ihre Eltern gehört haben, aufzeichnen.

Eine Alternative dazu besteht darin, daß wir unsere Eltern über ihr Leben und das Leben unserer Großeltern befragen und dieses Gespräch auf Video oder auf Band aufnehmen. Solche Aufzeichnungen können wir später an unsere Kinder weitergeben. So wären vier Generationen Familiengeschichte festgehalten, die den Familienmitgliedern helfen könnten, die menschlichen Züge ihre Vorfahren zu verstehen.

Diese wenigen Ideen sollten zur Anregung Ihrer eigenen Vorstellungskraft genügen und Ihnen Möglichkeiten aufzeigen, wie Sie Ihren Kindern helfen können, damit sie Sie selbst und andere Mitglieder der Familie in ihrer ganzen Menschlichkeit wahrnehmen.

In dem Maße, wie die erwachsenen Kinder (Parlias und Parsus) ihre Eltern als Mitmenschen wahrzunehmen beginnen und eine Beziehung von gleich zu gleich zu ihnen entwickeln, in dem Maße werden die Eltern von ihrer Elternrolle befreit und können die Freunde dieser Erwachsenen werden, denen sie das Leben geschenkt und die sie aufgezogen haben.

22 Das Thema der eigenen Wurzeln in der Literatur

Vor einigen Jahren bat mich eine Freundin, sie in ihrem Büro aufzusuchen. »Schau, womit ich mich zur Zeit beschäftige, Bill«, sagte Jan. Sie zeigte mir ein dickes Werk voller Photos, Zeitschriftenartikel, persönlicher Briefe, gedruckter Geschichten und Erzählungen, Genogramme und chronologischer Listen mit Familiendaten.
»Seit fünf Jahren arbeite ich daran, und jetzt habe ich es endlich geschafft«, sagte sie. »Als meine Mutter vor fünf Jahren starb, entdeckte ich, daß sie 40 Jahre lang alle Briefe aufbewahrt hatte, die sie von mir erhalten hatte. Das Erstaunliche daran war, daß ich nicht wußte, daß sie all diese Briefe aufbewahrt hatte, dabei hob auch ich alle Briefe auf, die ich in diesen 40 Jahren von ihr bekommen hatte. Damals beschloß ich, alle Bilder, Artikel, Aufzeichnungen und Briefe, die ich finden oder an die ich mich erinnern konnte, zu sammeln und sie in diesem Buch zusammenzustellen. Ich schrieb einen erklärenden Verbindungstext zu allen Daten. Es ist eine Art historischer Roman geworden.«
Jan vervielfältigte den dicken Band und gab allen lebenden Angehörigen ein Exemplar. Sie machte 20 solcher Bände. Als ich sie fragte, welchen persönlichen Gewinn sie aus dieser Beschäftigung ziehe, sagte sie: »Ich fühle mich dieser Welt jetzt erst richtig zugehörig. Ich weiß, daß auch ich sterben werde, und deshalb lebe ich jeden Tag so bewußt wie nie zuvor. Ich habe mehr zu vererben als nur Geld.«
In dieser einfachen Aussage kommt eine neuentdeckte Stärke, ihr Leben bewußt zu leben, sowie auch ein neues Gefühl für den eigenen Wert zum Ausdruck. Sie gehört hierher, und sie hat anderen etwas zu geben. Und das ist das Ergebnis ihrer intensiven Suche nach den eigenen Wurzeln. Mitte 50 hatte sie einen Grad an Reife erreicht, der

ihr erlaubte, die komplexe menschliche Natur ihrer Eltern und ihrer Herkunftsfamilie anzunehmen.

Jan hatte zwar ein Buch geschrieben, doch ich bin sicher, daß sie es nicht als Literatur betrachten würde. Nichtsdestoweniger war es die Geschichte ihrer Wurzeln, die sie ihrer Familie schenkte. Ihr Buch spiegelt drei einfache, fundamentale Wahrheiten wider: Um zu wissen, wer ich bin, muß ich meine Ursprünge kennen; um ganz zu begreifen, wer ich bin, muß ich die Mitglieder meiner Familie *in ihrer ganzen Menschlichkeit* sehen; und wenn ich dieses komplexe Bild *in mich aufnehme*, erlange ich inneren Reichtum, Ganzheit und Reife. Ist es angesichts dieser Wahrheit noch überraschend, daß die Annahme der eigenen Wurzeln ein zentrales Thema in der Literatur ist?

Das deutlichste Beispiel dafür ist Alex Haleys Roman *Wurzeln »Roots«* (S. Fischer Verlag, 1977). Im sechsten Kapitel habe ich die auf Haleys Buch basierende Fernsehserie erwähnt. Dieses Buch stellt die prägnanteste moderne Version der drei Grundwahrheiten dar, auf die meine Freundin Jan gestoßen war. *Wurzeln »Roots«* ist ein literarisches Meisterwerk, nicht nur, weil es die Historie von sieben Generationen umfaßt, sondern auch, weil Haley die menschlichen Qualitäten seines familiären Ursprungs so treffend beschreibt. Er läßt sie im lebendigen und anschaulichen Kontext von Zeit und Raum vor uns erstehen.

Am Ende des Buchs spricht Haley über den Prozeß, durch den die Personen seines Buchs für ihn mit Leben erfüllt wurden und aufhörten, bloße Namen mit Daten zu sein. Er nahm alle Geschichten, die er gehört oder gelesen hatte, und *benutzte seine Phantasie*, um sie in ihrer lebendigen Menschlichkeit zu zeichnen.

Er schreibt: »Vor meinem inneren Auge begannen sich die Beschreibungen, die ich über die kollektive Verschleppung all der Millionen unserer Vorfahren in die Sklaverei gelesen hatte, visionenhaft zu beleben – wie eine verschwommene Projektion auf der Leinwand. Viele tausend waren einzeln entführt worden, so wie mein Ahne Kunta ... Ich *sah* sie vor mir, wie sie scharenweise starben ... Und diejenigen, die es bis zum Strand geschafft hatten, ... schor[en] sie kahl, ... und oftmals brandmarkte man sie mit glühendem Eisen wie

Vieh. Ich *stellte mir vor*, wie sie ... gepeitscht und geschleift wurden ... Ich *ahnte*, wie sie gestoßen, geschlagen und in die stinkenden Frachträume dieser Sklavenschiffe gezerrt wurden ...« (Hervorhebung von mir).

Nach jahrelangen Nachforschungen in Archiven und Gesprächen mit vielen Menschen besuchte er schließlich das afrikanische Dorf Juffure, um sich dort vom *griot* des Dorfs (der die mündliche Überlieferung des Dorfes und des Stamms aufrechterhält) die Geschichte seiner Familie erzählen zu lassen. Als er auf einem Frachter nach Hause fuhr, schlief er jede Nacht im Laderaum und stellte sich vor, wie es sein mußte, als Sklave in Ketten, der Heimat und den eigenen Wurzeln entrissen, in ein unbekanntes Land gebracht zu werden.

Haley war nach seiner Reise zu seinen Wurzeln tief bewegt und erfüllt von einem Gefühl der Schicksalsfügung, über das er auf den letzten Seiten seines Buches spricht. Er schreibt: »Es gibt einen Ausdruck für das, was in seiner Einzigartigkeit im ganzen Leben nicht wiederholbar ist – ›das Gipfel-Erlebnis‹. Für mich wurde es Wirklichkeit an diesem ersten Tag im Hinterland im schwarzen Westafrika.« Er trug seine Wurzeln in sich, er fühlte sich vollständig. Beim Lesen dieser letzten Seiten spürt man, welch tiefe Befriedigung und Erfüllung er aus dieser jahrelangen Reise zog. Es stimmt mich traurig, daß er nicht mehr unter uns weilt. Ich hätte ihn gerne genauer befragt, was ihm diese Rückkehr zu seinen Ursprüngen brachte, wie sie zu seinem Reifungsprozeß beitrug. Jedenfalls glaube ich, daß Alex Haley mit seinem Buch Amerika ein Geschenk hinterlassen hat, dessen Wert wir erst mit der Zeit voll schätzen werden können.

Vor einer Weile besuchte ich Freunde von mir, Ed und Carolyn Quattroccki, in Chicago. Ich befand mich auf der Durchreise zu einer Familienrekonstruktion. Ed hatte an der Loyola University in Chicago seinen Doktor in Literatur gemacht. Zwölf Jahre lang war er Professor für die Literatur der Renaissance an der Ohio University in Athens, Ohio, gewesen. Heute ist er Makler an der Warenhandelsbörse. Er behauptet, auch wenn ich das nicht beweisen kann, er sei der einzige Shakespeare-Experte, der seinen Lebensunterhalt mit Viehhandel an der Handelsbörse von Chicago verdient. Carolyn ist

Mutter von fünf Kindern und Großmutter von vier Enkeln und unterrichtete früher Entwicklungspsychologie. Im folgenden lesen Sie einige Auszüge unseres Gesprächs:
»Ed, willst du behaupten, daß meine Arbeit nichts Neues bringt? Was meinst du damit?«
Er war etwas verlegen und antwortete rasch. »Zunächst meine ich, Bill, daß du mit deinem Bemühen, Menschen durch eine Rückbesinnung auf ihre familiären Wurzeln zu dem nötigen Wissen über sich selbst zu verhelfen, damit Harmonie und Frieden in ihr Leben einkehrt, insbesondere indem mit Hilfe imaginativer Verfahren die Menschlichkeit der Betreffenden herausgearbeitet wird, einen aufregenden und neuen Weg eingeschlagen hast. Aber paradoxerweise ist es auch ein uralter, vielfach erprobter und als richtig erwiesener Weg. Ich möchte darauf hinweisen, daß es katastrophale Folgen haben kann, wenn Menschen ihren Wurzeln entfremdet sind. Diese Folgen sind in zwei der meistgelesensten Bücher der letzten 50 Jahre äußerst drastisch dargestellt.«
»Welche Bücher meinst du?« fragte ich.
»Aldous Huxleys *Schöne neue Welt* und George Orwells *1984*«, erwiderte Ed. »In diesen beiden Büchern werden zwar unterschiedliche totalitäre Systeme dargestellt, aber ein unverkennbares Herrschaftsinstrument ist ihnen gemeinsam. Beide totalitären Staaten halten jede menschliche Beziehung, insbesondere jede liebevolle Beziehung zwischen Familienmitgliedern, für gefährlich.
In Huxleys Roman werden Kinder nicht als Frucht einer menschlichen Liebesbeziehung geboren, sondern in Teströhrchen in einem Labor abgezapft. Die Herrschenden halten durch die systematische Auslöschung der Erinnerung ihrer Untertanen ihre Macht aufrecht; Mustapha Mond, der Weltbeherrscher, formuliert die zentrale Botschaft sehr einfach: ›Geschichte ist Mist.‹
Und das gleiche Thema durchzieht in verschiedenen Variationen Orwells Roman. Die Kinder werden dazu erzogen, ihren Eltern nachzuspionieren und die Gedankenpolizei über jede Abweichung von der orthodoxen Meinung zu informieren. Wenn die Untertanen sich an die Vergangenheit erinnern, bringen sie die Sicherheit des Staates in Gefahr.

Wir haben es hier also mit zwei Beispielen bedeutsamer literarischer Werke zu tun, in denen die grauenhaften Folgen dargestellt werden, unter denen Menschen leiden, wenn sie sich von ihrer Vergangenheit und ihren Wurzeln abschneiden.«

»In Ordnung, Ed, aber was ich wissen will – gibt es in der Literatur Werke, die meine These klarer stützen?«

»Himmel, aber ja! Ich muß nur deshalb lachen, weil es mich überrascht, daß du nicht selbst darauf kommst!« rief Ed aus.

»Nun, ich weiß natürlich, daß das Thema in der modernen Literatur behandelt wird, wie beispielsweise in Kennedys Roman *Wolfsmilch*. Aber du bist der Experte für alte Literatur. Darüber will ich mehr erfahren«, sagte ich.

Ed antwortete: »Ich bin Fachmann für westliche Literatur, also kann ich nur dazu etwas sagen. Nimm nur die grundlegenden Werke der griechischen, römischen und jüdischen Literatur. Dort wirst du überall auf das intensive Streben nach einer Verbindung zu den eigenen Wurzeln stoßen.

Die großen Heldengedichte der Griechen, die *Ilias* und die *Odyssee*, handeln im wesentlichen von Familien und der Suche nach nationaler Identität. Zwar ist sowohl die *Ilias*, die sich auf den Trojanischen Krieg konzentriert, wie die *Odyssee*, die von der 20jährigen Wanderschaft des Odysseus nach diesem Krieg berichtet, durchtränkt von Gewalt und Leiden, aber sie veranschaulichen zugleich die große Ehrerbietung, die die Griechen ihren Familien und ihren Vorfahren entgegenbrachten.

Die einzelnen Episoden der *Odyssee* sind durch den Wunsch Odysseus', nach Beendigung des Trojanischen Krieges zu seiner Frau Penelope, seinem Sohn Telemach und seinem Vater Laertes zurückzukehren, miteinander verknüpft. Odysseus stößt auf unzählige Schwierigkeiten, die sich seiner langjährigen Heimreise in den Weg stellen. Aus seiner Zuversicht, seiner Hoffnung und seiner Sehnsucht, seine Familie wiederzusehen, schöpft der listige Odysseus die Kraft, allen Widrigkeiten mit heldenhaftem Mut zu trotzen. Die Bedeutung dieses inneren Antriebs für Odysseus tritt besonders in der Mitte seiner Reise, in den Büchern X und XI, zutage.«

»Das ähnelt den Erfahrungen vieler Menschen, denen ich bei ihrer Rückkehr zu den eigenen Wurzeln geholfen habe«, sagte ich. »Auch sie müssen mit Schwierigkeiten kämpfen. Einige davon habe ich zu Beginn meines Buches besprochen.«
Ed fuhr fort. »Nun, das überrascht mich nicht. Ein literarischer Klassiker speist sich aus den grundlegendsten menschlichen Themen und Konflikten. Ich möchte dir von einer Begegnung des Odysseus erzählen, weil sie so direkt das zentrale Thema deines Buches betrifft. Odysseus muß in den Hades, um dort den blinden Seher Tiresias zu befragen. Abgesehen von Tiresias ist der wichtigste unter allen Schatten, mit denen Odysseus im Hades spricht, der seiner Mutter Anticlea. Tiresias weissagt ihm, daß er noch mehr schreckliche Kümmernisse zu erdulden hätte, am Ende jedoch nach Hause zurückkehren und die Freier seiner Frau Penelope hinrichten und in hohem Alter in Frieden sterben werde. Darauf folgt ein ergreifendes und bedeutungsvolles Gespräch mit seiner Mutter. Er fragt sie nach den Verhältnissen zu Hause – wie sie starb, wie es seiner Frau und seinem Vater und seinem Sohn ergehe. Und er hört ihre herzzerreißende Antwort, daß seine Frau und sein Sohn in seinem Hause ausharrten, jedoch in großer Verzweiflung seien, daß sein armer, alter und schwacher Vater im Winter auf dem Boden schlafe und daß sie, seine Mutter, an gebrochenem Herzen gestorben sei.
Nun, Bill, im Hinblick auf das Thema deines Buches hat es mit dieser Stelle eine besondere Bewandtnis. *Odysseus muß die Zukunft durch die blinden Augen des Sehers Tiresias sehen, um Mut zum Weitermachen zu schöpfen, und er muß die Vergangenheit und seine Verwurzelung in seiner Familie durch eine spirituelle Zwiesprache mit seiner Mutter wahrnehmen.* Allein diese kurze Episode in dem ausgedehnten, weitverzeigten Epos erklärt hinreichend, warum Homers Kunst in den Himmel reicht und warum sich alle späteren Dichter vor ihm verbeugen.«
»Hm, ja, ich verstehe. Welches andere bedeutende Werk befaßt sich noch mit diesem Thema?«
»Wenn wir uns der römischen Kultur zuwenden, Bill, dann finden wir das gleiche Thema in Vergils *Aeneis*«, erwiderte Ed. »Sein großes Epos stellt eine Synthese von Homers *Ilias* und der *Odyssee* dar;

es ist für das Lateinische und die römische Kultur das gleiche, was Homers Epos für die griechische war. Vergils Held Äneas unterscheidet sich in vielerlei Hinsicht von Odysseus. Was jedoch Odysseus und Äneas verbindet, ist ihre tiefe und unerschütterliche Treue ihrer Familie und ihren Freunden gegenüber. Es gibt viele Parallelen zwischen den Abenteuern des Odysseus und denen des Äneas, besonders in bezug auf die Familie.

Äneas erzählt die Geschichte des Trojanischen Krieges und seiner Flucht. Im Laufe der ersten drei Bücher des Epos werden einige Seiten seines Wesens offenkundig. Er hegt eine tiefe Liebe für sein Land und seine Familie. Die schmerzliche und liebevolle Erinnerung an Troja drückt ihn nieder, aber *er zieht Kraft aus seiner Erinnerung.* Durch den Rückblick auf seinen Schmerz gewinnt er die Kraft, der Zukunft, die die Gründung Roms bringen wird, entgegenzugehen.

In einer anderen Szene besucht Äneas seinen toten Vater, der einen Ehrenplatz im Hades im Elysium innehat. Äneas nähert sich ihm und findet seinen Vater tief in Gedanken versunken: ›Er gedachte/der Vielzahl seiner Nachfahren/seiner Helden Geschick und Fatum/des Schicksals Gang und Wege.‹ Er versichert Äneas, daß zwar ein schwerer und dornenreicher Weg vor ihm liege, daß er am Ende jedoch das Königreich Rom finden und Stammvater einer langen Linie von Königen werde.

Die Geschichten des Odysseus und des Äneas prägten nachhaltig alle nachfolgenden Generationen westlicher Dichtkunst.«

»Ed«, sagte ich, »ich glaube, das Entscheidende ist, daß Odysseus seine Eltern in ihrer Menschlichkeit sah. Odysseus hatte eine Vision, wie sein Vater über seinen scheinbaren Verlust trauerte und wie seine Mutter an gebrochenem Herzen starb.«

»Da stimme ich dir zu«, sagte Ed. »Selbst in der Bibel hat das Thema Spuren hinterlassen. Für die Israeliten spielte die Abstammung eine große Rolle, was man daran erkennt, wie häufig sie einen Stammbaum anführen, um ihre Identität zu bestimmen. Man sieht das deutlich in der Genesis.

Am klarsten aber zeigt sich das, worauf es dir ankommt, nämlich die Menschlichkeit dieser Vorfahren, im Stammbaum von Jesus selbst.

Man sollte sicherlich annehmen, daß Matthäus Jesus und seine Herkunft in strahlendem Licht zeichnet. Das Matthäusevangelium beginnt mit einer langen Genealogie, die vermitteln soll, wer und was Jesus war. Doch wir erfahren, daß Abraham der Vater Isaaks war, und Isaak der Vater Jakobs, und Jakob der Vater Judas und seiner Brüder, und Juda zeugte Perez und Serach mit ihrer Mutter Tamar. Juda, der bedeutendste der zwölf Söhne Jakobs, der später Israel genannt wurde, hatte noch andere Söhne mit seiner Frau Schua, doch diese drei – Er, Onan und Schela – werden im Stammbaum Jesus' nicht erwähnt. Die beiden erwähnten Söhne Perez und Serach wurden aus einer ehebrecherischen Beziehung mit Judas Schwiegertochter Tamar geboren.

Die Einbeziehung Judas und Tamars und ihrer unehelichen Söhne steht in Einklang mit der Fortsetzung des Evangeliums. Wie Matthäus wiederholt deutlich macht, offenbaren Christi Worte und Taten, daß er all seine Brüder und Schwestern gleichermaßen anerkennt und liebt, den Steuereintreiber ebenso wie die Prostituierte. Matthäus unterließ jede Reinwaschung des familiären Hintergrunds Jesus'.

Du siehst also, Bill, in den grundlegenden literarischen Werken der griechischen, römischen und jüdischen Kultur wird großer Wert auf die Verbindung zu den eigenen Wurzeln und Vorfahren gelegt. Aus dieser Verwurzelung entspringt die Inspiration und die Kraft, nach vorn zu blicken. Diese drei Kulturen bilden die Grundlage unserer eigenen christlich-jüdischen Zivilisation.«

»Was in meinem Buch vielleicht neu ist«, sagte ich, »ist die Betonung der Menschlichkeit dieser Individuen, die es uns erlaubt, diese Wurzeln uneingeschränkt zu akzeptieren – und sie nicht nur als Vater oder Mutter zu akzeptieren. Ich weiß, daß sich die psychologische Literatur kaum mit diesem Aspekt befaßt hat. In den letzten 50 Jahren lag der Schwerpunkt auf der Abgrenzung von der Familie und dem Aufbau eines eigenständigen Lebens. Es herrschte die Überzeugung, daß man nur durch die Abspaltung von der Familie eine eigene Individualität aufbauen könnte.«

»Aber stimmt das etwa nicht?« fragte Ed.

»Doch, aber es gehört noch mehr dazu. Und darauf kommt es mir an. Abgrenzen allein genügt nicht – man muß auch wieder zurückkom-

men – nicht um so zu sein, wie man früher war, sondern um den menschlichen Charakter der eigenen Wurzeln zu entdecken.«
Mittlerweile war es elf Uhr abends. Doch Ed, Carolyn und ich waren hellwach und voller Energie.
Den Rest des Abends erzählte mir Ed die faszinierendsten Geschichten über seine eigenen Reisen nach Italien und Irland, auf denen er die Heimat seiner Vorfahren besucht hatte. Er nahm seine Mutter und Carolyn mit nach Irland, wo seine über 80jährige Mutter ihren jüngeren Bruder traf, den sie für tot gehalten hatte. Ihr jüngerer Bruder hatte das gleiche von seiner älteren Schwester geglaubt. Als Ed dieses Zusammentreffen schilderte, konnte ich spüren, welche Freude und welcher Jubel Ed und Carolyn erfüllten. Es schien mir offensichtlich, daß Ed mit dieser Rückbesinnung auf seine Wurzeln einen entscheidenden Schritt in seinem Leben getan hatte, und zwar einen, der Ed und Carolyn einander näherbrachte.
Inzwischen war es zwei Uhr morgens, und wir waren alle bettreif.
Da dieses Thema eine zentrale Rolle in den grundlegenden Werken unserer Kultur spielt, ist es nicht verwunderlich, daß es auch in der modernen Literatur immer wieder auftaucht. Um nur einige Beispiele zu nennen:
In dem Roman *The Prince of Tides* (Bantam, 1987) wird die Geschichte von Tom, seiner Zwillingsschwester Savannah und ihrem älteren Bruder Luke erzählt, die um ihre Ganzheit als Individuen kämpfen. Ihre Eltern sind gefangen in eigenen Widersprüchen und bieten den Kindern sowohl eine Portion Stärke wie auch ein Regiment des Schreckens. Die Kinder wachsen auf im Kampf gegen ihre verletzende Familiengeschichte, der sie zu entfliehen suchen, während sie zugleich versuchen, ihre Wurzeln zu akzeptieren.
Savannah wird mit ihrer Vorgeschichte fertig, indem sie ihren Wurzeln entflieht und räumlich wie innerlich von South Carolina nach New York umzieht. Sie entwickelt schwere seelische Störungen. Doch sie kommt wieder zu Kräften und zu sich, und am Ende versöhnt sie sich mit ihrem soeben aus dem Gefängnis entlassenen Vater. Nach einem wunderschönen Abend auf dem neuen Krabbenkutter ihres Vaters, wo sie das abendliche Himmelsduett zwischen

dem aufgehenden Mond und der untergehenden Sonne auf einem Fluß in South Carolina auf sich wirken läßt, sagt sie: »Ich werde es schaffen, Tom ... Ganzheit, Tom. Es kommt alles zurück. Es ist ein einziger Kreislauf.« Sie ist zurückgekommen, um ihre Wurzeln zu akzeptieren, besonders ihren Vater.

Luke verliert sein Leben im Kampf um sein Haus und sein Land, die Scholle seiner Väter. Luke sagt es sehr schlicht: »Wie kann man von vorne anfangen, wenn man nicht zurückblicken kann? Was passiert mit einem Mann, der über die Schulter blickt, um zu sehen, woher er kommt, um zu sehen, was er ist, und das einzige, was er sieht, ist ein Schild mit der Aufschrift: ›Betreten verboten‹?«

Weil Tom versteht, wie seine Mutter und sein Vater aufwuchsen, gelingt es ihm, sie zu akzeptieren. Schon am Anfang des Buches kommt dieses Thema zur Sprache: »Weil ich meine Mutter und meinen Vater in all ihrer fehlerhaften, empörenden Menschlichkeit lieben mußte, konnte ich es mir nicht erlauben, sie direkt auf all die Verbrechen anzusprechen, die sie an uns allen begingen. Ich konnte sie nicht für ein Verbrechen, für das sie nichts konnten, zur Rechenschaft ziehen oder sie deswegen anklagen. Auch sie hatten eine Geschichte – eine Geschichte, die mich die Vergehen, die sie ihren eigenen Kindern gegenüber begingen, vergessen ließ. In einer Familie gibt es kein unverzeihliches Verbrechen.«

Tom verstand, wie »vernachlässigt und verlassen sich sein Vater als Kind gefühlt hatte, und weder sein Vater noch seine Mutter hatten ihm die Hand auf den Kopf gelegt«. Er verstand, was es für die Mutter seines Vaters bedeutet haben mußte, ihn im Alter von sechs Jahren für fünf Jahre zu verlassen.

Das zu Beginn bereits angesprochene Thema wird gegen Ende des Romans wieder aufgegriffen. Tom sagt: »Zu unserer Überraschung waren Savannah und ich uns einig, daß wir die schlimmsten Eltern erwischt hatten, die man sich vorstellen konnte, daß wir jedoch nichts daran ändern wollten. Ich glaube, während wir auf Marsh Hen Island auf Luke warteten, begannen wir unseren Eltern zu verzeihen, daß sie genau so waren, wie es ihnen bestimmt war. Unsere Gespräche begannen mit Erinnerungen an Brutalitäten oder Verrat und endeten mit wiederholten Beteuerungen unserer getrübten, aber wahrhaftigen Liebe zu Henry und Lila. Endlich waren wir alt genug, um ihnen zu verzeihen, daß sie nicht vollkommen zur Welt gekommen waren.« (Beachten Sie, wie schlicht hier formuliert wird, worauf ich in meinem Buch hingewiesen habe. Tom bezieht sich auf seine Eltern nicht als Vater und Mutter, sondern als Henry und Lila, er nimmt sie als gleichberechtigte Individuen wahr. Der Satz »Endlich waren wir alt genug ...« offenbart, daß eine gewisse Lebenserfahrung notwendig ist, damit man seine Wurzeln in ihrer Menschlichkeit erkennen kann, wie auch, damit man fähig wird, »zu verzeihen«.)

Wolfsmilch von William Kennedy zeigt ebenfalls, welche Kraft man aus der Rückkehr zu den eigenen Wurzeln schöpfen kann. Dieser Roman bietet ein hervorragendes Beispiel für meine in diesem Buch vertretene Überzeugung, daß es von größter Bedeutung ist, daß wir unsere Eltern als Menschen und nicht als bloße Rolleninhaber sehen. Meiner Ansicht nach genügt es nicht, nur Namen, Daten und Fakten über die eigene Herkunft zu kennen – all das, was ein typischer Familienstammbaum enthält. Es reicht auch nicht aus, diese Menschen als Vater, Mutter, Großeltern oder Onkel zu sehen. Wir müssen hinter dieses rollenspezifische Verhalten blicken, um den Menschen in seiner Gesamtheit zu erkennen.
Genau das macht Francis Phelan, die Hauptfigur in *Wolfsmilch*. Er ist ein alkoholkrankes Wrack, das in einer heruntergekommenen Gegend in Albany im Staate New York lebt. Er hat Frau und Kinder im Stich gelassen und hat sie seit vielen Jahren nicht mehr gesehen. Gegen Ende des Romans beschließt Francis, ein paar Dollars aufzutreiben, indem er für einen Lumpensammler namens Rosskam arbeitet. Rosskam lenkt sein Pferd und seinen Wagen in die vertraute Gegend, in der Francis aufgewachsen war. Während der Wagen durch die Straßen rumpelt, beginnt Francis sich an seine Mutter, seinen Vater und seine frühen Kindheitserlebnisse zu erinnern. Je tiefer er in Gedanken versinkt, um so mehr verändert sich sein Bild von seiner Familie. Nach den Erfahrungen der zurückliegenden Jahre kann er seine Familie unter einem ganz neuen Blickwinkel sehen. Die Fahrt auf Rosskams Wagen bietet Francis Gelegenheit, zu seinen Wurzeln zurückzukehren, diese Menschen mehr als Individuen

denn als Eltern und Geschwister zu sehen. In seinem Herzen knüpft er eine neue Beziehung zu ihnen von Erwachsenem zu Erwachsenen.
Nach diesem Bewußtseinsprozeß überwindet Francis ohne ein Wort der Erklärung seine Angst und besucht zum erstenmal seit Jahren seine Frau und seine Familie. Es ist ein Testbesuch, aber einer, in dem er unbeholfen versucht, seine Schuld einzugestehen und seine Liebe zu seiner Familie zum Ausdruck zu bringen. Am Ende des Romans bleibt offen, ob Francis sein Pennerdasein wieder aufnehmen oder auf Dauer zu seiner Familie zurückkehren wird.
Meine Interpretation des Romans ist, daß Francis aus der Rückbesinnung auf seine Wurzeln und der neuen, realitätsgerechteren Verbindung zu ihnen die Kraft gewann, seine Frau Annie und seine erwachsenen Kinder zu besuchen.
Hector Babenco, der argentinische Regisseur des Films *Wolfsmilch*, sagte über seinen Film: »Wenn man einen Film dreht, erwartet man etwas, und doch weiß man nicht, warum ... Es hat etwas mit der Schuld dieser Figur zu tun, etwas mit dem Versuch, Harmonie mit der Vergangenheit herzustellen, mit dem Mut, ins Heim der Vergangenheit zurückzukehren und sich der Auseinandersetzung damit zu stellen.«
Ein Roman, der an einem gegensätzlichen Beispiel das gleiche Thema aufgreift, ist *The Death of Jim Loney* von James Welsh. Jim Loney ist ein Indianer, der mit dem Leben nicht zurechtkommt. Er ist abgeschnitten von seinen kulturellen Wurzeln. Aus seiner Geschichte wird deutlich, daß seine Unfähigkeit, mit dem Leben fertig zu werden, auf seine fehlende Verwurzelung zurückzuführen ist.
Die Literatur aller Kulturen betont immer wieder, wie wichtig die Verbindung zu den eigenen Ursprüngen ist. Manche Bücher behandeln vor allem das Thema, wie man eine neue Beziehung zu Eltern und Vorfahren entwickeln kann. Der Protagonist transformiert die Eltern-Kind-Beziehung zu einer Beziehung zwischen Erwachsenen, in der die Eltern in ihrer Menschlichkeit sichtbar werden.
Je weiter ich bis zum Kern der These vorgedrungen bin, die ich in diesem Buch vertreten habe, um so einfacher fiel es mir, die Spuren

dieser essentiellen Wahrheit in der Literatur auszumachen. 20 Jahre zuvor hatte ich sie noch nicht ausmachen können. Diese literarischen Spuren bestärken mich noch mehr in meiner Überzeugung, daß die Wahrnehmung unserer Familienangehörigen als menschliche Wesen eine lebenswichtige und eigenständige Phase der Persönlichkeitsentwicklung darstellt. Ich glaube, sie bildet die letzte Phase des Reifungsprozesses, der uns auf die Ereignisse am Ende unseres Lebens vorbereitet.

Lao-tse, der etwa 500 Jahre vor Christus lebte, schrieb in dem Klassiker *Tao-Te-ching*:

> Erkenne, woher du kommst:
> Darin liegt das Wesen der Weisheit.
>
> Jedes getrennte Lebewesen im Universum
> kehrt zur gemeinsamen Quelle zurück.
> Zur Quelle zurückzukehren heißt Gelassenheit.

23 In Frieden dem Tod entgegensehen

Ich bin davon überzeugt, daß wir dem Tod mit mehr Frieden, Gelassenheit und Bereitschaft entgegentreten können, wenn wir uns in der hier beschriebenen Art auf unsere Wurzeln zurückbesinnen.

Um meine These zu untermauern, habe ich nach Forschungen und Untersuchungen zu diesem Thema Ausschau gehalten. Zu meiner Überraschung konnte ich nichts dazu finden. Ich dachte, daß sicherlich irgend jemand bereits denselben Gedanken gehabt und aufgrund dieser Verbindung Untersuchungen darüber angestellt hätte. Doch ich fand mich mit leeren Händen wieder. Sollten Ihnen, liebe Leserin, lieber Leser, derartige Untersuchungen bekannt sein, so bitte ich Sie, mir darüber Mitteilung zu machen. Meine Adresse finden Sie im Anhang.

Ich beschloß also, Leute zu befragen, die intensive Erfahrungen mit Sterbenden hatten, um herauszufinden, ob sie irgendeinen Zusammenhang zwischen einer reifen Beziehung zu Eltern und familiären Wurzeln und der Fähigkeit, den Tod friedlich hinzunehmen, feststellen konnten. Ich interviewte Sozialarbeiter, Priester im Krankenhaus, Pfleger, Therapeuten und Ärzte. Sie zeigten sich sehr kooperativ und interessiert an meinen Nachforschungen. Im folgenden möchte ich einige ihrer Geschichten und Bemerkungen aufführen.

Eine Pastorin im Sterbehospiz eines großen Krankenhauses hatte früher Patienten mit Aids in der Stunde ihres Todes beigestanden. Da sie selbst bereits an einer Familienrekonstruktion teilgenommen hatte, kannte sie den Unterschied zwischen einer Beziehung zu den eigenen Angehörigen, die auf Rollenerwartungen beruhte, und einer Beziehung auf der Basis von Mitmenschlichkeit. Sie war fasziniert von meiner These: »Welch reizvolle und interessante Überlegung«, bemerkte sie.

Unter den sterbenden Patienten, die sie betreut hatte, fand sie nicht viele, die in der Beziehung zu ihren Eltern diesen Schritt zu einer veränderten Wahrnehmung vollzogen hatten. Viele waren ihren Eltern gegenüber offenbar blockiert und verhielten sich weiterhin so, als hätten sie irgendwie versagt.

Sie stellte jedoch einen Zusammenhang fest zwischen der Tatsache, daß jemand keine qualitativ neue Verbindung zu seinen Wurzeln hergestellt hatte und daß es solchen Menschen schwerfiel, die eigenen erwachsenen Kinder loszulassen. Sie erzählte mir von einer Frau Anfang 40, die an Krebs gestorben war und sich zwar mit ihrem Vater, nicht jedoch mit ihrer Mutter ausgesöhnt hatte, die sie als Kind mißhandelt hatte. Sie kämpfte um ihr Leben und versuchte den Krebs zu besiegen, weil sie »für ihre Tochter leben mußte«. Ihre Gefühle ihrer Mutter gegenüber begannen sich zu wandeln. Das Gefühl der Wut wich einem Gefühl von Traurigkeit und Hilflosigkeit. Sie hatte die Wandlung noch nicht ganz vollzogen, um ihre Mutter als menschliches Wesen zu sehen, aber sie war auf dem Weg dorthin. Als sie begann, ihre Mutter mit anderen Augen zu sehen, stieg Angst in ihr auf.

Die Pastorin wußte nicht, warum genau in dem Moment, in dem sich die Wahrnehmung der Patientin in bezug auf ihre Mutter veränderte, diese Angst auftrat. Sie hatte vielmehr erwartet, daß die Patientin aus dieser veränderten Wahrnehmung die Kraft schöpfen könnte, dem verheerenden Fortschreiten der Krankheit ins Auge zu sehen, der alle Bestrahlungen und eine Chemotherapie nicht Einhalt gebieten konnten. Die Kranke wurde dadurch jedoch unbewußt mit der Tatsache konfrontiert, daß sie ihre Tochter verlassen mußte. Es wäre interessant, zu erfahren, ob sie fähig war, sich von ihrer Tochter zu lösen, nachdem sie sich auch mit ihrer Mutter ausgesöhnt hat.

Die Pastorin erzählte noch eine weitere Geschichte über einer Frau Mitte 70, die an Krebs starb. Diese Frau hatte eine ausgezeichnete Beziehung zu ihren Eltern und ihrem Mann gehabt, die alle bereits gestorben waren. Sie hatte eine 50jährige Tochter und eine 20jährige Enkelin, die sie innig liebte. Es bekümmerte sie, daß sie sie zurücklassen mußte. Als ihr Tod jedoch näher rückte, fand sie ihren inneren Frieden, segnete ihre Kinder und Enkel und gab ihr Geschick in

Gottes Hände. 36 Stunden vor ihrem Tod sagte sie: »Ich möchte bei meiner Familie sein.«

Die Pastorin konnte nicht definitiv sagen, ob die Beziehung der Frau zu ihren eigenen Wurzeln sich verändert hatte oder nicht. Sie glaubte allerdings, daß die gesunde Verbindung zu ihren Wurzeln etwas mit ihrem friedvollen Tod zu tun hatte. Die Pastorin meinte, es sei der friedlichste Tod gewesen, den sie je miterlebt hätte.

Sie sagte, diese Frau hätte den Tod als eine jedem menschlichen Wesen bestimmte Realität akzeptiert. Sie hätte eine Beziehung zu Gott gehabt, die das Versprechen der Wiedervereinigung mit ihrer Familie in sich barg; sie rief sich ihren alten Wunsch wieder in Erinnerung, der sie beim Tode ihres Mannes vor vielen Jahren erfüllt hatte, daß sie nämlich mit ihm sterben und wieder auferstehen wollte. Sie war ihr Leben lang ein großherziger Mensch gewesen, der seine Freunde in sein Herz schloß und in seine Familie aufnahm, wo immer sie hingingen; sie hatte ihr Leben in Einklang mit ihren Wertvorstellungen gelebt und daher nur wenig zu bereuen; sie hatte einen spirituellen »Draht« und sah Gottes Gegenwart in ihrer Nähe; sie konnte mit ihrer Familie offen über den Tod und ihr Sterben sprechen.

Die Hospizpastorin sagte, der Tod erscheine ihr immer geheimnisvoller, je länger sie diese Arbeit mache. Es sei, als ob sich alle Mysterien des Lebens im Augenblick des Todes vor uns präsentierten. Infolgedessen beurteilt sie Aussagen über den Prozeß des Sterbens inzwischen vorsichtiger. Viele Faktoren müssen zusammenwirken, damit jemand fähig wird, in Frieden und bereitwillig zu sterben. Sie fand meine These aufregend und vermutete, daß die Fähigkeit, die eigenen Eltern und Vorfahren als Menschen anzunehmen und so eine adäquate Verbindung zur eigenen Herkunftsfamilie aufzubauen, ein Faktor war, der zu einem friedvollen Tod beitrug.

Sie fuhr fort damit, daß der Körper sich nicht leicht ins Sterben füge; er wolle leben. Der Geist sei vielleicht bereit zu sterben, aber der Körper kämpfe aus unerklärlichen Gründen oft dagegen an. Sie sagte, die Menschen »sterben unter Qualen ähnlich den Qualen, unter denen sie geboren werden. Blut und Schweiß fließen. Es ist wie eine Geburt in die nächste Welt hinein.«

Wir sprachen über dieses Phänomen, daß der Geist zum Sterben bereit ist, der Körper sich jedoch ans Leben klammert. Wir vermuteten beide, daß ein solcher Mensch vor dem Sterben noch eine unerledigte Aufgabe zu erfüllen hat. Es war, als würde die Person auf einer bewußten Ebene sagen: »Ich bin bereit zu gehen«, doch der Körper als Sprachrohr des Unbewußten sagt: »Warte, es gibt noch etwas zu tun, bevor wir gehen.« Wir spürten beide, daß die Einheit von Körper und Seele Realität ist.

Diese Pastorin faßte ihre Arbeit mit Sterbenden mit den bewegenden Worten zusammen: »Ihnen beistehen, so wie sie sind, ihnen helfen, ihr Sterben in Worte zu fassen und darin zu leben.«

Unsere Diskussion erinnerte mich an eine Freundin von mir, die schon früher gestorben war. Diese Person war ihr Leben lang von vielen Freunden und Kollegen geliebt und bewundert worden. Ihre Eltern waren schon vor langer Zeit gestorben. Sie hatte mehrere Brüder und Schwestern, hatte jedoch mit einem ihrer Geschwister einen ungelösten Konflikt. In den letzten Wochen vor ihrem Tod versammelten sich ihre Freunde, um ihr in ihrer Krankheit und ihrem Tod beizustehen. Ungefähr eine Woche vor ihrem Tod rief sie ihre Geschwister zu sich und sagte ihnen Lebewohl. Sie sagte ihnen, sie könnten nun nach Hause zurückfahren, da ihre Freunde sich um sie kümmern würden.

Ihre Familienangehörigen beschlossen jedoch, nicht zu fahren; sie kehrten allerdings nicht in ihr Schlafzimmer zurück, sondern blieben einfach im Haus. Binnen vier Tagen fiel sie ins Koma. Ihr Arzt sagte, er wüßte nicht, warum sie noch am Leben sei. Er sagte zu den Freunden dieser Frau, er wünsche, daß die Familie ins Sterbezimmer zurückkomme. Ihre Freunde sagten, sie hätte bereits von ihnen Abschied genommen und ihnen gesagt, sie könnten nach Hause zurückfahren. Der Arzt bestand jedoch darauf, daß die Familie ins Schlafzimmer zurückkehrte.

Die Geschwister kamen zurück, standen schweigend um das Bett herum, und innerhalb von fünf Minuten war die Frau gestorben. Wer wüßte dieses Phänomen zu erklären? Ich tippe darauf, daß zwischen ihr und ihren Geschwistern etwas nicht zu Ende gebracht war, vielleicht mit demjenigen, mit dem sie den ungelösten Konflikt hatte.

Und daß diese Angelegenheit irgendwie in diesen fünf Minuten bereinigt wurde.

Ich befragte eine Familientherapeutin, die auch Krankenschwester ist. Als Krankenschwester im Vietnam-Krieg begann sie damit, Sterbenden im Tod beizustehen. Nach ihrer Rückkehr setzte sie diese Arbeit mit Sterbenden fort. Sie hat an ihrem Arbeitsplatz eine führende Funktion darin.

Ich fragte sie, was ihr an Menschen auffiele, die in Frieden sterben könnten. Sie sagte, sie seien in der Lage, mit ihren Angehörigen eine Art Abschiedsritual zu vollziehen. Sie seien von liebenden und mitfühlenden Menschen umgeben. Sie hätten ein Gefühl der Erfüllung; sie lebten in der Überzeugung, ein Vermächtnis zu hinterlassen. Infolgedessen bedauerten sie nur wenige Dinge in ihrem Leben. Sie hatten ein lebenswertes Leben geführt. Die Menschen sterben, wie sie leben, sagte sie. Und ihr war aufgefallen, daß ihr Sterben um so leichter war, je weniger unerledigte Probleme, einschließlich solcher mit ihrer Herkunftsfamilie, sie hatten. Sie fügte hinzu, daß es für Menschen fremder Herkunft sehr beruhigend und tröstlich sei, wenn man ihnen ihre heimatliche Musik vorspiele und in ihrer Muttersprache mit ihnen spreche.

Sie sagte, ihre Beobachtungen würden hauptsächlich für Menschen gelten, die eines langsamen Todes sterben. Ihnen bliebe Zeit und Energie, um Abschied zu nehmen und sich mit ihren Lieben zu umgeben. Ihnen bliebe die Zeit, um Wunden zu heilen. Diejenigen jedoch, die plötzlich vom Tod überrascht werden, brauchen ihre Kraft, um mit dem Sterben selbst fertig zu werden. Wie schon die Hospizpastorin beobachtete auch sie, daß Sterben viel Kraft kostet, und in einer geschwächten Verfassung bleibt keine Energie mehr für anderes als für die Bewältigung der unmittelbarsten Probleme.

Ich befragte auch Dr. Ken Hamilton, der in seinem Heimatstaat Maine das Projekt H.O.P.E (Healing Of Persons Exceptional) ins Leben gerufen hatte. H.O.P.E unterstützt Selbsthilfegruppen für Menschen, die an tödlichen Krankheiten leiden. Ken hat vielen Patienten beim Sterben beigestanden. Er hat beobachtet, daß viele Sterbende in ihrer letzten Stunde Visionen von einem oder mehreren Angehörigen wie etwa ihrer Mutter, ihrem Vater oder ihrem Ehemann haben, die bereits tot sind. Ihr Gesichtsausdruck läßt darauf schließen, daß zwischen ihnen eine Art Dialog stattfindet. Er sagte, wenn das geschehe, würden Gesicht und Körper sich entspannen und sie wirkten, als hätten sie Frieden gefunden.

Wir diskutierten über die Vorstellung einer Versöhnung mit den Angehörigen der Herkunftsfamilie, falls eine solche anstand. Er maß dieser Versöhnung eine ungeheure Bedeutung zu, um in Frieden sterben zu können. Wir verwendeten den Begriff »Versöhnung«, während andere, mit denen ich mich unterhalten habe, von »unerledigten Angelegenheiten« sprachen.

Er sprach darüber, daß er in den letzten Jahren nach dem Tod seiner Mutter mehr Nachsicht ihr gegenüber entwickeln konnte, weil er einige Seiten ihres Wesens nun besser verstand, die er früher nicht gesehen hatte. Weil er mehr den Menschen in ihr sah, konnte er sich tiefer mit ihr versöhnen und so mit sich selbst in Frieden leben.

Meiner Erfahrung nach schließt dieser Prozeß der Versöhnung, des Verzeihens, des Mitgefühls oder wie immer man ihn bezeichnen möchte, eine von zwei möglichen Erfahrungen ein. Entweder gesteht der Elternteil seine Fehler und Irrtümer ein, oder das erwachsene Kind kann die menschliche Realität des jeweiligen Elternteils in ihrer Tiefe und Komplexität besser nachvollziehen. Auf die eine oder andere Weise wird dadurch eine Versöhnung mit den Eltern ermöglicht. Durch die veränderte Wahrnehmung der eigenen Eltern, weg von ihrer Rollenfunktion hin zu ihrer Menschlichkeit, wird ein Mensch befähigt, sie als Teil seines Selbst zu akzeptieren. Das ist Versöhnung.

Ein anderer Fall betraf eine Frau, die in einen tödlichen Autounfall verwickelt war, bei dem sie und ihr Mann »getötet« wurden. Sie erlebte dies, als sei sie aus ihrem Körper herausgetreten und nun im Tod mit ihrem Mann und ihren vor kurzem verstorbenen Eltern vereint. Obwohl sie in Gegenwart dieser Menschen von Frieden erfüllt war, glaubte sie, daß sie auf Erden noch etwas zu erledigen hätte. Ihr Mann beschloß, daß er sterben wollte. Sie überwand ihre Todeserfahrung und erlangte das Bewußtsein wieder. Sie stellte fest, daß sie tatsächlich in einen schrecklichen Autounfall verwickelt gewesen war und daß ihr Mann dabei umgekommen war. Sie ist noch am Leben und erfreut sich unbeschwert ihres Daseins.

Diese Geschichte ähnelt der eines Mannes, mit dem ich in einem Staat des Mittleren Westens sprach und der ebenfalls eine Nahtod-Erfahrung erlebt hatte. Vor mehr als 19 Jahren erlitt er ohne Vorankündigung einen Kollaps und wurde ins Krankenhaus eingeliefert. Er hatte einen Grand-mal-Anfall. Seitdem hat er keinen einzigen mehr erlitten, und die medizinische Behandlung wurde ein Jahr nach dem Anfall eingestellt. Nachdem er wieder zu Bewußtsein gekommen war, erinnerte er sich an ein Gefühl, als hätte er seinen Körper verlassen. Er drückte es so aus: »Ich kann mich nicht an den Übergang vom Leben in die spirituelle Welt erinnern. Ich erinnere mich nur, daß ich erwachte und mich im Freien wiederfand, und zu meiner Rechten befand sich eine grüne Rasenfläche, die etwa in einem 45°-Winkel anstieg, dann in eine Ebene überging und schließlich wieder nach Süden hin anstieg. Im Osten vor mir war das Gelände flach. Ich erblickte ein Licht wie einen Mond am Horizont über mir und einen Pfad, der von meinem Standort ins Licht führte. Auf dem Weg näherte sich mir ein Wesen, das mir vertraut vorkam. Rechts von mir kam ein anderes Wesen herbei, das mir ebenfalls bekannt erschien. Zu diesem Zeitpunkt sah ich sie nicht deutlich, aber nachdem ich wieder zu Bewußtsein gekommen war, erkannte ich in ihnen meine Großmütter. Ich erinnere mich, daß ich dabei von einem Gefühl der Ekstase, des höchsten Jubels erfüllt war. Nie zuvor in meinem Leben hatte ich ein derartiges Gefühl verspürt. Ich stand mit weitaufgerissenen Augen da und wollte mit allen Sinnen diese Erfahrung in mich aufnehmen – wie ein Kind im Zirkus.
Sie sagten: ›Nein, wir müssen hier warten.‹ Ich fragte, warum. ›Weil sie noch an deinem Körper arbeiten,‹ sagten sie. Das akzeptierte ich. Wir setzten uns nieder; eine auf einen Baumstumpf, ich saß auf einem Holzstamm, die andere Person blieb stehen. Unvermittelt packte mich dieses Gefühl: ›Ich muß zurückgehen‹, aber ich wollte nicht, weil ich mich in meinem ganzen Leben noch nie so glücklich gefühlt hatte.
Als ich erwachte, beugte sich ein Herzspezialist über mich. Er stellte mir Fragen, um meine Erinnerung zu testen.
Ich habe mich bemüht, dieses Erlebnis nicht in meiner Vorstellung auszuschmücken. Ich habe eine journalistische Ausbildung und

kenne den Unterschied zwischen objektiven Fakten und Phantasieprodukten. Ich kann mich nicht daran erinnern, wann ich zum erstenmal jemandem von dieser Erfahrung erzählt habe. Im Krankenhaus wurde ich von einem Psychiater untersucht, der mir sagte, meine Genesung grenze ans Wunderbare, denn ich hätte einen schweren Gehirnschaden erlitten. Gut möglich, sagte ich zu ihm. Danach erzählte ich verschiedenen Mitgliedern meiner Familie davon.«
Ich fragte ihn nach seinen Großmüttern. Beide waren schon seit vielen Jahren tot. Er hatte sie sehr geliebt und glaubte, daß auch sie ihn geliebt hatten. Ich fragte ihn, was er aus dieser Erfahrung geschlossen habe. Er sagte:»Ich erinnere mich, daß ich auf der Stelle von der Realitätstreue dieses Erlebnisses beeindruckt war. Es geschah wirklich, es war keine Halluzination. Später beeindruckte mich vor allem, daß es ein geistiges Leben gibt, das ebenso real ist wie unser jetziges Leben.«
Ich fragte ihn, ob sich sein Alltagsleben dadurch verändert habe. Er sagte, er sei immer in die Kirche gegangen und hätte an Gott geglaubt.»Mein Bewußtsein veränderte sich insofern«, sagte er,»als ich die Existenz eines geistigen Lebens nun als Faktum akzeptierte. Dadurch verlor ich meine Angst vor dem Tod. Der Tod ist nur ein Übergang. Er ist Gottes Plan; es steht uns nicht zu, Fragen zu stellen, an uns ist es, uns darin zu fügen. Ich war mehr mit mir selbst im reinen, denn nun lebte ich beseelt von einer spirituellen Hoffnung. Jahre später entdeckte man, daß ich Lungenkrebs hatte. Ich nahm das hin und war bereit zu sterben, wenn das mein Schicksal wäre. Wenn die Behandlung wirkt, dann wirkt sie. Ich war mir keines inneren Kampfes ums Überleben bewußt. Ich lebe ohne Angst.«
Die Frau erblickte in diesen Nahtod-Erfahrungen ihre Eltern, und der Mann seine Großmütter. Sowohl die Frau wie auch der Mann hatten zu diesen Menschen ihrer Familie eine harmonische und stabile Beziehung. Ich halte es für bezeichnend, daß diese tief beeindruckenden Erfahrungen, die diesen Menschen ein friedvolles Leben ohne Angst vor dem Tod ermöglichten, mit einer stabilen Beziehung zu diesen wichtigen Bezugspersonen ihrer Herkunftsfamilie in Zusammenhang standen. Ich sehe darin einen weiteren Anhaltspunkt dafür, daß unsere Wurzeln Teil unseres Selbst sind und daß

wir eine richtige Beziehung zu den wichtigen Angehörigen in unserem Leben unterhalten und sie als Teil von uns akzeptieren müssen, um in Frieden sterben zu können.

Ich sprach auch mit der Organisatorin eines Sterbehospizes in einer Großstadt. Sie hatte acht Jahre ihres Lebens damit verbracht, Sterbenden im Tod beizustehen. Sie sagte, daß diejenigen, die keine ungelösten Angelegenheiten mit in den Tod nähmen, friedvoller sterben würden als die, deren persönliche Wunden nicht verheilt wären. Die Mitarbeiter eines Sterbehospizes bemühen sich, den Patienten bei der Aufarbeitung dieser ungelösten Probleme zu helfen, sofern sie die Zeit haben und der Patient noch genügend Kraft aufbringt.

Als Beispiel führte sie den Fall eines Mannes Mitte 50 aus der jüngsten Vergangenheit an, der im Sterben lag und von seiner 76 Jahre alten Mutter gepflegt wurde. Ein Netz komplizierter Faktoren in der Familie sorgte dafür, daß diese beiden Menschen in tiefe Abhängigkeit voneinander verstrickt waren. Der Mann mittleren Alters hatte nie geheiratet. Er hatte noch immer eine Sohn-Eltern-Beziehung zu seiner Mutter und sehnte sich nach ihrer Anerkennung. Gleichzeitig erfüllte ihn Wut auf seine Mutter. Vielleicht war er wütend, weil er ihre Anerkennung nicht erlangte, vielleicht war er wegen seiner Abhängigkeit von ihr wütend auf sich selbst und verschob diese Wut auf sie. Wie dem auch sei, dieses ambivalente Gefühl, daß er seine Mutter brauchte und zugleich wütend auf sie war, beherrschte ihn bis eine Woche vor seinem Tod.

Dann geschah etwas. Zum einen war seine Mutter körperlich und seelisch erschöpft von der endlosen Pflege ihres Sohnes. Vielleicht merkte der Sohn das. Aus welchem Grund auch immer, er gab unvermittelt sein Bedürfnis nach ihrer Anerkennung auf. Er fand sich damit ab, daß sie so war, wie sie war. Während sie sich noch an ihn klammerte, ließ er los. Er entließ sie aus ihrer Rolle als helfende Stütze und Quelle seiner Anerkennung. In seiner letzten Woche auf Erden lebte er in Frieden mit sich und der Welt.

Die Hospizleiterin wies auf die paradoxe Tatsache hin, daß diejenigen, die eine sichere, liebevolle, von gegenseitiger Unterstützung und Akzeptanz getragene Beziehung zu ihren Angehörigen haben,

sich im Tod leichter von diesen lösen können. Im Gegensatz dazu fällt es Menschen mit schlechten Beziehungen zu ihren Familienangehörigen schwer, sich von ihnen zu lösen.
Ich glaube, daß der Grund für dieses Paradox darin liegt, daß wahre Liebe bedeutet, andere so akzeptieren zu können, wie sie sind. Dadurch kann auch ein Sterbender sich mit der Tatsache abfinden, daß er sterben und die Familie zurücklassen muß. Die Familienangehörigen, die zu wahrer Liebe fähig sind, können den Tod des Betreffenden und ihr zukünftiges Dascin ohne ihn akzeptieren.
Ein Psychologieprofessor, der einen beträchtlichen Teil seines Berufslebens dem Thema des Sterbens gewidmet hat, vertrat eine ähnliche Ansicht. Er hält Kurse und Seminare unter dem Titel »Anleitung zum Sterben« ab.
Als ich ihm das Thema dieses Kapitels erläuterte, streiften wir auch die Frage, was in der Literatur zum Verwitwetsein vorhanden wäre. Es ist allgemein bekannt, daß Witwer und Witwen besser mit dem Tod des Ehegatten umgehen können, wenn die Beziehung zwischen ihnen harmonisch war. Dagegen stellt die Verarbeitung des Todes ihres Ehegatten sie vor große Schwierigkeiten, wenn die Beziehung problematisch war. Man könnte meinen, der Tod eines Ehegatten würde dann mit Erleichterung aufgenommen werden, da damit die schwierige Beziehung ein Ende hat. Doch die ungelöste Beziehungsproblematik macht ganz im Gegenteil dem Witwer oder der Witwe das Leben schwer.
Seiner Ansicht nach konnte man diese Beobachtung auch auf Menschen ausdehnen, die ungelöste Probleme mit ihren Eltern oder ihren familiären Wurzeln hatten. Er fügte jedoch hinzu, daß viele Faktoren zusammenwirken müssen, damit ein Mensch in Frieden mit sich selbst sterben kann. Selbst denjenigen, die mit ihren Wurzeln versöhnt seien und die eine Beziehung unter Gleichen zu ihren Eltern aufgebaut hätten, würde dies wenig helfen, wenn ihr Alltagsleben von der Verleugnung ihres Todes geprägt sei. Wer im Leben die Realität seines Todes akzeptiere, führe meist auch ein gesundes, reifes geistiges Leben.
Ebensosehr wie die Aufarbeitung ungelöster Probleme mit unseren Eltern und die Herstellung einer realitätsgerechten Beziehung zu

unseren Vorfahren uns beim Erwachsenwerden helfe, ebensosehr helfe uns dies alles, dem Tod ins Auge zu blicken. Letztlich waren aber auch ihm keine ähnlich gelagerten Untersuchungen oder Forschungen zum Thema dieses Kapitels bekannt.

Alle meine Gesprächspartner fanden die Überlegung, daß die Wahrnehmung der eigenen Familienmitglieder in ihrer Menschlichkeit und nicht als bloße Rolleninhaber zum friedlichen Sterben eines Menschen beitragen könnte, sehr interessant. Viele zeigten sich über den Mangel an Untersuchungen zu diesem Thema nicht überrascht. Sie hatten alle noch nicht unter dem gleichen Aspekt über die Eltern-Kind-Beziehung nachgedacht wie ich. Einige äußerten, sie würden in Zukunft diesen Aspekt mitberücksichtigen. Sie stellten außerdem fest, daß in Zusammenhang mit Tod und Sterben den unmittelbaren Erfordernissen der physischen Versorgung und der Schmerzlinderung die meiste Aufmerksamkeit gezollt werde, besonders wenn es ganz plötzlich um Leben und Tod geht. Zudem bemühe man sich, den Familienangehörigen bei der Bewältigung ihrer Trauer beizustehen.

Wenn meine These richtig ist, dann können wir uns heute schon auf einen friedvollen Tod vorbereiten, indem wir uns von Mutter und Vater lösen und in ihnen Helen und Doug sehen.

Zum Abschluß dieses Kapitels möchte ich wieder Lao-tse zitieren:

> Wenn du erkennst, woher du kommst,
> wirst du von allein tolerant,
> gelassen, heiter,
> freundlich wie eine Großmutter,
> würdig wie ein König.
> Versunken ins Wunder des Tao
> kannst du alle Wirrnisse des Lebens bewältigen,
> und wenn der Tod naht, bist du bereit.

24 Eine persönliche Schlußbemerkung

Mein Vater William Francis Nerin, der von allen »Bill« genannt wurde und von einigen manchmal »W.F.«, weil er immer mit W.F. »Bill« Nerin unterschrieb, starb vor über 32 Jahren. Meine Mutter Corinne starb 1981 mit beinahe 92 Jahren. Ich wurde nach meinem Vater William Francis Nerin genannt.
Meine Mutter nannte mich »Billy«, bis ich eines Tages mit sieben oder acht Jahren verkündete, ich wollte »Bill« genannt werden. Von diesem Tag an hieß ich in meiner Familie Bill. Mir gefiel das. Mein Vater rief mich »Sohn«. Ich weiß nicht, ob das eine irische Eigenart ist oder ob sein Vater es auch so machte oder ob er es tat, weil er Bill war und ich den gleichen Namen trug. Gelegentlich rief er mich »Billy«, aber nach der frühen Verkündung meiner Mannwerdung mit sieben oder acht nannte er mich eben »Sohn«.
Ich nannte Corinne »Mutter«, nie sagte ich »Mama« zu ihr. Meinen Vater dagegen nannte ich »Papa« – so wie auch mein älterer Bruder und meine Schwester es taten. Meine Schwester Celeste nannte ihn so bis zu seinem Tod. Mein Bruder Nor nannte ihn später »W.F.« Obwohl er ihr Stiefvater war, liebten Celeste und Nor ihn auf eine Weise, die mich später in Erstaunen setzte. Ihre große Liebe gereichte ihm zur Ehre.
Ich nannte meinen Vater weiterhin in seiner Gegenwart »Papa«, es war mir jedoch peinlich, wenn andere bemerkten, daß ich ihn noch so rief. Selbst jetzt, wenn ich das niederschreibe, verspüre ich noch diesen Anflug von Peinlichkeit. Das zeigt, welche Macht den Namen der Menschen innewohnt. Die Worte, mit denen wir Menschen benennen, haben eine tiefe Symbolkraft. Diese Symbole sind Träger der Lebenserfahrungen, die uns mit diesen Menschen verbinden, besonders mit unserer Herkunftsfamilie.

Die Beziehung zu meinem Vater verkomplizierte sich noch zu seinen Lebzeiten. Ich hatte damals weder das Wissen noch das Geschick, um herauszufinden, wie ich die Beziehung auf eine andere Basis stellen konnte. Er wurde Alkoholiker, und mir fiel die Aufgabe zu, ihn an seinem Lebensabend Ende der fünfziger Jahre in einer Entzugsanstalt unterzubringen. Die Behandlung von Alkoholismus war damals nicht besonders weit entwickelt. Es war alles sehr kompliziert und äußerst schmerzlich für mich. Während ich ihn noch immer »Papa« rief, war in Wahrheit ich zu seinem Pfleger geworden. Er war das kranke Kind und ich der verantwortliche Erwachsene. Im Laufe meines Erwachsenwerdens durchlief ich die Stadien des Kindes, des erwachsenen Sohns und des Pflegers und übersprang das Stadium einer Beziehung auf gleichberechtigter Ebene mit ihm. Erst nach seinem Tod und dank meiner zunehmenden Kenntnisse in Psychologie (später spezialisierte ich mich auf Familientherapie und machte meine eigene Familienrekonstruktion) wurde ich fähig, in meinem Herzen eine Beziehung unter Gleichen zu ihm aufzunehmen.

Ich nannte Corinne zwar nach wie vor »Mutter«, aber ich glaube, daß wir als Erwachsene eine ziemlich gute Beziehung zwischen zwei Erwachsenen aufgebaut haben. Ich denke, daß sie nichts dagegen gehabt hätte, wenn ich sie Corinne genannt hätte, auch wenn es sie einige Anstrengungen gekostet hätte, sich daran zu gewöhnen. Sie war eine vollkommene Mutter. Glücklicherweise reizten sie auch andere Lebensbereiche, wie etwa das Geschäftsleben oder der Besitz von Modeboutiquen in St. Louis. Sie schätzte einen großen Freundeskreis und führte ein gesellschaftlich aktives Leben. Sie hatte einen äußerst scharfen Verstand und war für alle neuen Ideen offen. Daher hätte sie den Sinn dieser Namensänderung verstanden. Ich glaube, es hätte ihr Spaß gemacht, ihren Freunden die zugrundeliegende Überlegung zu schildern.

Das war eine lange Vorrede zu einer meditativen Vorstellungsübung, die ich durchgeführt habe. Diese Meditation dreht sich um die Verwendung der machtvollen Symbole »Papa« und »Bill«. Ich entschied mich, mich in der Meditation auf meinen Vater zu konzentrieren, weil ich denke, daß ich mit ihm weiter von einer Beziehung unter Erwachsenen entfernt bin als mit meiner Mutter. Ich möchte Ihnen diese Meditation kurz schildern.

Ich saß entspannt mit geschlossenen Augen in einem Stuhl und stellte mir vor, mein Vater sei bei mir. Wir sprachen darüber, daß wir uns beide beim Vornamen rufen würden. Er willigte ein. Während unserer Unterhaltung entschlüpfte uns beiden ab und an ein »Papa« oder »Sohn«.

Ich bemerkte, daß meine Stimme weicher und leiser klang, wenn ich ihn »Papa« nannte. Wenn ich ihn »Bill« rief, wurde meine Stimme bestimmter und kräftiger. Ich sah sogar, wie ich mich im Sessel vorbeugte. Ich fühlte mich innerlich verändert. Ich fühlte mich wirklich so groß wie Bill. Ich fühlte mich ihm ebenbürtig, aber nicht ganz. Es fiel mir schwer, bei »Bill« zu bleiben. Ich wollte zurückfallen in »Papa«.

Bill sagte: »Es fällt mir schwer, mir vorzustellen, daß du 66 Jahre alt bist. Schließlich war ich gerade zehn Jahre älter, als ich starb. Mit 66 hatte ich schon jede Menge durchgemacht. Es fällt mir schwer, mir vorzustellen, daß du mit 66 soviel Erfahrung hast wie ich in diesem Alter. Aber ich weiß, daß es so ist.«

Es befriedigte mich nicht, mir nur ein Gespräch unter uns vorzustellen. So war es nicht leicht für mich, einen Status »von Mann zu Mann« aufrechtzuerhalten.

Also wechselte ich in meiner Meditation die Szene, um gemeinsam mit ihm etwas zu unternehmen. Er liebte gesellige Zusammenkünfte in der Kneipe an der Ecke. In seiner Jugend und auch noch in den dreißiger und vierziger Jahren war die Eckkneipe ein Zentrum des gesellschaftlichen Lebens der Männer, zumindest in der Gegend, in der ich aufgewachsen bin.

Also ging ich mit ihm in die Kneipe, um etwas mit ihm zu unternehmen und nicht nur mit ihm zu reden. Hier war es einfacher, sich von Mann zu Mann, von Bill zu Bill zu begegnen. Quer durch den Raum rief er mir zu: »Bill, komm her, ich möchte dir jemanden vorstellen.« Von Zeit zu Zeit rief ich ihm zu: »Komm her, Bill, schau mal dem Typen zu, er macht Kartentricks.« Ich fühlte mich männlicher, ihm ebenbürtig. Wir genossen dieses Zusammensein zwischen einem älteren und einem jüngeren Freund.

Dann wollte ich die Szene wieder wechseln, damit er an einem meiner Hobbys teilnahm. Ich malte mir ein Golfspiel aus, und er war mein Caddie. Aber diese Szene war nicht von Dauer; die Tasche war zu schwer für ihn, und es machte ihm keinen sonderlichen Spaß. Also stellte ich ihn meinen Freunden vor, und wir spielten Karten. Jeden Abend nannten wir uns gegenseitig »Bill«. Meine Freunde mochten ihn, und ich mochte ihn in diesem Rahmen. Er behandelte mich und meine Freunde als Gleichberechtigte, so wie wir ihn auch.

Dann wollte ich eine Meinungsverschiedenheit mit ihm inszenieren und verlegte den Schauplatz des Geschehens wieder in unser Haus zurück. Ich erinnere mich, daß ich real mit ihm über Rassenvorurteile gestritten habe. Er hatte Vorurteile gegen Neger, wie die Afroamerikaner damals hießen. Also sprachen wir über die Rassenfrage.

Er war sagenhaft. Es war schwierig, einen Streit durchzuhalten. Er sagte, er wisse nun, warum ich früher immer mit ihm gestritten hätte. Der Grund war, daß ich immer Partei für die Unterdrückten ergriffen hätte. Bill sagte, er habe das auch, aber in der Rassenfrage sei er aufgrund seiner eigenen Erziehung in Cincinnati blind gewesen.

Wieder sprachen Bill und Bill miteinander, entspannt, ohne das Bedürfnis, als Sieger aus der Auseinandersetzung hervorzugehen oder die Anerkennung des anderen zu gewinnen. Es war, als würden wir unsere Sache vertreten und ließen die Argumente fallen, wie es gerade kam. Zu Hause war es allerdings schwieriger, die Beziehung von Mann zu Mann aufrechtzuerhalten als in der Kneipe und beim Kartenspiel.

Diese meditative Vorstellung war ein weiterer Schritt zu einer adäquateren Beziehung zu Bill, der mich einmal großgezogen hatte. Ich glaube nicht, daß ich dabei so weit gekommen wäre, wenn ich nicht zuvor viel über ihn nachgedacht und meine Familienrekonstruktion gemacht hätte. In dieser Beziehung von Bill zu Bill fühlte ich mich innerlich stärker und größer, mehr als Mann. Ich habe vor, daran in zukünftigen Meditationen, Phantasien und Reflexionen weiterzuarbeiten.

Anhang

Ich möchte gerne von Ihnen, liebe Leserin, lieber Leser, hören, wenn Sie Fragen zu diesem Buch haben oder selbst etwas dazu bemerken wollen. Vielleicht wollen Sie mir von eigenen Erfahrungen berichten, mir im einen oder anderen Punkt widersprechen oder ihre eigenen Ideen ausführen. So wie ich aus Interviews für dieses Buch gelernt habe, möchte ich auch von Ihnen etwas lernen.
Vielleicht würden Sie gerne erfahren, wie Sie selbst eine Familienrekonstruktion machen können. Mir sind ausgebildete Leiter in den ganzen USA bekannt, an die ich Sie verweisen kann. Vielleicht hätten Sie gerne eine Videoaufnahme von einer Familienrekonstruktion, um zu sehen, wie so etwas funktioniert.
Wenn Sie Therapeut sind, würden Sie vielleicht gerne mehr über das Ausbildungsinstitut für Familienrekonstruktion erfahren, das meine Frau Anne und ich gegründet haben, um Leiter von Familienrekonstruktionen auszubilden.
Wenn Sie einen Rat suchen, was Sie mit den in diesem Buch dargestellten Überlegungen anfangen können, dann schreiben Sie mir bitte an folgende Adresse:

William Nerin
11221 35th Ave Ct. NW
Gig Harbor, WA 98332

Ein Beispiel für einen derartigen Beitrag stammt von meiner Frau Anne. Nachdem sie das ganze Buch gelesen, korrigiert und einige inhaltliche Veränderungen angeregt hatte, sagte sie, ich hätte einen Abschnitt über das Sammeln von Familienphotos hinzufügen sollen, etwas, das ihr sehr am Herzen liegt. Sie besitzt über ein Dutzend Photoalben, in denen die Geschichte ihrer Familie dokumentiert ist. Ich war nie ein großer Freund solcher Sammlungen, aber ich glaube, daß sie recht hat. Entdecker, die ihre Familienrekonstruktion machen, präsentieren immer mit großem Stolz Photos all ihrer Familienangehörigen, besonders von Großeltern und Urgroßeltern. Und es ist verblüffend, mit welcher Begeisterung die Gruppenmitglieder diese Bilder anschauen.

Wenn ich sage, ich bin kein großer Freund derartiger Photosammlungen, dann muß ich doch über mich lächeln, denn an der Wand meines Büros hängen die Stammbäume der Familie meiner Mutter, meines Vaters und meiner eigenen mit Bildern von jeder Person über dem Namen. Ich erinnere mich, daß ich sie vor vielen Jahren zusammengestellt habe und mit wieviel Stolz mich diese Tätigkeit erfüllte. Eine Kopie davon schenkte ich meinem Bruder und der erwachsenen Tochter meiner Schwester zu Weihnachten. (Meine Schwester war damals schon tot.) Es war ein ganz besonderes Geschenk in meinen Augen, eine andere Art, meiner Abstammung Ehre zu erweisen und andere daran teilhaben zu lassen.

Im Laufe der Jahre ist mir aufgefallen, daß ich diese Photos immer wieder mit anderen Augen sehe, je mehr ich zu meinen Eltern eine gleichberechtigte Beziehung zwischen Erwachsenen entwickle. Sie stellen weniger meinen Vater und meine Mutter dar, sondern vielmehr einen schönen Mann und eine schöne Frau, zu denen ich eine gleichberechtigte Beziehung unterhalten kann.

Im folgenden möchte ich einige Fragen aufführen, die Ihnen dabei helfen können, Ihre Eltern und Verwandten mehr in ihrer Menschlichkeit wahrzunehmen. Viele davon sind bereits in diesem Buch gestellt worden; vielleicht erleichtert es Ihnen die Aufgabe, wenn sie hier noch einmal alle zusammengefaßt werden.

Fragen an Ihre Mutter und Ihren Vater über deren Kindheit

- Wo bist du geboren worden? Unter welchen Umständen bist du geboren worden, zum Beispiel, wo lebten deine Eltern? Bist du zu Hause zur Welt gekommen? Wer war bei deiner Geburt dabei? Gab es irgendwelche Probleme?
- Wie reagierte dein Vater/deine Mutter auf deine Geburt? Welche Erwartungen richteten sie vor deiner Geburt an das Neugeborene?
- Wurdest du gestillt? Hattest du irgendwelche Kinderkrankheiten? Warst du ein einfaches oder ein schwieriges Baby?
- Falls du Geschwister hattest, wie reagierten sie auf deine Geburt und deine ersten Entwicklungsschritte?
- Wer lebte alles bei euch in den ersten Jahren deiner Kindheit? Wer kam oft vorbei und half, dich großzuziehen? Wie verhielten sich diese Mitbewohner und Helfer dir gegenüber?
- Mit welchen Problemen mußtest du in deiner Kindheit kämpfen? Wann warst du am glücklichsten? Was hat dir weh getan, was hat dich gefreut? Wie fühltest du dich in deiner Haut?
- Wo bist du zur Schule gegangen? Wie fandest du die Grundschule?
- Wie viele Freunde hattest du in den ersten Schuljahren? Wie hast du gespielt? Was hast du in dieser Zeit über das Leben und dich selbst gelernt? Warst du ernstlich krank?
- Wie sah euer Familienleben von deiner Geburt bis zum Ende der Grundschule aus? Was taten deine Mutter und dein Vater? Wie bist du mit deinen Geschwistern ausgekommen? Wie behandelten deine Eltern jeden von euch? Gleich? Unterschiedlich?
- Wie war die Beziehung zwischen deiner Mutter und deinem Vater? Wie drückten sie ihre Liebe zueinander aus? Wie gingen sie mit Ärger um? Wie wurden Probleme angesprochen? Was lag deiner Mutter/deinem Vater am meisten am Herzen? Was hättest du gerne an ihnen geändert? Was gefiel dir am besten an ihnen?
- Wieviel Kontakt hattest du zu deinen Onkeln und Tanten und Cousins und Cousinen?

- Was machten die Eltern deiner Mutter/deines Vaters? Wo lebten sie? Was für Menschen waren sie? Erzähl mir alles, was du über die Eltern deiner Eltern weißt.
- Welche Art von Beziehung hattest du zu deinen Großeltern?
- Wie bist du in der Pubertät mit deiner aufbrechenden Sexualität zurechtgekommen? Hat irgend jemand dich aufgeklärt? Hattest du Fragen, ungelöste Rätsel? Konntest du mit jemand über sexuelle Dinge sprechen? Zu welcher Art von Jungen oder Mädchen fühltest du dich hingezogen? Wer war dein erster Schwarm? Dein erster Freund/deine erste Freundin? Wie waren die Jahre, in denen du mit jemand gegangen bist?
- Welche Probleme hattest du in der Teenagerzeit? Wie bist du damit fertig geworden?
- Hast du in der Pubertät deine Eltern mit anderen Augen gesehen?
- Wann hast du Mama/Papa kennengelernt? Wie war dein erster Eindruck? Wie entwickelte sich die Beziehung? Was kannst du mir über eure Freundschaft, Verlobung und die Zeit vor eurer Hochzeit erzählen?
- Wonach hast du bei deinem Ehemann/deiner Ehefrau gesucht? Warum?
- Welche Träume hattest du mit der Hochzeit verbunden?
- Welche Träume haben sich erfüllt, welche nicht?
- Erzähl mir von der ersten Zeit nach eurer Hochzeit. Welche Probleme hattet ihr zu bewältigen? Wie habt ihr miteinander gespielt? Euch amüsiert? Welche Überraschungen habt ihr aneinander entdeckt? Wie seid ihr mit diesen Überraschungen oder mit Problemen umgegangen? Wenn ihr diese ersten Tage eurer Ehe noch einmal erleben könntet, was würdet ihr anders machen?
- Hat sich durch eure Heirat die Beziehung zu deinen Eltern und Geschwistern verändert? Inwiefern?
- Mit welchen Enttäuschungen mußtest du in der Zeit zwischen deiner Geburt und meiner Geburt fertig werden? Mit welchen Verlusten? Welche Erfolge hattest du? Wann hast du dich in dieser Zeit tieftraurig, niedergeschlagen, jubelnd, einsam, gedemütigt oder beschämt gefühlt? Wann stolz oder verlegen?

- Welche Ängste haben dich am meisten gepeinigt in dieser Zeit? Was war deine größte Angst?
- Welche grundlegenden Bedürfnisse von dir wurden in dieser Zeit nicht erfüllt? Welche schon? Hattest du das Gefühl, von deinen Eltern genügend geliebt, verstanden und akzeptiert zu werden?
- Mit welcher Belastung bist du am schlechtesten fertig geworden? Welche Werte, die dir noch immer viel bedeuten, hast du aus deiner Kindheit übernommen, und wovon hast du am meisten profitiert?
- Was hast du über das Elterndasein gelernt, über die Ehe? Was waren die wichtigsten Dinge, die du in deiner Kindheit über das Leben und dich selbst gelernt hast? Was hast du darüber gelernt, was es bedeutet, ein Mann oder eine Frau zu sein?
- Was wurden die zentralen Regeln deines Lebens? Welche hättest du gerne geändert?
- Wenn du auf dein Leben zurückblickst, was bedauerst du dann? Was ist dir teuer?

Diese Fragen können Sie auch Ihren Tanten, Onkeln und Großeltern stellen, wenn sie noch am Leben sind.

Fragen an Ihre Mutter und Ihren Vater in bezug auf ihre Beziehung zu Ihnen

- Wie hast du mich als Baby erlebt? Zwischen zwei und sechs Jahren? Zwischen sechs und zwölf? Zwischen zwölf und 18? Inwiefern hast du mich anders gesehen als meine Brüder und Schwestern?
- Welche Probleme hattest du mit mir? Inwiefern habe ich dir Freude bereitet?
- Was hast du im Laufe meiner Entwicklung über mich erfahren?
- Inwiefern war ich anders, als du vor meiner Geburt erwartet hattest?

- Wie schwierig oder einfach war es für dich, mich so zu akzeptieren, wie ich war?
- Wie einfach oder schwer konntest du dich damit abfinden, daß ich anders war, als du gewünscht hattest? Daß ich anderer Meinung war als du?
- Was glaubst du, wie du mit deinen Kindern umgegangen bist? Genauso, wie deine Eltern mit dir umgegangen sind? Anders als sie?

Diese Fragen kann man auch anderen Familienmitgliedern stellen. Sie können fragen, welchen Einfluß verschiedene soziale Ereignisse wie etwa Krieg, Armut, die Depression, ein Berufswechsel und Umzüge auf ihre Angehörigen hatten. Sie können auch die Familie als System untersuchen; wenn zum Beispiel ein Buch über die Familie geschrieben werden sollte, in der Sie aufgewachsen sind, welchen Titel würde es tragen? Was hielten die Nachbarn von ihrer Familie? Traf ihre Meinung zu? Oder Sie können fragen, wie andere gesellschaftliche Institutionen die Familie oder einzelne ihrer Mitglieder beeinflußten, beispielsweise die Religion oder die Kirche. Wie wirkte sich die Arbeit Ihres Vaters auf ihn aus? Welchen Einfluß hatte ihre fremdländische Abstammung auf sie? Wie wirkte sich der Militärdienst auf ihn aus? Welche Folgen hatte die Zugehörigkeit zu einer Minderheit für die Familie?

Diese Fragen sind nur ein Anfang. Sie werden andere, eigene Fragen in Ihnen auslösen. Die Antworten werden weitere Gespräche zwischen Ihnen und Ihren Eltern und Verwandten zur Folge haben. Denken Sie daran, das Ziel dabei ist, die komplexen tieferen Schichten zu entdecken, die sie zu den Menschen gemacht haben, die sie sind. Können Sie in ihnen mehr ihre Individualität als die Rolleninhaber von Vater, Mutter, Großeltern, Tanten und Onkel sehen?

Viel Glück und eine sichere Reise dorthin!

VIRGINIA SATIR
Mein Weg zu dir
Kontakt finden und Vertrauen gewinnen
103 Seiten. Gebunden

Ist es möglich, so miteinander zu kommunizieren, daß es keine Mißverständnisse und Enttäuschungen gibt? Virginia Satir zeigt in ihrer lebendigen Art, wie wir unsere Kontakte liebevoll und befriedigend gestalten können.

VIRGINIA SATIR
Meine vielen Gesichter
Wer bin ich wirklich?
110 Seiten. Gebunden

Wir alle haben viele Gesichter, mit denen wir uns und anderen begegnen. Häufig halten wir unsere verschiedenen Gesichter entweder für gut oder schlecht, richtig oder falsch, bejahen sie oder lehnen sie ab. Dabei entgeht uns, daß wir reicher und ausgeglichener sein könnten, wenn wir alle unsere Eigenschaften annehmen würden. Dieses Buch lehrt uns, unsere vielen Gesichter zu erkennen, anzunehmen und positiv damit umzugehen.

BERT HELLINGER
Finden, was wirkt
Therapeutische Briefe
158 Seiten. Gebunden

In 230 therapeutischen Briefen gibt der Psychotherapeut Bert Hellinger Antworten auf bedrängende Fragen von Menschen in Not. Diese Briefe lesen sich wie kleine Geschichten, helfen aber auch bei der Suche nach Lösungen eigener Probleme.

Folgende Themen werden unter anderem angesprochen: Der richtige Mann und die richtige Frau, Partnerschaften in der Krise, Eifersucht, Treue und Untreue, Scheidung und Kinder, Familiengeheimnisse, Glaube, Schuld-Entlastung der Eltern, Streit um das Erbe, Symptome in der Psychotherapie, Träume, Abschied im Alter ...

»Nach vorne geht der Weg. Was zurückliegt kann nur wirken, wenn es im Weitergehen aufgehoben ist.«